新质·创新丛书

科技革命的本源

如何培育卓越研究与创新

[美]文卡特希·那拉亚那穆提
(Venkatesh Narayanamurti) 著
[美]杰夫里·颐年·曹
(Jeffrey Y. Tsao)
程志渊 计宏亮 译

中国出版集团
中 译 出 版 社

图书在版编目（CIP）数据

科技革命的本源：如何培育卓越研究与创新 /（美）文卡特希·那拉亚那穆提，（美）杰夫里·颐年·曹著；程志渊，计宏亮译. -- 北京：中译出版社，2024.5（2024.10 重印）

书名原文：The Genesis of Technoscientific Revolutions:Rethinking the Nature and Nurture of Research

ISBN 978-7-5001-7860-6

Ⅰ. ①科… Ⅱ. ①文… ②杰… ③程… ④计… Ⅲ. ①科技革命—研究 Ⅳ. ① G301

中国国家版本馆 CIP 数据核字 (2024) 第 077554 号

THE GENESIS OF TECHNOSCIENTIFIC REVOLUTIONS: Rethinking the Nature and Nurture of Research
by Venkatesh Narayanamurti and Jeffrey Y. Tsao

著作权合同登记号：图字 01-2024-0736 号

科技革命的本源：如何培育卓越研究与创新
KEJI GEMING DE BENYUAN: RUHE PEIYU ZHUOYUE YANJIU YU CHUANGXIN

著　　者：[美] 文卡特希·那拉亚那穆提　[美] 杰夫里·颐年·曹
译　　者：程志渊　计宏亮
策划编辑：于　宇　纪菁菁
责任编辑：于　宇
文字编辑：纪菁菁
营销编辑：马　萱　钟筱童

出版发行：中译出版社
地　　址：北京市西城区新街口外大街 28 号普天德胜大厦主楼 4 层
电　　话：（010）68002494（编辑部）
邮　　编：100088
电子邮箱：book@ctph.com.cn
网　　址：http://www.ctph.com.cn

印　　刷：山东临沂新华印刷物流集团有限责任公司
经　　销：新华书店
规　　格：880 mm × 1230 mm　1/32
印　　张：14
字　　数：234 千字
版　　次：2024 年 5 月第 1 版
印　　次：2024 年 10 月第 2 次印刷

ISBN 978-7-5001-7860-6　　　定价：98.00 元

中　译　出　版　社

专家推荐

卓越的研究是科技创新的基础。本书对研究与创新的本质和机理进行了深入全面的科学分析，指出了美国自二战以来科研体系的不足之处和广泛存在的错误观念，并对如何培育卓越研究提出了富有远见的指导框架。本书对科研人员、研究机构领导者，以及科技政策管理者都有很好的借鉴意义。

顾秉林

中国科学院院士，清华大学原校长

一次发人深省的旅程。本书打破固化思维，探讨如何更好地理解科研，充分释放科研的潜力。强烈推荐给每一位希望提高科研效率和有志于建设高水平科研机构的决策者和领导者。

薛其坤

中国科学院院士，南方科技大学校长

该书关于“技术－科学”的内在机制以及如何开展科研的思考深刻，分析问题角度新颖，读者会受益匪浅，对推进教育、科技和人才的协同发展亦有借鉴意义。

黄 如

中国科学院院士，东南大学校长

本书通过分析重大发明与发现的真实案例与内在逻辑，深刻揭示了研究与创新的本质以及科技革命的本源，并进一步从文化建设、人才培育、组织治理、资源分配等方面提出了领导和培育卓越创新研究机构的指导方针。这是一本创新者和研究机构领导者必读之作！

宋永华

欧洲科学院院士，澳门大学校长

科学技术作为第一生产力，正以越来越快的速度、越来越深的程度、在越来越大的范围改变着人类的生产和生活，越来越多的人从不同的角度和程度参与科技研究及其有关的方方面面，几乎所有的人都会谈及科技创新。要更好地以科技创新促进全球可持续发展，需要深入理解科技革命和创新的本质。本书积作者多年的研究和经验，以“技术－科学方法”的独特视角，以具象的案例和深入的分析，为读者揭示了一条理解科技研究本质和有效进行科技研发的途径，相信对广大科技政策工作者、科技计划和项目管理者，乃至从事和投资科技研发的人，都大有裨益。

龚 克

中国新一代人工智能发展战略研究院执行院长，

世界工程组织联合会前主席

科学技术的研究过程对于科研管理者来说，在很大程度上仍然是一个“黑箱”。本书作者整合了大量相关研究和实证案例，提出了一系列重要的描述科学技术研究本质的概念，并在此基础上构建了全新的认识科学技术研究本质的框架，为破解科学技术研究过程黑箱提供了崭新的视角。同时，作者提出了与上述研究本质所契合的培育研究的若干指导原则，为我们改进科研体系和组织的功能与效率提供了重要的工具。当前，中国科技创新体制机制亟待实现新的突破，本书的问世恰当其时！相信所有关注科技创新发展的同行们都会从本书中受到启发。

薛 澜

清华大学文科资深教授，清华大学苏世民书院院长

本书由历史与文化角度探讨科学与技术的未来发展，通过多种改变人类历史的科技实例说明跨领域思维的重要性。在八十亿人口的科技大爆发时代的今天，科学组织专业化和分工复杂程度远超过以往。科学、技术与文化已不是独立元素，而是像量子世界中迭加与纠缠在一起，是一体的多面，并无所谓基础与应用的差异。如何解决投资科技的短期私有性与长期公共性的冲突，与有效协调组织、资金和治理的矛盾，使得研发模块化与无缝接口变成有效发展大型科技的新范式。众则分岐，溯源则清，本书提供了科技管理成功的必要思维。

张庆瑞

台湾大学原代理校长，富士康量子研究所顾问

在剖析科技革命本源时，以简单粗暴的二分法来理解科学与技术、发明与发现、传统智慧与前沿趋势等创新要素是常见的误区。本书作者复盘了大量的科研实例，以颠覆性视角和严谨分析，揭示了创新要素之间错综复杂的“动态共生”关系，以及科学与技术革命的本质和内在机理，并提出了“如何建设和领导卓越研究机构”的指导原则。AI 2.0 是有史以来最伟大的科技革命和平台革命，这本书能给亲历其中的创新者带来极大的启发和思考。

李开复

创新工场董事长，零一万物 CEO

作者基于他在贝尔实验室等美国顶尖科研机构从事科学研究和组织管理的经验，对“科学与技术、研究与开发”的理解、相互之间关系进行了非常有理论深度的阐述，系统地描述了科学与技术在问题导向下的相互牵引与促进。本书同时对研究的本质、如何构建和领导研究机构使其发挥最大的效用性进行了有价值的探讨。我向科研项目的组织者、科研机构的管理者、投资者推荐这本好书。

陈向东

杭州士兰微电子股份有限公司董事长，浙江省半导体行业协会理事长

从“李约瑟难题”到“钱学森之问”，为什么近代科技革命没有发生在中国？为什么没有孕育出杰出的创新与人才？这是我国面临的重大挑战。只有真正深刻理解研究与创新，才能迎接挑战，培育出颠覆性科技成果。本书作者抽丝剥茧，溯本求源，去伪存真，格物致知，深刻揭示了研究、创新、知识进化、科技革命的本质和内在规律，并提出了培育卓越研究与创新的指导原则和实施方法。本书的出版对我国促进科技创新、发展新质生产力具有很好的借鉴意义，且正当其时。

程志渊

浙江大学微电子学院 / 集成电路学院国家特聘教授

成就卓著的科学家那拉亚那穆提和曹综合了关于科学与技术如何协同工作的新旧观点，分享了可以改善研究成果的大胆见解。对于所有希望了解创新和加速创新的人来说，这本书都将是一本有益的读物。

约翰·霍尔德伦

哈佛大学教授，奥巴马总统首席科学顾问

这是一本必读书。通过整合顶尖科技学者之前的研究成果，创造新的术语、概念和逻辑结构，并加入具体实例，这两位杰出的科学家充分证明了我们需要重新思考如何理解研究和培育研究，以推进公共利益。

劳拉·迪亚兹·阿纳登

剑桥大学讲席教授，欧洲气候科学顾问委员会副主席

本书给人启迪，意义重大。那拉亚那穆提和曹推翻了长期以来人们普遍接受的一些关于科学技术研究的信条，指出了其中的错误、误解和不合时宜之处，然后提出了富有远见的新框架。对于任何领导研究机构、招募人才，或设计新的经费资助机制的人来说，这本书都是无价之宝。

南希·安德鲁斯

美国艺术与科学院前董事会主席，杜克大学原副校长

谨以此书献给我们的父母，

致以我们的爱、感激和深深的敬意！

推荐序

我与文卡特希·那拉亚那穆提（Venkatesh Narayanamurti）教授于20世纪90年代在美国相识，他是我多年的好朋友。那拉亚那穆提教授热心于推进国际间的友好交流。在全球新冠疫情之前，他曾多次应我的邀请来北京出席会议并发表演讲。近年来尽管年事已高，他还一直关心北京量子信息科学研究院的发展，担任国际学术顾问委员会委员。

那拉亚那穆提教授先后在贝尔实验室、桑迪亚国家实验室、加州大学圣芭芭拉分校、哈佛大学肯尼迪政府学院等国际顶尖高校院所和企业实验室工作，他是哈佛大学工程和应用科学学院的首任院长（1998—2008年），曾任桑迪亚国家实验室副主任和加州大学圣芭芭拉分校工学院院长等重要职务。这些经历使他在物理学相关科技研究、学术机构管理以及科技政策研究等方面都具有丰富的经验。那拉亚那穆提教授近年来笔耕不辍。我很高兴地看到，他在此前一系列工作基础上又出版了新作《科技革命的本源：如何培育卓越研究与创新》（*The Genesis of Technoscientific Revolutions*: *Rethinking the Nature and Nurture of*

Research)，而今又被译为中文版。我衷心希望所有有意愿探寻研究本质以及培育高水平研究的各类读者都能够从中获得很好的启发。

这本关于反思研究本质及探讨如何培育研究的著作，提出了一个“技术－科学”知识整体系统并详细分析了其结构与演化方式，通过物理科学和工程学等领域的若干翔实案例展示了“技术－科学”知识进化过程中的各种机制及其相互作用，并相应地针对培育研究提出了可应用于各种类型研究组织的指导原则。

一、认识“技术－科学”知识的横向结构特征

在反思研究本质的第一部分，作者指出科学和技术是两类同等重要但性质不同的人类知识库，而两者互动非常紧密，以至于完全可以模糊其界限并将两者视为一个整体“技术－科学”。两者协同进化产生新科学和新技术的各种机制被称为“技术－科学方法”，作者为此介绍了一个新的统一框架，由“科学方法”和与之相类比的“工程方法”组成。新科学由包含“事实－发现”“解释－发现”以及“概括泛化”三种机制的“科学方法”创造，而新技术则由包

含“功能－发现”“形式－发现”以及“适应扩展”三种机制的“工程方法”创造。

科学和技术在强大的反馈循环中紧密而复杂地交织在一起：一方面它们通过“形式－发现”及“功能－发现”机制部分地相互促进，另一方面它们通过实验和建模这两种方式更加全面地相互促进。作者进一步使用晶体管和微波激射器 / 激光器这两个 20 世纪标志性“技术－科学”进步案例，为读者详细分析展示了在重要“技术－科学”进步出现的前夜，产生新科学和新技术的各种机制之间所发生的密集往复反馈循环。

由此可见，科学与技术的进步是共生而相互循环的——科学与技术不分主次先后。当“技术－科学方法”中的某些机制被忽视时，反馈循环就可能未得到最佳的培育。

二、认识“技术－科学”知识的纵向结构特征

“技术－科学知识集合”中的核心元素是相互嵌套的，事实及其解释、功能及其实现形式都可以看作被组织成松散的模块化层级网络中的“问－答对”，任何问题与答案都在层级结构中指向上一

个层级的问题，也同时指向下一个层级的答案。这些问题和答案深度互动、协同进化，创建出新的问题和答案。

发现新问题与新答案的难度取决于距离已有问题与答案的远近程度，距离越远，连接越难建立，带来意外的可能性也越大。最近的是位于“现有可能性”的范围内，正在探索的问题和答案在此时此地已经存在于现有体系中；稍远些的是位于“邻近可能性”范围内，通过对现有问题和答案的重新组合可以成为可能；更远的位于“下一个邻近可能性”范围内，需要先去发现更多的东西，需要更多的知识重组。探索“下一个邻近可能性”尽管在历史上催生了许多最伟大的“技术－科学”革命，但这需要超前的思维，是最困难与冒险的，也容易被人们忽视。

“问题－发现”与“答案－发现”二者错综复杂、循环往复地相互推动、发展进化，它们之间也不分主次先后。作者使用狭义相对论和 iPhone 两个物理学和工程学的重要发现／发明案例，展示了在“现有可能性”“邻近可能性”和“下一个邻近可能性”中“问题－发现”与“答案－发现”之间的相互作用。

三、认识“技术－科学”知识随时间进化的方式

在这一部分，作者进而指出贯穿前两个特征的第三个特征事实，即无论是从“技术－科学方法”的角度还是从“问题－发现”与“答案－发现”的角度来看，“技术－科学”知识进化的节奏并不是恒定不变的，而是以“间断平衡”进化模式发展。范式是“间断平衡”进化的中介，它是促成“技术－科学”知识进化的科学、技术、文化知识的整体组合，是有关如何使用知识的元知识。巩固带来范式的延申，伴随着对现有“问－答对”进行连续且可预测的改进和对传统智慧的加强，带来“间断平衡”进化模式中平缓连续的平衡周期。意外则会带来范式的创建，伴随着始料不及的新“问－答对”的产生和与传统智慧的不相容，带来“间断平衡”进化模式中的突变性间断。意外和巩固发生在一个反馈循环中，它们相互孵化。作者使用人工照明技术三百年来的发展历程呈现了意外和巩固是如何循环发生的。

很重要的一点是，科学和工程方法以及问题与答案发现的任何一种机制都无法独占范式的创建或延申。意外和巩固发生于科学和工程方法的各种机制中，也能与“问题－发现”和“答案－发现”

的各种机制相结合。

四、研究的重要性、脆弱性与培育

对于从事研究的组织来说，研究的特征决定了它的脆弱性。一是相对于开发来说，研究的重要特征是以意外为终极目标，而意外则意味着知识进步是无法预测的，知识进步对下游领域的后续影响也是无法预测的。当短期私有利益排挤长期公有利益时，当追求创造条件实现最大意外的研究文化与追求创造条件尽可能减少意外的开发文化发生冲突时，开发文化总会获胜，而研究活动很容易被忽略或侵蚀。二是即便组织有意愿培育研究，一些广为流传的观点和做法仍有可能导致或加剧研究的片面化，过于强调科学和工程方法以及问题与答案发现中的某些机制而忽略另外一些，从而对研究工作造成限制。

相应地，作者基于对研究本质的反思，围绕管理、文化和人才提出了旨在普遍地应用于各种类型研究机构的三大指导原则。一是机构的目标、结构、资源、领导力应与研究工作协调一致，例如研究机构的使命必须有“超越自我”的公共利益成分，当研究与开发共存时应保障它们隔离但不孤立，对研究分配资源应该针对人而不是项目，应精心策划保障研究活动所需的临界质量等。二是拥抱“技术－科学”整体探索的文化，重视“技术－科学”知识探索的所有机制，特别是应超越范内瓦·布什（Vannevar Bush）的“线性模型”，避免简单地将研究等同于科学、将开发等同于技术；应超越常用于研究提案的“海尔迈耶要理之问”，意识到问题－发现机制的脆弱性；应超越主要反映传统智慧的同行评议，包容和鼓励知情反叛；应超越斯托克斯推广“巴斯德象限”分类法，避免根据好奇心启发和实际应用启发的分类来衡量研究的影响力。三是以关爱和责任培育人才。认识到人是研究活动中“跳动着的心脏”，应在保障高标准的同时，对人才给予足够的关爱。

正如作者所指出的，研究的重要性在于它是整个研发活动的前沿，是能够改变我们思考和行为方式的“技术－科学”革命的本源。研究需要被精心地培育，而不仅仅被管理。当我们处于今天科技瞬息万变的时代、面向着未来可能再次重塑人类社会的科技革命时，我们需要更好地理解和把握研究的本质，需要相契合地去为高水平的研究创造条件。《科技革命的本源：如何培育卓越研究与创新》这本书为我们提供了具有重要参考价值的视角和实现路径。

薛其坤
中国科学院院士
南方科技大学校长
北京量子信息科学研究院院长
清华大学教授
2023 年 7 月于北京

译者序

科技创新是推动经济发展、促进新质生产力的内生性关键驱动力，是提升人民福祉、实现国家强盛的核心要素。本书深刻揭示了创新与研究的内在本质和科技革命的本源。我和计宏亮老师非常高兴有机会将这本必将影响深远的英文专著翻译成中文。本书作者文卡特希·那拉亚那穆提院士是我在哈佛大学肯尼迪政府学院攻读公共管理学位期间的导师。麻省理工学院（MIT）工学院前院长、美国“阿波罗”登月计划组织者和领导者罗伯特·西曼斯（Robert C. Seamans Jr.）院士曾设立奖学金（Robert Seamans Fellowship），资助科技人员到哈佛大学学习科技如何为社会服务，正如“阿波罗计划”所体现的。2009年我获得该奖学金，有幸成为那拉亚那穆提院士的研究生，当时的研究课题与本书主题息息相关，这为我今天深入理解和翻译本书诸多全新思想和抽象概念打下了良好基础。本书在美国即将出版之前，我去哈佛看望导师，他很兴奋地提及此书。

我当时表示希望有机会将此书翻译成中文，并开始积极介绍给国内出版社。今天中文译稿终于完成，即将与中国读者见面，我和计宏亮老师都非常感谢作者、哈佛出版社、中译出版社等的全力支持。尤其非常感谢南方科技大学校长薛其坤院士亲笔为本书作序，并大力推荐本书给科研机构的决策者和领导者。也特别感谢我导师及他的合著者在本书翻译过程中与我保持持续的沟通与讨论，使得这次翻译之旅成为更深入学习本书思想理念的学问之旅，充满了额外的收获。我在浙江大学集成电路学院的多位博士生、硕士生——崔钰莹、尚复祥、张以纯、黄平洋、陈露露、褚衍盟、张哲宇也对本书的翻译做出了贡献。由于我们知识能力所限，翻译不当之处在所难免，敬请读者同仁批评指正。

我们为什么要翻译这本专著？作者在本书开篇首先纠正了几个大家普遍认可但其实并不正确的关于创新与研究的观念，包括常常被奉为圭臬的科技发展线性模式——“科学是技术的先导”——本书将这一背离事实的错误观念追溯到 MIT 原副校长、美国“曼哈顿计划”组织者和领导者范内瓦·布什的著名报告《科学：无尽的前沿》（*Science: the Endless Frontier*），该报告写道，基础科学研究是技术进步的先导（basic research is the pacemaker of technological progress）。那之后的80年历史表明，布什于1945年应时任美国总统小罗斯福（Franklin D. Roosevelt）要求而撰写提交的这份报告具有划时代的意义。它全面规划了二战后美国国家科技体系的建设，从而成就了美国后来的世界科技霸业，包括上面提到20世纪60年代由罗伯特·西曼斯领导的“阿波罗计划”。虽然这些科技计划都取得了巨大成功，《科学：无尽的前沿》无疑是定义美国近代科技体系的最重要报告，但这并不意味着人们已充分了解研究和创新的内在本质。恰恰相反，人们对其内在逻辑的理解还只是处于雾里看花、难窥全豹的“黑箱”状态。我们要想构建卓越的研究与创新体系，首先需要拨开迷雾、窥得真容。本书作者经过长期实践和思考研究，抽丝剥茧，溯本求源，去伪存真，格物致知，系统而科学地向我们深刻揭示了科技创新、卓越研究、知识进化、研发范式的内在机理和客观规律，并提出了如何培育卓越研究和科技创新的指导原则和实施方法。因此，本书可以说是弥补了《科学：无尽的前沿》等主流理念中长期缺失的核心内在要素，揭示了事物的本质和本源，解锁了成就卓越研究与创新的“密码”。这正是我们将本书翻译成中文的意义所在。如果说《科学：无尽的前沿》更侧重于阐述研究与创新的外部逻辑（国家与政策等），那么本书则更侧重于研究与创新的内部逻辑。要想实现卓越，外部和内部逻辑都必须按正确的规律运行，缺少任何一环都不会成功。

与大多数类似主题的书籍不同，本书有多个非常独特鲜明的特点使得作者能够对“黑箱”做出洞若观火般的深刻认识。第一，本书作者是杰出的科学家，同时第一作者又是多个美国顶尖科研机构的领导者，因此他们是美国卓越科研机构的“内部知情人和实践者”。本书是他们几十年职业生涯亲身经历和深刻思考的思想结晶，因此对读者具有第一手的参考价值和非常高的借鉴意义。那拉亚那穆提是美国国家工程院、美国艺术与科学院等多院院士，他的科研经历涵盖了本书中分析的三大类研究机构：工业实验室、国家实验室、研究型大学。1968—1987年他是贝尔实验室的杰出物理学家，担任固态电子研究部门主任；1987年他被任命为美国桑迪亚国家实验室研究副总裁；1992年他担任美国加州大学圣芭芭拉分校工学院院长；1998年他担任哈佛大学工程与应用科学学院创始院长。他既是杰出的科学家，又是优秀的科研机构领导者；既是专才，又是通才（即本书描述的“T型人才”）。本书另一位作者杰夫里·颐年·曹（Jeffrey Y. Tsao）是在美国出生的第二代华裔，是美国桑迪亚国家实验室通信技术领域的资深科学家以及哈佛大学的科学学研究者。

第二，本书采用了多个不同学科的视角和分析方法，对研究和创新形成了全新的认识。这包括借鉴物理科学引入科学和技术知识的动态变化（$\dot{S}$和$\dot{T}$）、正负反馈循环等概念；借鉴进化生物学引入知识进步的“间断平衡”进化模式；从科学技术哲学视角阐述研发“范式”；从科技政策与经济学视角阐述投资研究活动的短期私有回报和长期公共回报等。因此，本书的论证全面、系统、严谨、科学，带来了更深刻、更本质的认识。从这个角度来说，本书本身就是一种创新，突破甚至颠覆了我们过去的很多认知。

第三，本书在理论和实践两个层面都做了鞭辟入里的分析，因此更有可能被其他国家和文化所借鉴学习。美国无疑是当今世界上最具有科技创新和研究能力的国家，不论是诺贝尔奖获得者还是科技产业颠覆者，不论是贝尔实验室还是硅谷，长期以来都是许多国家学习的标杆。我在MIT和哈佛大学学习期间，每年都会遇到很多来自世界各地的学者、企业家、政府人员到这两所学校取经。基于同样的兴趣，我与他们交流讨论很多。但事实上，几十年来很少有人能够将美国领先的科技生态带回到自己的国家去成功落地实现。其困难既有理论层面，也有实践层面的因素。在理论层面，过去类似的研究探讨很少能在理论上深入到研究与创新的内在逻辑，相反长期以来人们一直相信一些错误观点。本书不仅纠正了这些错误观点，而且深入阐明了真正的本质，建立了坚实的理论基础。在实践层面，本书作者是管理过所有三大类型科研机构的杰出科研领导者，包括世界顶尖的贝尔实验室和哈佛大学工程与应用科学学院。作者基于亲身经历和体会，通过深入分析贝尔实验室等大量真实案例，提出的构建和领导卓越研究机构、培育杰出人才与创新成果的指导原则和实施方法，都具有很强的实践性和可操作性。这使得读者在理论和实践层面学习借鉴本书理念成为可能。

本书可以看作是作者文卡特希·那拉亚那穆提于2016年出版的另一本专著《发明与发现：反思无止境的前沿》（*Cycles of Invention and Discovery: Rethinking the Endless Frontier*）的姊妹篇。在该书中，作者阐述了科学领域的发现和工程技术领域的发明两者是相互促进的，并且在一个相互交叉的循环中协同进化发展。这两本专著内容相关，相辅相成，有兴趣的读者可以同时阅读两本书。另外，作者也为本书设立了一个专门的网页（https://discoveryresearch.org/），有兴趣的读者可以访问该网页获得本书更多信息以及扩展阅读。

为了更准确地阐述抽象深奥的逻辑关系和全新观点，作者在英文原著中重新定义了许多英文科技词汇，甚至“创造”了一些新的英文词汇，这给本书的中文翻译带来了极大挑战。相应地，我们在译著中也创新性地采用或“创造”了一些中文新概念，比如“技术－科学”*（包含科学与技术的静态知识库、它们的动态增长，以及科学与技术之间交互协作的全部知识库集合），“适应扩展”、“概括泛化”等六类知识进化机制，由“问－答对”构成的模块化层级网络，“邻近可能性”，研究的元目标即追求知识“间断平衡”进化中的“意外”，等同于范式创建，“知情反叛者”，“看起来不可信的效用”等。这些全新概念的定义，读者可以参考本书附录的术语表，其中我们保留了英文词汇原文，以便读者可以根据英文关键词进行扩展阅读与深入探索。

进入 21 世纪，人类正经历着史无前例的科技大爆发，从

* 对于本书英文版中的核心关键词 Technoscience，译者查看了《管理科学技术名词》等资料，很多词语的排列组合选项都已被其他定义使用了。考虑到本书强调科学与技术之间动态互动的不可分割，译者将其翻译为“技术－科学知识集合”，简称“技术－科学”。——译者注

ChatGPT到通用人工智能，从量子科技到生命科学。这些研究都具有深刻改变未来世界、重塑人类社会的可能性，这也是本书所关注的。即将来临的科技革命对地球上每一个国家和民族而言都是历史性机遇，但同时也是巨大的变革性挑战。

从“李约瑟难题”到“钱学森之问”，为什么近代科技革命没有发生在中国？为什么中国没有孕育出杰出的创新与人才？这是我国面临的重大挑战。只有真正深刻理解研究和创新的内在本质，我们才能迎接挑战、抓住机遇，才能培育出卓越的科技成果。要实现国家强盛和民族复兴，科技创新是必由之路，尤其是从0到1的原始创新能力和研究能力。如何实现科学和技术的协同发展和颠覆性进化，如何构建和领导科学研究和技术研究机构，如何精心培育卓越的研究、创新与人才？衷心地希望本书中文版在我国的出版能够给广大读者带来新的思考和启发。

程志渊

浙江大学微电子学院/集成电路学院教授

2024年4月于杭州

中文版前言

很高兴我和合著者杰夫里·颐年·曹的著作 *The Genesis of Technoscientific Revolutions: Rethinking the Nature and Nurture of Research* 被翻译成中文，并由中译出版社出版（经哈佛大学出版社授权）。

这本书是我们两人的心血结晶，是我们几十年来在领导和实践科研工作中的心得体会。本书为科学和工程研究提供了一个新的框架和视角，包括科学方法和工程方法的统一。

我们的书翻译起来并不容易。我们引入了许多新概念，包括“技术－科学方法”“问题－发现”“答案－发现”以及“知识进化的间断平衡：意外与巩固”。我们必须对英文单词和短语进行细致入微的选择，以便准确地表达这些新概念。而将这些新概念翻译成中文，也需要同样的细致入微。

因此，我们特别感谢程志渊教授和计宏亮博士在过去一年中对该书的精心翻译。程教授完全有资格也非常适合翻译这本书。他拥有新加坡国立大学电子工程博士学位，在麻省理工学院从事半导体器件领域的博士后研究。他在美国工业界工作了多年。之后他进入哈佛大学肯尼迪政府学院攻读公共管理硕士学位，研究科技政策——我有幸指导了他的论文工作。如今他是浙江大学的国家特聘教授。

我们很高兴这本书现在能与中国读者见面。杰夫里和我都热衷于研究的公益性及其对全人类的益处。我们希望这本译著能激励更多的国际学者、政策制定者和研究实践者参与到科研的认知和实践工作中来，并最终推动人类科技前沿的不断进步。

文卡特希·那拉亚那穆提

（Venkatesh Narayanamurti）

2023年5月于哈佛大学

目 录

第二章　错综复杂的“问题－答案”发现之舞

第三章　知识进化的间断平衡：意外与巩固

第四章 如何培育卓越研究

引 言

科学和技术一直是人类取得成功、获得福祉的关键因素，未来也必将依然如此。仅在过去的一个半世纪里，诸如狭义相对论、晶体管效应等科学进步，以及灯泡、晶体管、激光、蓝光 LED、iPhone 等技术进步已革命性地改变了人类生活。我们可以想象在未来一个世纪可能具有同样革命性的那些进步，比如超强的量子信息系统、通用人工智能、以人为本的高效的全球社会经济系统、地球上和太空中的可持续生活，更不用说还有很多我们现在无法想象，但将会被证明具有更深刻革命性的科学与技术进步。时任美国总统吉米·卡特曾经对此有过深刻的阐释（Carter, 1981），最近一篇影响深远的政策报告原文引用了卡特总统的阐释（American Academy of Arts and Sciences, 2014: 27）：

> 科学和技术为所有美国人的生活做出了不可估量的贡献。我们生活水平的提高很大程度上是技术的成果。这些技术在家庭中，在工厂里，无处不在。我们良好的健康在很大程度上要归功于我们不断提高的科学理解；美国的国家安全由于先进技术的应用而得到保

障；我们的环境通过科学与技术得到保护。事实上，我们对未来的愿景往往在很大程度上取决于我们预期未来科学和技术将会带来的丰盛程度。

因为科学和技术是现代生活的核心，社会对推动科学与技术——我们社会所熟知的研究与开发（简称“研发 R&D”）——所给予的公共支持是巨大的。但是，对研究和开发的支持必须是有效的，否则再大的支持也没有意义。其中，我们尤其关注研究，因为研究是研发 R&D 活动的前段和先导，是能够改变人类思考和行为方式的“技术－科学”革命的本源。虽然开发和研究都很重要，但研究要脆弱得多。研究是一项深层次的人类努力，必须通过精心培育才能充分发挥其潜力。这与照料花园一样，必须小心安排、种植、施肥和除草，而且这种培育的方式必须与所培育的对象的特性协调一致。

然而，从本书作者作为研究从业人员的角度来看，我们目睹了有关研究本质的三种广为流传的错误观点，这些错误观点与有效培育研究是脱节不一致的（Narayanamurti & Tsao, 2018）。

第一个广为流传的错误观点是技术是从科学中衍生出来并从

属于科学，因此科学的进步（即所谓的“基础研究”）是技术进步（即所谓的“应用研究”）的先导。这种观点部分源于范内瓦·布什的报告《科学：无尽的前沿》（Bush, 1945）。该报告具有开创性意义，但也有局限性，因为它将研究与科学混为一谈，将研究狭隘地局限于新科学的创造，明确地将新技术的创造排除在研究之外。事实上，科学的研究和工程的研究是相互促进的，在发明和发现的循环过程中相互推进（Narayanamurti & Odumosu, 2016）。具有代表性的贝尔实验室在 1947 年的晶体管这一工程技术发明和晶体管效应这一科学发现就是例证，两者深度互动，而且几乎是同时发生的（参阅第一章中的案例）。由于科学与技术之间这种紧密的动态共生关系，我们将科学与技术看作两类相互独立的知识库并不合适，而更应该将它们视为不可分割的一个整体——我们在本书中称之为“技术－科学知识集合”（简称为“技术－科学”），以强调其整体性。

第二个广为流传的错误观点是研究的目的是回答问题。这种观点是有局限性的，因为它忽视了研究的另一个同等重要且互补的目的：发现新问题。用阿尔伯特·爱因斯坦（Albert Einstein）的话来说（Einstein & Infeld, 1971: 92）：

形成新的问题通常比解决问题更关键，因为解决问题有可能只需要数学或实验技能。而提出新问题或新可能性，或从新角度看待旧问题，则需要创造性的想象力，这标志着科学的真正进步。

发现一个新的假设（一个新问题）与验证这个假设（回答这个问题）一样重要，但在当今的研究环境中前者得到的支持要比后者少得多。如果今天阿尔伯特·爱因斯坦提议研究空间、时间、质量和引力之间的关系，他将很难获得经费资助，但提议验证爱因斯坦广义相对论的亚瑟·爱丁顿（Arthur Eddington）则会得到大力支持。提出自然选择进化论的查尔斯·达尔文（Charles Darwin）很难让他的研究获得资助，但对达尔文理论的验证却会得到支持。事实上，发现问题和发现答案对于研究来说同样至关重要，两者在共生关系中相互促进。

第三个广为流传的错误观点源于在20世纪下半叶得到强化的"华尔街"观点：投资资本的短期和私有回报至上。但将这种观点应用于研究领域时有局限性，因为它使我们忽视了研究经费投资的另一个价值：长期和公共回报。真正颠覆性的研究是寻求意外。它以无法预料的方式颠覆以前的行为和思考模式——何时会发生以及谁将受益都是无法预测的。事实上研究的大部分效益是长期和公共的（外溢到进行该研究的机构之外），而不仅只是从事研究的机构得到的短期和私有的效益。即使对于私营工业研究实验室也是如此，包括贝尔实验室、IBM、施乐 PARC、杜邦和通用电气等活跃于 20 世纪的代表性实验室。这些实验室具有一些共同特征，例如强调学习和意外的研究文化，以及对各种界限的藐视——不同学科之间的界限、科学与技术之间的界限，以及发现问题和发现答案之间的界限。因此，他们对长期公共利益做出了巨大贡献。他们的科学贡献的例子包括信息论、2.7K 宇宙微波背景、电子衍射、扫描隧道显微镜、高温超导、激光原子冷却、电荷的分数量子化等。他们的技术贡献的例子包括晶体管、半导体激光器、太阳能电池、电荷耦合器件、UNIX 操作系统和 C 编程、以太网、计算机鼠标、聚合物化学、合成橡胶等。然而，当短期私有利益排挤长期公共利益时，R&D 工作的权重就会从不容易预测结果的研究转向更容易确定结果的开发。这种转变导致了 20 世纪 80 年代和 20 世纪 90 年代研究在这些伟大的工业研究实验室中的消亡。

在本书中，我们对研究的本质和研究的培育进行了现代性反思，目的是显著地提高研究的有效性。本书将研究的本质和培育作为一个整体来考虑，我们聚焦与研究的有效培育最密切相关的那些研究本质方面，同时我们也聚焦与研究本质保持一致所必需的那些研究培育方面。展望未来，我们希望研究的本质和培育形成一个强大的正反馈循环（如图 0–1 所示）。在这个循环中，社会通过持续增进对研究本质的理解，从而促进对研究的培育。同时，社会也一直通过培育研究的经历，以提高对其本质的理解（Odumosu, Tsao, Narayanamurti, 2015）。为此，我们希望本书的读者范围广泛，既包括对研究的本质和“理解研究”感兴趣的人，又包括对研究的培育和“做研究”感兴趣的人。

我们对研究本质的反思围绕着纠正上面讨论的三个广为流传的错误观念展开（如图 0–1 上半部所示）。借用社会科学的一个专业术语，我们将纠正后的三种正确观念称为“特征事实”，因为我们认为这些关于研究本质的经验性观察是真实的、普遍的而且重要的。第一个特征事实：科学和技术深度交互协同进化，以本书统称为“技术 – 科学方法”的方式创造出新的科学和技术。第二个特征事实：“技术 – 科学知识集合”被组织成由众多“问 – 答对”构成的无缝网络，其中发现新问题和发现新答案都是创造新的“问 – 答对”的复杂演进过程中的重要部分。第三个特征事实：“技术 –

科学”知识不仅通过传统智慧的延申和巩固而发展，偶尔也会被“意外”所打断，而这种“意外”及其最终影响是无法在传统智慧中预测或预期的。

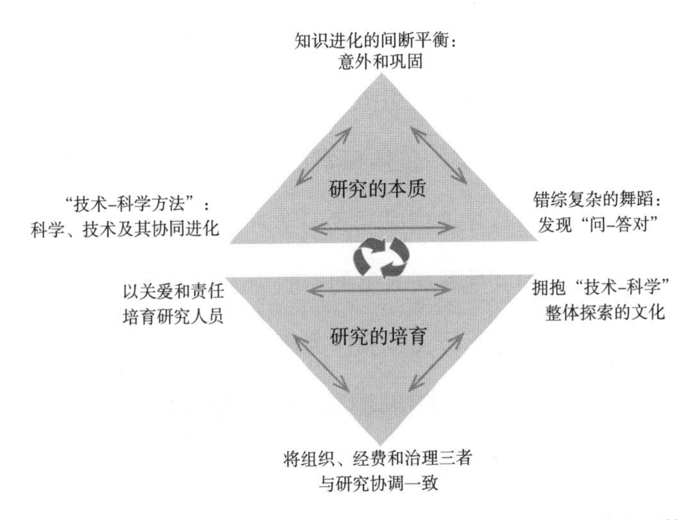

图 0-1　研究本质和培育之间的反馈循环，显示了与研究本质相关的特征事实（上）和与研究培育相关的指导原则（下）

重要的是，我们对研究本质的反思既是还原论的，又是整合性的。一方面，本书的反思将“技术 – 科学”及其进步分解为若干基本类别和机制：科学与技术、问题与答案、意外（在本书中等同于研究 R）与巩固（在本书中等同于开发 D）。另一方面，本书的反思强调不同类别和机制之间的强有力的反馈关系，“技术 – 科学”

及其总体进步作为一个统一的整体远大于其各部分的总和。此外，尽管本书对研究本质的反思在很大程度上是为了更好地理解如何培育研究，我们也谨慎乐观地希望本书具有更多其他价值。

我们对培育研究的反思围绕着图 0–1 下半部所示的三个指导原则展开，分别聚集于将组织、经费和治理三者与研究协调一致；拥抱“技术 – 科学”整体探索的文化；以关爱和责任培育人才。在制定这些指导原则时，我们学习借鉴的来源有两个。首先，从作者自己和其他科研人员的经验中去认识什么是“做”研究。本书作者的研究工作实践和作为研究领导者曾经培育出非常有效的研究组织的管理经验构成了我们的“原始数据”，这包括在标志性的贝尔实验室工作的经验。其次，我们在对研究本质的反思中进一步认识：如何最好地协调对研究的培育，以使与研究本质相关的各种机制保持健康有效，且它们之间的反馈循环和内部放大功能不被“短路”。

本书写作受益于诸多杰出学者关于研究的观点：研究科技历史和科技哲学的托马斯·库恩（Thomas Kuhn）和布赖恩·亚瑟（Brian Arthur）；研究进化生物学、复杂性科学、自然科学和经济科学的斯蒂芬·杰·古尔德（Stephen Jay Gould）、赫伯特·西蒙（Herbert Simon）、菲利普·安德森（Philip Anderson）、斯图尔特·考夫曼（Stuart Kauffman）和约瑟夫·熊彼特（Joseph Schumpeter）；以及研究领导力和科技政策的拉尔夫·鲍恩（Ralph Bown）、范内瓦·布什和唐纳德·斯托克斯（Donald Stokes）。不过，根据本书作者在“技术－科学”研究领域的实践经验，我们对上述学者的观点进行了语言文字上的调整，以便不论是学者还是研究从业人员都能读懂。

本书不是一本随意翻阅的书籍，我们希望它是一本有价值的书籍。本书包含对研究本质和培育的重大反思——新观点以及以新思路对旧观点进行整合调整。为了帮助读者更好地理解本书的这些新观点，包括第一至第三章对研究本质的阐述，第四章对研究培育的阐述，我们提供以下阅读导览。

一、“技术－科学方法”：科学、技术及其协同进化

在第一章中，我们将讨论关于研究本质的第一个特征事实：科学和技术是两种性质不同的人类专业知识类型，两者深度互动并协同进化，创造出新的科学和技术。对于科学，本书使用事实及其解

释作为我们对科学的工作定义。所谓“事实”，我们指的是被传统智慧认可的经验观察的抽象概括。所谓“解释”，我们指的是对那些事实的最浅显层次的解释；或者对浅显解释的更深层次的解释。对于技术，本书使用人类需要的功能和实现这些功能的形式作为我们对技术的工作定义。所谓“形式”，我们指的是工件和工艺：工件是我们操纵和观察世界的“硬件”，而工艺是制造和使用工件的“软件”（它可以包括其他工件的使用以及它们是如何制造和使用的）。因此，我们可以把科学和技术看作是一对对仗非常工整的类比：事实和解释之于科学就像功能和形式之于技术。

对于理解研究最重要的一点是，现有的科学和技术知识在一个强有力的反馈循环中互动并协同进化，创造出新的科学和技术。新技术是通过本书通称为“工程方法”的以下三种机制创造出来的：“功能－发现”机制，找到人们所需的功能；“形式－发现”机制，找到能满足这些功能的形式；适应扩展（exaptation）机制，原本为某一功能找到的形式被扩展到满足其他新功能。新科学是通过本书通称为“科学方法”的以下三种机制创造出来的：“事实－发现”机制，找到人们感兴趣的经验性观察的抽象概括；“解释－发现”机制，对事实进行因果解释；“概括泛化”机制，将某一事实的解释概括泛化后推广到解释更多其他事实。因此，我们把科学方法和工程方法也看作是一对对仗非常工整的类比："功能－发现""形式－发现"和"适应扩展"机制之于工程方法，就像"事实－发现""解释－发现"和"概括泛化"机制之于科学方法。

尤其重要的是，科学推动技术发展和技术推动科学发展的方式。当科学可以被用来模拟提案中的形式是否能实现预期的人类所需功能时，工程方法就会变得更加高效。而当技术可以用作科学实验的工具时，科学方法就会变得更加高效。换言之，科学和技术在我们通称为"技术－科学方法"中协同进化：科学利用技术来发现新的事实，而技术利用科学来发明新的形式以实现人类期望的功能。借用模拟电子学的专业术语，这里存在着一种"正反馈"，积累的科学和技术知识反馈到新科学和新技术的创造过程中，形成"发明和发现的循环"（Narayanamurti & Odumosu, 2016）。

因此，科学和技术的进步是相互循环的——科学和技术不分主次先后。技术既不是科学的附庸，也不是科学的跟随者，科学进步也不是技术进步的先导。有效地培育研究意味着培育最成熟的那一方面——有时是科学进步，有时是技术进步，有时两者几乎同时进行。

二、错综复杂的“问题－答案”发现之舞

在第二章中，我们将讨论关于研究本质的第二个特征事实：人类的“技术－科学知识集合”被组织成由众多“问－答对”构成的宽松的模块化层级网络（Simon, 1962），这些问题和答案像错综复杂的舞蹈一样进化演变，并创造出新的“问－答对”。在本书中我们随机约定了“问－答对”在模块化层级网络中的上下位置——将问题放在它的答案之上。在科学领域，可被看作是问题的事实（比如“为什么落球的速度随时间线性增加？”）在网络中位于可被看作是答案的解释（“因为均匀加速度引起速度线性增加”）之上。而这些解释反过来又可以被看作是新揭示的问题（“为什么加速度是均匀的？”），它位于可被看作是更深层次答案的更深层次解释（“因为导致加速度的重力是均匀的”）之上。在技术领域，iPhone可被看作是一个“如何实现某些功能”的问题，它在网络中位于其组成模块（多点触摸显示屏、集成电路芯片、摄像头和闪光灯）之上，这些模块合在一起可以被看作该问题的整体答案。这些组成模块中的每一个都可被看作是一个新揭示的功能问题（“我们如何生产多点触摸显示器？”），它位于更深层次的组成子模块（大猩猩

玻璃®，电容式多点触控表面）之上，后者反过来可被看作这些功能问题的答案。

沿着模块化层级网络结构“向上”或“向下”移动时，知识既有相似之处，也有不同之处。相似之处在于，在每一个层级中，创造和解释新概念和新事物的挑战性是类似的：上面层级的知识（例如生物学）并不比下面层级的知识（例如物理学）更简单或更平凡，它们只是不同的知识而已（Anderson, 1972）。不同之处在于，上面层级的知识更具有历史相关性，更隐性，离人类的直接应用更近，更容易保护和变现；下面层级的知识更普适，更正式化，离人类的直接应用更远，更难以保护和变现。

问题与答案的协同进化有两种方式：发现新答案方式和发现新问题方式。“答案－发现”是两种方式中更常见的一种：为现有问题寻找到新的答案，即在知识网络中向“下”看。在科学领域，光速不变的问题后来被狭义相对论所回答。在技术领域，如何制造与人类触摸灵活互动的 iPhone 的问题后来被多点触控显示屏所回答。“问题－发现”是两者中较少见到的，但它同等重要：从一个现有答案出发，寻找它能回答的新问题，即在知识网络中向“上”看。在科学领域，狭义相对论无意中为一个新问题提供了答案，即为什

么裂变 / 聚变过程会释放能量——这就是上文提到的“技术 – 科学方法”中的概括泛化机制。在技术领域，iPhone 为最初没有预想到但后来体现在苹果应用商店中的一系列新问题提供了答案（例如，如何方便地与打车服务进行互动）——这就是上文提到的“技术 – 科学方法”中的适应扩展机制。

正如科学与技术紧密相连一样，“问题 – 发现”和“答案 – 发现”机制也是紧密相连的。当寻找一个问题的答案时，常常会发现另一个问题的答案：路易斯·巴斯德（Louis Pasteur）研究发酵时，希望能回答如何更好地生产葡萄酒的问题，但他发现发酵是能够更广泛地研究化学转化的有力工具。或者，当用一个已有的答案去尝试回答问题时，经常会出现该问题的不同答案：约翰·巴丁（John Bardeen）、沃尔特·布拉顿（Walter Brattain）和威廉姆·肖克利（William Shockley）认为多数载流子场效应器件可以回答如何制造半导体放大器的问题，结果却发现少数载流子注入器件反而回答了这个问题。

并非所有新问题和新答案都容易找到，离现有答案和问题越远越不容易找到。从可能性的角度看，可以把现有的问题和答案看作“现有可能性”。最可能的是现已存在的“问 – 答对”，它们彼此匹配，不过它们仍有进一步优化和改进的空间。离得稍远一些的是潜在的问题和答案，可以称之为“邻近可能性”——将潜在的转化为“现有可能性”还需要一次想法重组步骤（Kauffman, 1996）。离得再远一些的是“下一个邻近可能性”的问题和答案——它们转化为“邻近可能性”还需要一次想法重组步骤，转化为“现有可能性”则需要两次想法重组步骤。此外，新问题和答案离“现有可能性”越远，不仅其联系越难建立，而且其联系的不可预测性也越大，意外也越大，创造新范式和颠覆传统智慧的潜力也就越大。

重要的是，“问题－发现”和“答案－发现”机制，两者不分主次优劣。有效培育研究意味着培育最成熟的发展途径——有时是“问题－发现”，有时是“答案－发现”，有时两者几乎同时进行。

三、知识进化的间断平衡：意外与巩固

在第三章中，我们将讨论第三个特征事实：知识的进化是以“间断平衡”的进化模式发展的，即相对平缓连续的进步和改进的平衡周期（本书称之为“巩固”），会意外地被不连续的突变性进步（本书称之为“意外”）所“间断”（打断）。

范式介导了知识进化的间断平衡发展，其方式与生物进化中物种介导间断平衡发展非常类似（Gould & Eldredge, 1993）。范式的定义是为实现“技术－科学”知识进步所需的全部知识的组合，是一种如何使用知识以实现知识动态进化的元知识。一种新范式的创建代表了一次相对突然和意外的对传统智慧的突破，类似于经济学中的“创造性破坏”（Schumpeter, 1942）。而现有范式的延申则代表了相对渐进的传统智慧的巩固和加强。

范式的创建和延申介导着意外和巩固的自然节奏，两者自然地相互催生。新范式的诞生为该范式的后续延申打开了一个“开放空间”。范式的延申反过来又为下一个新范式的诞生播下了种子。当范式在强化知识时，知识得以发展进步。一个进步可能很微小，但它们积少成多，最终会跨越某种性能阈值，从而使得全新的问题得以被提出和被回答：集成电路芯片不断增长的算力和越来越多的可用数据最终跨越了某一阈值，使得计算机图像识别技术突然间具备了超过人类的准确性；粒子加速器能量的不断增长最终跨越了能够产生可观测希格斯玻色子的能量阈值。而当一种范式在其性能上达到饱和时（有时甚至是走进了一个死胡同），它可以催化出新的范式取代它的位置，或者允许新的子范式取代它所依赖的子范式：光速不变等当时看似无法解释的一些事实的不断积累，催化出了一个全新的狭义相对论；当白炽灯发光效率趋于饱和时，它催化了新一代的超高效固态照明技术。

重要的是，范式创建不同于范式延申，两者不应该以同样的方式进行培育。对于范式创建来说，意外是最重要的（Tsao et al., 2019）。顾名思义，传统智慧本身是无法预见对它的意外和对它的颠覆的，所以我们无法像规划范式延申那样去规划新范式的创建。研究活动 R 追求以意外去颠覆传统智慧，而开发活动 D 追求巩固和延申传统智慧，因此对研究的有效培育要比对开发的培育需要多得多的灵活性和探索自由（Narayanamurti & Tsao, 2018）。

四、培育研究的指导原则

这三个特征事实——科学和技术的协同进化、在错综复杂的舞蹈中发现“问－答对”，以及由意外与巩固组成的间断平衡进化模式——是本书反思研究本质的基础。在第四章中，我们将阐述与上述研究本质契合的培育研究的若干指导原则。这些原则旨在具有足够的普适性，可应用于各种类型的研究机构（工业研究实验室、大学、政府研究实验室等）。它们各不相同的母机构也许各有不同的统领性使命（大学以教育为本，企业聚焦于生产和销售商品或服务，政府机构旨在提供特定的公共服务等），这些使命可能会形成各种不同的局限性。但是，任何希望成功开展研究的机构都应该遵循本书阐述的培育研究的指导原则。

我们关于培育研究的第一个指导原则是使研究机构的组织、资金和治理三者协调一致。对研究的投资不应该随意进行——因为研究的成果是高度不确定且不能提前计划或安排的，只有当研究的目的能包容不可预测的意外时，研究机构才可投资研究。研究以寻求意外和颠覆传统智慧为目的，而开发旨在巩固和加强传统智慧——两者在思维心态上差别巨大，因此需要在文化层面上将研究与开发隔离开来（但不在智力思想层面上隔离）。必须灵活地、机会主义式地应对研究，这就要求在组织层面能够将资源整块分配给研究的领导者，并最终分配给研究人员，而不是分配给研究项目。同时，如何领导研究也是至关重要的：研究不只是将研究人员聚集起来让他们追求自由探索那么简单；研究活动必须精心策划安排，必须在机构的聚焦重点方向和研究人员个人自由探索之间保持一种非常微妙的平衡。

我们关于培育研究的第二个指导原则是拥抱“技术－科学”整体探索的文化。对未知的探索意味着要求研究人员去承担一项不确定的、有风险的且极其困难的任务，这需要让研究人员沉浸在一种非常支持“技术－科学”探索的文化中。因此必须拥抱完整的“技术－科学方法”，及其科学与技术的共生关系；必须避免根据受好奇心启发还是受实际应用启发来划分研究；必须同时拥抱问题－发现和答案－发现机制；发现新的假说和检验已有假说应该得到同样的重视；应该欣然接受那些有助于颠覆传统智慧的知情反叛。

我们关于培育研究的第三个指导原则是以关爱和责任培育人才。研究是一项深层次的人类事业，其高水平的成功需要对研究人员高水平的培育（Bown, 1953），尽管很多人没有认识到这一点。需要给予具有创新能力的、有时特立独行的（甚至是反叛的）研究人员以关爱和同理心，他们首先是人，其次才是知识分子。为达到最高卓越标准的研究成果，还必须有选择性、公平性和问责制。

五、学会去学习

我们邀请您与我们一起踏上这一旅程，对研究的本质和培育进行反思。基于我们编写此书的方式，您可以从开头到结尾阅读本书，但这一旅程并不一定要以线性方式展开。对培育研究更感兴趣的读者可以直接跳到第四章（阅读时可借助书尾的术语表），然后再回到第一至第三章中相关部分去详细了解研究本质的相关特定内容；对研究本质更感兴趣的读者可以先深入研究第一至第三章，最后再阅读第四章；对书中讨论的抽象概念如何映射到特定“技术－科学”进步的实例更感兴趣的读者，我们鼓励他们深入研究第一至第三章中的倒数第二小节，在那里我们总结了晶体管、微波激射器/激光器、狭义相对论、iPhone、人工照明技术的相关历史；而对概念更感兴趣的读者则可以跳过这些小节。

全书大量引用了很多或简短或详细的例子，我们希望它们帮助读者把书中的许多新概念和抽象概念具象化。当然，具有一定技术背景的读者更能理解这些例子。书中关于研究本质的例子主要取自物理科学和工程领域，这并不是因为生命科学、医学、信息科学、软件等其他领域中没有类似具有说服力的例子，而是因为本书作者在物理科学和工程领域有更深入和独特的经验。书中关于研究培育的例子主要取自美国研究机构，这并不是因为国际上其他研究机构没有类似具有说服力的例子，而是因为本书作者在美国研究机构有更深入和独特的经验。

无论您选择以什么顺序展开您的阅读旅程，我们相信您会发现一些熟悉的观点，也会被一些不太熟悉的观点所挑战。我们希望您发现这些不太熟悉的观点是合理的；但如果您认为有些观点不合理，我们欢迎不同观点，这对我们“研究本质和培育”群体来说是一个“学会去学习”的机会。对于这个我们认为对人类未来至关重要的复杂问题，尽管我们经过了非常仔细的思考，但我们的观点不可避免地也是阶段性的。

第一章

“技术－科学方法”：科学、技术及其协同进化

在本章，我们讨论有关研究本质的第一个特征事实：科学和技术是两个同等重要但性质不同的人类知识库，两者深度互动协同进化。这一事实对于实验台研究人员来说是显而易见的：思考（试图搞懂事物是如何工作的）和实践（试图构建和操作能运作的物体）是同时进行的。然而，正如在引言中讨论的，一种相反但错误的观点却流传得很广：技术是从属于科学并由科学衍生出来的，因此科学进步是技术进步的先导。在本章中我们将对此观点予以纠正。

我们先从科学和技术的基本定义和特征以及它们与人类文化的关系开始。在本书中我们用符号 S、T 和 C 分别代表科学、技术和文化（如图 1–1 所示）。

然后，我们讨论科学和技术协同进化和增长的机制。我们用符号 $\dot{S}$ 与 $\dot{T}$ 分别代表 S 和 T 的增长，这里借用了数学中的方式用变量符号上面的小点来表示该变量随时间的变化。不过本书中这些符号只是象征性的，并不是量化的定义——S 和 T 的真正动态进化是无法简单地用一个单一变量的变化率来表征的。无论如何我们认为这些动态变化非常重要。通常人们会模糊地使用“科学”和“技术”这两个词汇，有时用来指代其静态知识库本身（“使用”已存在的科学和技术），有时用来指代这些知识库的动态增长（即“做”科学和“做”技术，在这里我们将“技术”等同于“工程”）。例如，狭义相对论是一个静态的科学知识（S），我们可用它来动态地设计一种新的全球定位系统技术（$\dot{T}$），而这不同于动态地延申甚至有可能推翻狭义相对论本身（$\dot{S}$）。光学望远镜是一项静态技术知识（T），我们可以用它来建立关于行星运动的新科学事实（$\dot{S}$），而这不同于动态地设计一台新的望远镜甚至可能用新的射电天文学来取代光学望远镜（$\dot{T}$）。本书关注的是科学与技术的增长，即（$\dot{S}$）与（$\dot{T}$）。但因为科学与技术的增长是“站在”现有科学与技术的“肩膀上”［借用艾萨克·牛顿（Isaac Newton）的话］实现的，因此我们也将花一些时间讨论 S 和 T 本身的性质。

最后，我们将以 20 世纪的两项标志性的“技术－科学”进步为例，探讨科学与技术的互动与协同进化：晶体管和微波激射器/

激光器。这两项进步都是变革性的——晶体管主要对计算技术产生变革性影响，而微波激射器 / 激光器主要对通信技术产生变革性影响。

文化（C）

科学（S） 技术（T）

图 1–1 人类知识可分为三类：以爱因斯坦为标志性代表的科学解释的发现者、爱迪生为标志性代表的技术功能和形式的发明者，以及人类文化对迁移和探索的愿望

图片来源：爱迪生照片来自 Record Group 306、美国信息署（306-NT-279T-20）记录、国家档案和记录管理局。爱因斯坦照片来自奥地利国家图书馆（Österriechische Nationalbibliothek）。货运马车队照片来自国会图书馆印刷和照片部 LC-DIG-ppmsca-33293。

第一节 “技术 - 科学”知识库集合：S 与 T

我们最关心的两类人类知识库是科学知识和技术知识——通常简称为科学和技术。为完整起见，我们补充第三个知识库：人类文化。科学与技术的发展介导着文化，反过来文化也介导着科学与技术的发展——因此三者是协同进化的。图 1–1 描述了这三类知识库，不过在详细地讨论它们之前，我们先做一些总体性的评论。

第一，本书对科学和技术的定义非常宽泛。本书中的“科学”泛指人类对世界的理解——此处的“世界”包罗万象。也就是说，科学包括人类对不同维度世界的理解：银河系的恒星（自然物理世界），地球上的植物、动物和人类生物圈（自然生物世界），人类创造的技术（人工合成的世界），以及人类社会本身（人类社会世界）。本书的“技术”泛指人类与世界交互的手段。也就是说，技术包括人类运用电磁学（自然物理现象），动物或植物（自然生命现象），人类体力与脑力的增强（增强的人体机能现象）。

第二，我们对科学、技术和文化三者的区分是基于功能的，对应生物智能或人工智能在适应环境时必须执行的那些功能。任何一种智能都需要与周围世界进行互动，通过感知和操控的方式进行活动，这需要通过技术来实现。其次，它必须去预测它与世界的互动会如何导致各种不同的结果，这需要通过科学来实现。最后，它必须知道应该选择哪种结果最好，需要制定一个能对各种结果进行评分的“目标函数”——这个目标函数由文化提供。粗略地说，技术对应“知道怎么做”的知识，科学对应“知道为什么”的知识，而文化对应“知道做什么”的知识（Garud, 1997）。

第三，我们不以文化上的价值来区分科学和技术，尽管它们的价值评估对于培育研究来说非常重要。人们通常认为技术比科学具有更高的经济价值，因为技术转化更容易得到保护也更容易变现，而科学通常被认为经济价值较低是因为其转化不易得到保护也不易变现。因此，对新技术的回报通常是金钱上的，创造新技术的环境通常是保密的；而对新科学的回报通常是名誉性的，创造新科学的环境通常是公开的（Dasgupta & David, 1994）。然而，我们并不认为这些区别是根本性的。我们可以轻易地构想出一种摒弃新技术经济回报的文化价值体系：本·富兰克林（Ben Franklin）对他的发明就是这样做的，他有句名言：“我们享受着他人发明带来的巨大好处，我们也应该乐于以自己的发明为他人服务，而且应当无偿地、慷慨地去做”（Franklin,

1791: 216）。美国电话电报公司的贝尔实验室对其发明的晶体管和Unix 操作系统也是这样做的，虽然申请了专利，但随后几乎免费许可使用（Brinkman et al., 1997）。我们也可以轻易地构想另一种文化价值体系，其中声誉信用驱使着新科学的极端竞争和极度保密（至少在短期内）：艾萨克·牛顿是著名的保密主义者，直到他的老对手罗伯特·胡克（Robert Hooke）去世后，他才愿意出版他的著作《光学》（*Opticks*）；同样地，在曼哈顿项目（Manhattan Project）中获得的科学知识也被严格保密，这是可以理解的。慷慨和分享是人类的基本本能，这些基本本能既适用于工程发明，也适用于科学发现；争强好胜和寻求优势也是人类的基本本能，这些基本本能也同样适用于工程发明和科学发现。

第四，我们不以交流传播的难易程度和渠道方式来区分科学和技术。科学有时被看作能够以书面形式规范化并传播的正式编撰的知识，而技术有时被看作难以以书面形式规范化并传播的隐性知识。另外，科学有时被看作期刊论文，而技术有时被看作专利。然而，我们并不认为这些区别是根本性的。科学中也有许多隐性知识，技术中也有许多正式编撰的知识；新技术也常常通过期刊论文方式传播，就如它通过专利方式传播一样。

一、科学：事实及其解释

对于科学，本书采用以下定义：科学是人类认知到的客观事实和对这些事实进行解释的集合（Simon, 2001）。

所谓“事实”，我们是指可观察到且稳定的客观世界的模式。这些模式可以是通过人类生理直接操控和感知的：当我们在空中释放一个球时，视觉上可以观察到它在下落，且下落越远其下落速度越快。这些模式也可以通过技术仪器来操纵和感知：为了更定量地确定模式，我们可以像伽利略·伽利雷（Galileo Galilei）那样使用一个斜面来减缓球的下落速度，从而更为精确地测定其下落运动。不同模式可能有程度各异的可重复性和稳定性。作为稳定性的一种极端：物理科学中的模式可以是极其稳定和可重复的，比如机械物体的运动；作为稳定性的另一种极端：社会科学中的模式可能不那么稳定，可重复性差，比如人类群体的行为；在这两个极端之间的任何程度的稳定性都是存在的。

所谓“对事实的解释”，我们是指对观察到的客观模式的浅层解释和逐层深入的各层次解释的集合。浅层次解释可能仅仅是对模式本身的简明重述：伽利略对观察到的距离与时间的关系模式作出的解释是，落球的速度随时间线性增加。艾萨克·牛顿则做出了更深层次的解释，即重力是一种力，均匀的力导致均匀的加速度，而均匀加速度则导致速度的线性增加。因此，事实及其解释是嵌套在一个分层架构中的（详见第二章）：一个模式首先被赋予一个浅层次的经验性解释；这个浅层次经验性解释接着又被赋予一个更深层次的解释；后者可能又被赋予一个再深一个层次的解释。最深层次的解释的效力更强，它们通常可以概括泛化成为其他更多模式的解释——艾萨克·牛顿对落球模式的解释也可用来解释围绕太阳运行的行星的模式。

在此，我们尤其关注解释的两个重要特性：简约性越强，以及因果性越强，其解释力越强。

所谓“简约性”，是指该解释本身比用它来解释的模式更简单；事实上，越简单越好。一旦从原始数据中找到一个模式，在某种程度上数据就变多余了，因为该模式提供了一个比数据更简单、更精炼的描述。同样，一旦从模式中找到一个解释，在某种程度上模式就变多余了，因为该解释提供了一个比模式更简单、更精炼的描述。正如赫伯特·西蒙所阐述的（Simon, 2001: 7）：

科学的原始行为是观察客观现象，在现象中寻找模式（寻找冗余重复），并用找到的模式对现象进行重新描述，从而消除冗余。简约描述的简单性是大家追求的，也被发现是很美的，简练描述利用了冗余重复。我们并不寻求绝对最简规律，而是寻求相对其解释的现象范围而言最简单的规律，即最简练描述。

这正如“奥卡姆剃刀定律”（Ockham's Razor），一个可被看作易于证伪的启发式规律：对一个模式的解释越简单（在保持对该模式的“逼真度”的前提下），它越能被概括泛化用以预测其他更多模式，当相关预测不成立时它就越容易被证伪。而如果未被证伪，那么该解释也就越有可能是正确的（Popper, 2005: 267）。

所谓“因果性”，是指对观察到的事实的理解不仅是相关的，也是具有因果关系的。就像简约性一样，对一个模式的理解越具有因果解释力，它就越能被概括泛化用以预测其他模式；它越能被概括泛化，当相关预测不成立时它就越容易被证伪。而如果未被证伪，那么该理解就越有可能是正确的。如果作用力是一个小球加速的因果解释，那么有可能任何物体加速的普适性解释也是作用力；但如果观察到一个物体在没有作用力的情况下也会加速，这一解释就会被驳斥。我们知道人类无法证明世界是因果的，但实际上，因果关系显然是“有效的”，并且已经深深地嵌入人类对观察到的模式的解释和构建的世界模型中。正如朱迪亚·珀尔（Judea Pearl，2012 年图灵奖得主）和达娜·麦肯齐（Dana Mackenzie）所阐述的（Pearl & Mackenzie, 2018: 24）：

在人类进化的早期，人类就已意识到，组成世界的不仅只有枯燥乏味的事实（我们今天可能称之为数据），而且还有一个错综复杂的因果关系网络将这些事实粘在一起。

因果推理甚至可能是让今天的人工智能技术变得更加通用和更加拟人化所需的缺失要素之一。

二、技术：功能及实现功能的形式

正如我们对科学的定义包含两部分（人类认知到关于世界的事实和对事实的解释的集合），我们对技术的定义也包含两个部分：人类期望的功能和实现这些功能的形式的集合。

所谓“人类期望的功能”，是指能满足人类某些欲望的功能：我们对吃的欲望，与他人互动的欲望，对住所的欲望，对未知宇宙的好奇心。本书对这些人类欲望不做任何价值判断。这些欲望会演变进化，但在任何特定时间点，它们就是当时真实存在的样子，这可能包括发动战争、让穷人吃饱，或满足人类的好奇心。

所谓“形式”，指的是工件和工艺。“工件”指的是硬件，它可能是像一块雕琢过的石块一样简单的器物，也可能是像集成电路一样复杂的器物。“工艺”指的是制造和使用工件的操作流程。一块雕琢过的石块可能是通过削凿原石制成的，而后通过抓握和来回拉锯等动作流程用它来切割物体。一个硅片可能是通过切割从硅熔体中生长出来的硅晶棒制成的，然后硅片可以被用作集成电路的初始衬底。相应地，可以通过一系列复杂的加法和减法光刻及薄膜工艺制造集成电路，然后通过操作系统和应用软件将集成电路用于计算。

技术形式（工件和工艺）的效用取决于其“利用现象”的能力以完成人类期望的某些功能（Arthur, 2009）。用雕琢后的石块进行切割时利用了其机械研磨现象。硅半导体在制造集成电路的工艺中利用了一系列机械现象和化学现象。集成电路在进行计算时利用了电子数据存储现象和开关现象。由于现象和人类应用都是极其丰富且复杂的，两者之间的技术形式和功能也是极其丰富且复杂的。这种丰富性和复杂性体现为一个层级嵌套网络，这与科学中事实和解释组成的层级嵌套网络类似（将在后面第二章进一步详细讨论）。雕琢过的石块可以用来做犁，而犁又可以用来挖沟，沟又可以用来播种和生长人类食用的作物。集成电路可以用于印刷电路板，印刷电路板又可以用于计算机，而计算机又可用于人类直接使用的手机。我们认为在层级嵌套网络中的所有层级都是技术，从最低层的原材料一直到与人类直接互动的产品。

重要的是，我们认为技术不只是科学的延申，也不只是已有科学知识的应用。事实上，在人类历史的大部分时间里，技术知识比科学知识更早出现（Basalla, 1988; Layton, 1974; Rosenberg, 1982）。很多技术在能够被科学解释清楚之前就已被发明出来，比如眼镜和蒸汽机。事实上，技术是人类生物学的延申，从这一观点可以推论出，技术是有可能在没有科学的情况下进化发展的。在使用钳子之前人类就已用手来操纵；在使用望远镜之前人类就已用眼睛来观察；而手和眼睛的进化都不需要科学。正如政治学家唐纳德·斯托克斯所阐述的（Stokes, 2011: 19）：

> 战后范式的动态模式中最大的缺陷，是断言科学和技术之间可能存在的连接关系都是单向的，即先有科学发现然后才有技术革新……但科学史料表明，这一断言在科学和技术的历史中总是错误的。事实上还存在着一种明显的逆向关系，即先有技术再有科学，从培根时代到第二次工业革命时代都是如此。

事实上，将捕捉到的现象为人类所用的过程就是技术，它从自然界中引出现象，因此它是一个巨大的模式和经验知识库——其对应的科学事实有待于科学解释来“理解”。技术是与现象世界互动的关键入口和出口，现象世界不断地给我们带来意外，它和我们一样富有想象力，很多现象是科学难以事先预测的。用威廉·莎士比亚（William Shakespeare）的《哈姆雷特》（*Hamlet*）中的话来说（I.iv.165–166）：

> 霍拉旭，天地之间有更多的事物，超出你的哲学所能梦想到的。

三、文化：S 和 T 的选择压力

本书的关注点是科学与技术，但科学与技术并不是存在于真空中的，它们植根于人类文化之中。当然，文化是复杂的，阐述其学术性定义远远超出了本书的讨论范围，也超出了本书作者的专业领域。但由于文化与科学和技术协同进化，我们必须至少给出一个工作定义。在本书中，我们将把“文化”广义地理解为人类的价值观、需求、兴趣、规范和行为，而且我们主要关注与科学和技术协同进化的那些层面。

那么文化是如何与科学和技术协同进化的？它是通过历史学家托马斯·休斯（Thomas Hughes）所阐述的以下两个方向进行的（Hughes, 1987: 51）：

> 技术体系包含散乱的、复杂的、解决问题的组件。它们既是被社会所构建的，同时也在塑造着社会。

在一个方向上，科学和技术塑造了文化（Marx, 1994）。科学与技术持续不断地为人类的价值、需求、兴趣、规范和行为开辟出新的可能性前沿：人类明确渴望的大规模城市化是通过建筑、交通和卫生等技术实现的；而人类明确渴望的人类社会世界与物理世界之间的相互联系是通过信息技术实现的。在另一个方向上，文化也在塑造着科学与技术。文化影响着我们选择进行哪一种 S 和 T，这也是文化应有的影响。文化是如何做到这一点的呢？它是通过为 S 和 T 提供一个目标函数，或者说提供一个选择压力。具体而言，文化是依据“效用”（u）和“学习”（l）这两个特征中的一个或两个来进行选择的。这两个特征互相差异巨大，甚至毫无交集，我们将在第三章和第四章中详细讨论。这里我们提前展现这些论述。

文化在选择时所依据的第一个特征是“效用”。我们对效用的定义很宽泛：如果新的“技术－科学知识”是“奏效的”并对人类需求产生影响，那么它就具有效用。狭义相对论是“奏效的”并对包括全球定位系统、天文学等领域广泛的人类渴望的知识产生了影响。iPhone 和内燃机都是“奏效的”，并对我们日常生活产生了巨大的直接影响。我们对“人类需求”的定义也很宽泛：既包括很现实的人类需求，如吃饭等，也包括较不实用但为了满足我们好奇心的需求，如探索恒星和星系的起源，或发明一种激光器只为看看它能用来做什么。

正如前面所讨论的科学和技术是层级嵌套成一个网络一样，效用也是如此。有一些是“终极”效用，它们与人类进化出来的基本需求相关联：探索、生存和繁衍的需求。然后是一些“邻近”效用——它们与间接需求相关联，间接需求使终极基本需求成为可能：了解望远镜是如何工作的以便能够用它来探索天空；开发出蚀刻光刻图案的工艺能力以制造出低功耗的硅集成电路并用于电池供电的智能手机中，以便人类可用它来通信。本书中的“效用”，是指所有这些效用的集合，既包括终极效用也包括邻近效用，既包括科学性质的效用也包括技术性质的效用。此外，我们认识到效用不是静态的，而是动态且不断变化的。一个人、一代人或一个社会群体的必需品，对另一个人、另一代人或另一个社会群体来说可能没有实用价值，甚至可能是豪华到浮夸的奢侈品。此外，由于文化变化的速度可能滞后于科学和技术变化的速度，效用性作为一种选择压力有时似乎难以适应人类生活。依据效用选择了含糖量高的食物，但过量的含糖食物会导致心脏病；依据效用选择了含有大量暴力内容的游戏，但这似乎鼓励了社会暴力；依据效用选择了大规模毁灭的技术，但这似乎使全人类处于生存的危险之中。但所有这些效用都源于人类的价值、需求、兴趣、规范和用途，这些都是在人类进化过程中被选择出来的，所以它们曾一度对人类都具有适应性价值。

文化在选择时所依据的第二个特征是“学习”。学习是人类的基本欲望，是人类固有的，这点在婴儿身上就已非常明显——婴儿会被意外事件所吸引（Köster et al., 2019）。学习起源于所有生物在适应新环境时所面临的探索 - 利用之间的权衡（Hills et al., 2015）。为了获得维持当前生命所需的资源，生物体必须利用它们所处的环境，同时也必须探索和学习环境以便更好地延续生物体未来的生命。学习既可以是遗传性的，也可以是认知性的，前者随着生物体的进化被刻印在每一代生物体的遗传 DNA 里，后者则是被刻印在一代生物体的神经大脑模式中。学习既适用于科学，也适用于技术——在科学方面，我们通过寻找新的事实和解释来学习；在技术方面，我们通过寻找新的功能和形式来学习。

我们将学习分为以下两种类型（详见第三章）：一种强调巩固，一种强调意外（Tsao et al., 2019）。一方面，基于巩固的学习会延申并加强传统智慧。当传统智慧以某种新的方式进行实践时，会产生一些不确定性；如果发现传统智慧依然“成立”，不确定性就会消除，从而使传统智慧得到加强和巩固。另一方面，基于意外的学习会颠覆传统智慧。当传统智慧以某种新的方式进行实践时，有可能传统智慧不再有效，而是被驳倒和推翻，以某种方式成为意外。我们把基于巩固的学习与利用和延申现有范式联系在一起，把基于意外的学习与探索和创建新范式联系在一起。

第二节　“技术－科学”知识的增长：$\dot{S}$ 和 $\dot{T}$

如前所述，科学（S）和技术（T）是具有不同特征的两类知识库。科学知识库由事实及其解释组成，技术知识库则装载着人类期望的功能和实现这些功能的形式。本书最感兴趣的不是这些知识体系的静态特征，而是它们的动态性质——新科学和新技术是如何被创造和进化的（$\dot{S}$ 和 $\dot{T}$）。这些创造和进化过程是由一些机制介导的，本书将这些机制统称为“技术－科学方法”——一系列并行的和互补的工程方法和科学方法的交互组合（如图 1–2 所示）。

其中工程方法包括以下三种机制：

（1）“功能－发现”机制：寻找人类需要的功能；

（2）“形式－发现”机制：创建能实现这些功能的形式；

（3）“适应扩展”机制：将实现某一功能的形式赋予新的用途，以实现另一功能。

这些工程方法包含了有时被称作“工程科学”和“设计思维”的方法。工程科学强调还原论的思维方式，通过创造形式来实现功能，我们在第二章称之为一种“答案－发现”机制。设计思维强调整合性的思维方式，即寻找新功能并将现有形式重新利用以实现这些新功能的过程，我们在第二章称之为一种“问题－发现”机制。

类似地，科学方法包括下列三种机制：

（1）“事实－发现”机制：发现自然界中可观察到的且关乎人类利益的事实；

（2）“解释－发现”机制：为这些事实寻找解释，或为它们的浅层次解释寻找更深层次解释；

（3）“概括泛化”机制：为解释一组事实或浅层次理论而创建的理论，调整其目的，以解释更多其他事实或其他浅层次理论，包括对理论进行“假设验证”。

这些科学方法与托马斯·库恩在“常规科学”（Kuhn, 2012: 34）中提到的“三类问题”非常相似：重要事实的确定（对应“事实－发现”）、事实与理论的匹配（对应“解释－发现”），以及理论的阐释（对应“概括泛化”）。

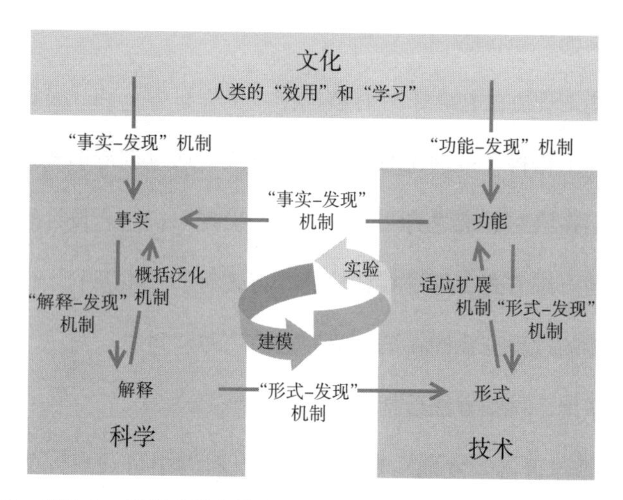

图 1–2 “技术 – 科学方法”的各种机制：推动科学与技术协同进化的引擎

工程方法和科学方法有着不同的目标，正如计算机架构师、图灵奖得主弗雷德·布鲁克斯（Fred Brooks）阐述的：

> 科学家为了学习而创建；工程师为了创建而学习。

但二者在“发明和发现循环”中相互促进（Narayanamurti & Odumosu, 2016）。一方面它们通过“形式 – 发现”和“功能 – 发现”机制部分地相互促进，我们将在下文中详细讨论这些机制。另一方面它们通过实验和建模这两种方式更全面地相互促进。

实验在本质上是技术性的，它借助于工程设计的形式来实现实验的功能。实验对于科学和技术的发展都至关重要。科学实验是发现事实的重要手段，不论是通过没有明确方向性的“我们不知道会发现什么”的方式，还是通过比较有明确方向性的“寻找尚未观察到但已预测到的事实，以便检验一个特定的解释或理论”的方式。技术实验则是检测形式的重要手段，不论是通过没有明确方向性的“这种形式能实现什么功能”的方式，还是通过比较有明确方向性的“这种形式是否能实现预期的功能”的方式。

建模同时借助于科学与技术，既需要科学事实和科学解释，也需要用计算技术来预测这些事实和解释在特定情况下的后果。建模也同时促进科学和技术的发展。科学建模是连接解释和事实的重要手段：解释往往言简意赅（比如行星在质量正比距离平方反比的引力作用下运动），但预测从这些解释中得出的事实（椭圆轨道运行）可能需要复杂精密的数学和/或计算建模工具（微积分）。工程建模则是连接形式和功能的重要手段，特别是在原型制作之前的设计阶段尤为重要：形式通常很容易描述（某种形状的飞机机翼），但要理解它们能执行的功能（在各种风速和角度下的空气动力学升力）可能需要复杂的数学和/或计算模型。

总而言之，科学方法和工程方法建立在科学和技术的基础上，并在很大程度上通过实验和建模来介导。科学与技术越先进，实验和建模就越先进。实验和建模越先进，推动科学和技术发展的科学方法和工程方法就越复杂精密。这些“技术-科学方法”组合而成的机制，形成了发明和发现的循环（Narayanamurti & Odumosu, 2016），所有这些机制都十分重要，都必须精心培育。然而，当一些机制被低估时，由此产生的正反馈循环就不能得到最佳的培育，这点我们在引言中已提到过，在第四章将进一步阐释。

一、工程方法的三种机制

（一）“功能-发现”机制

“功能-发现”是工程方法中的第一个机制：找到人类需要的功能。在某种程度上，功能的发现取决于内嵌了功能的技术的内在逻辑：当前不可能实现的功能（如永动机），无论人类多么想要，都难以被选为追求的目标。但“功能-发现”的最终决定因素是人类文化和欲望的外部逻辑。即使某个功能具有很高的可实现性，但一旦人类文化认为它作用不大，这个功能就不会被选中。无数发明的失败并不是因为它们难以实现，而是因为作为人类文化代表的市场没有选择它们。福特公司在 1958 年推出的 Edsel 品牌汽车、AT&T 公司在 1964 年推出的可视电话、苹果公司在 1993 年推出的牛顿个人数字助理等，这些著名案例只是历史上技术和产品失败的冰山一角，由此可以说明“人类文化和欲望的外部逻辑”比技术本身的“内在逻辑”拥有更高的优先权。

但这并不意味着人类文化对选择追求何种 Ṫ 的能力是完美无缺的，相反，远非完美。与主流文化的传统智慧背道而驰的反叛思考者反而能做出更有成效的选择，并最终促使人类文化发生改变并适应改变。例如，国际商业机器公司（IBM）总裁托马斯·沃森（Thomas Watson）就低估了对普及计算的功能需求，就如下面这句被认为是他在 1943 年说的话：“我认为全球市场可能只需要五台计算机”（Rybaczyk, 2005: 36）。归根结底，最终是人类的判断决定选择追求何种 Ṫ，尽管人类的判断有时会出错或水土不服。

如果过去是未来的镜子，人类文化和欲望感兴趣的功能似乎是无穷无尽的，包括其异质性和多样性方面。纵观人类历史，它们从未达到饱和，未来可能也永远不会达到饱和。人类的想象力是无限的。一组感兴趣的功能被选择并得以实现之后，必然会发现另一组尚未被实现的新功能。我们周围有很多潜在的功能（饮食更有营养、交流更顺畅、观察力更敏锐），其中任何一项都是潜在的人类感兴趣的功能，有待实现。此外，人类期望的功能也是层级嵌套的，因此它们是无穷无尽的。一个高层级的终极功能（比如饮食）会引发许多的邻近功能（种田、制造犁耙以耕种土壤等），而每一个邻近功能又会引发许多更低层级的邻近功能。正是因为认识到人类期望实现的功能永远不会饱和，经济学家约瑟夫·熊彼特于 20 世纪中叶提出，人类环境和经济增长的本质是现有功能被全新的、更强的功能所颠覆性中断（即“创造性破坏”），而不是平稳的或平衡的进步（Schumpeter, 1942: 83）。

（二）“形式 – 发现”机制

当人类所需的功能（如将两张纸固定在一起）被选中后，我们就进入了工程方法的第二个机制——“形式 – 发现”：找到能够实现人类所需功能的形式（如订书钉）。然而，由于前文所述的人类需求的无限性，人类所需的功能从来都不是精确定义的，而是泛泛定义的。这种不精确性是前文提及的工程方法中的“设计思维”的起源，它着眼于阐明和具体化人类期望的功能，从而创造出更匹配的形式（如回形针）。

为了从功能中找到形式，为了创建能够实现功能的工件和工艺，“形式－发现”机制利用相关知识领域或学科中已存在的组件（工件和工艺），以及如何将这些组件恰当地组合起来的规则——我们可以把这些组件和规则看作是高度发达的词汇和语法。正如布莱恩·阿瑟所阐述的那样（Arthur, 2009: 76）：

> 一个新的设备或方法是由该领域中的可用组件（可用词汇）组合而成的。在这种意义上，一个领域形成一种语言，而由该领域的组件构建而成的一个新的技术工件就是该领域语言中的一个话语表达。

其中一些词汇和语法来源于科学以及科学中的事实和解释。

在事实层面，词汇和语法可以利用被组织成“工程表”的材料的特性（不同压力和温度下气体的热容、不同尺寸材料的硬度和屈服强度、不同温度下金属的电导率）。无论是否对这些特性有更深入的解释，这些特性表格都非常有用。

在解释层面，词汇和语法可以利用高度数学化的深层次科学原理。如果没有狭义相对论给出的相对论时间修正知识，就不可能有行之有效的“形式－发现”规则来实现全球卫星定位。同样地，如果没有狭义相对论给出的质能等价关系的知识，就很难有行之有效的“形式－发现”规则来实现原子弹。在有些情形中，被形式所利用的现象更为深奥，它们离人类的直接经验更远（比如电磁现象与机械现象的对比），或者因多个现象叠加在一起而变得更复杂，其中每一个现象由不同的科学解释和定律支配。在这些情形中，与利用这些现象相关的词汇和语法需要深刻、简单、有时甚至是有违直觉的科学理解。也常常需要通过建模及其性能预测工具（数学、逻辑和计算模拟）来加强科学解释。这类预测的结果可能经常与人类直觉相悖，因为人类同时追踪多种不同关系的能力是有限的。

科学知识使我们能够设计出有望实现人类期望功能的形式，尤其是使我们能够消除不太可能满足人类期望功能的形式。可能的形式的数量是巨大的，但其中只有极小一部分是能够实现人类真正期望功能的有用的形式。寻找有用的形式就像大海捞针，可以通过科学知识来缩小这个大海从而更有利于找到形式。根据能量守恒原理，永动机可以被排除在考虑之外。根据狭义相对论知识，超越光速的机器同样可以被排除在考虑之外。正如社会心理学家库尔特·勒温（Kurt Lewin）所说，“没有什么比一个好的理论更实用的了”（Lewin, 1952）。科学知识对于甄别潜在形式至关重要，运作不符合科学规律或理论的潜在形式都应该被淘汰掉。

不过，我们并不想过分夸大科学在“形式－发现”机制或更广泛的工程方法中的作用。科学能够为工程和工程方法做的贡献是有限的，因为科学的规律性和概括性本身就是有限的。而形式与功能之间的关系是十分复杂的，需要从实践经验中和使用环境的接触中获得来之不易的知识。虽然科学的领域范围在不断扩大，但它只是自然的很小一部分，也许永远都会是这样。而工程没有时间等待科学来解释宇宙，工程必须依靠实践来学习，而且必须留出空间来进行有目的性的实验和修补。本章后面将讨论到的20世纪中叶伟大发明之一——晶体管就超越了当时的科学知识和精深工艺水平；第三章将讨论到的20世纪末伟大发明之一——2014年诺贝尔奖得主赤崎勇（Isamu Akasaki）、天野浩（Hiroshi Amano）和中村修二（Shuji Nakamura）的蓝色LED甚至与当时的科学知识和精深工艺相矛盾（Tsao et al., 2015）。这些超越当时科学的新技术表明，大自然永远比我们想象的要丰富，它是新技术和新科学的终极源泉。科学是一种保守的力量，它经常否定很多与当时科学认识不一致的新技术的可能性，但事实最终证明这些新技术是可能的。

尽管上述过程存在一定程度的盲目性和不确定性，尽管在上文描述中我们使用了“修补”一词，但我们并没有贬低“修补”的意思，我们并不是指靠“傻运气”进行修补，也不是指在20世纪90年代大学物理系的走廊里经常出现的关于探索性新材料合成过程中“加热、搅拌，然后期望好结果”的方式。虽然“修补”过程必然包含一定的盲目成分（Campbell, 1960），但它可以在人类的直觉和来之不易的隐性知识指导下进行，即使这些隐性知识不被看作是绝对为真。正如我们将在第三章讨论的，超越我们目前所知，与传统智慧背道而驰，是创造真正令人意外的全新技术的唯一途径。而以“知情”的方式做到这一点，做一个“知情反叛者”，则会增加成功的概率，这点我们将在本书第四章进一步讨论。

（三）“适应扩展”机制

找到一组形式之后，我们就进入了工程方法的第三种机制——

“适应扩展”：发现现有形式能实现的新功能，即重新调整现有形式的目的以实现其他新功能，或将现有形式“改编”给其他新功能。这往往是偶然和意外发生的，属于一种知识外溢。

“适应扩展”一词的概念起源于进化生物学，始于达尔文最初的术语“预适应”（pre-adaptation）（Darwin, 1859: 179–186），随后由进化生物学家史蒂芬·杰·古尔德和伊丽莎白·弗尔巴（Elisabeth Vrba）阐明并重新命名为“exaptation”（Gould & Vrba, 1982）。恐龙的羽毛就是一个典型的例子，它最初可能是用于调节体温，但后来被“适应扩展”（改编）用于飞行，最终衍生出现代鸟类惊人的飞行能力（Gould & Vrba, 1982）。另一个例子是脊椎动物头骨中的骨缝，它最初可能是用于适应出生后的头骨生长，但后来被“适应扩展”（改编）用于使哺乳动物的头部在分娩通过狭窄产道时能够塑形（Gould, 1991）。

近来，“适应扩展”作为一个概念和术语被改编并应用于技术（Dew et al., 2004; Kauffman, 2019）。晶体管的发明是为了取代通信用的真空管，但在 1947 年发明后不久它就以发明者自己都没有预见到甚至无法想象的方式得到增强和利用，日本索尼公司于 20 世纪 50 年代将该技术“改编”，并与其他微型化技术结合，生产出第一台超小型便携式收音机。同样，最初出于好奇和为了制造更高频率（提高到红外波段）的电磁波振荡器以扩展微波光谱学领域而发明的激光，后来与光纤结合后彻底改变了远程通信。磁控管是二战期间为雷达波发射源而发明的，后来被调整应用从而创造了微波炉。为缓解一种疾病的症状而开发的药物常常被重新用于缓解另一种疾病的症状。通过这些例子我们认识到，“适应扩展”无处不在，是总体“技术－科学方法”中的一个关键机制。

虽然适应扩展机制得益于运气和机缘，但它绝非仅靠运气和机缘，它需要充分的准备。正如路易斯·巴斯德的名言，“机遇只青睐有准备的人”（Pasteur, 1854）。既需要对为某些功能创造的形式保持警觉，也需要对一系列等待实现的潜在功能保持警觉。英国外科医生约瑟夫·李斯特（Joseph Lister）将原本用于防止垃圾材料散发异味的苯酚意外地“适应扩展”到用于手术后消毒（Andriani & Cattani, 2016）。李斯特不仅对已有工件（苯酚）及其实现的功能保持警觉，同时也对该工件可能有用的尚未实现的潜在功能保持警觉。

有趣的是，“形式－发现”和“适应扩展”这两种机制殊途同归：两者都促成了人类期望的功能和实现该功能的形式之间的匹配。

两种机制的区别在于视角。如果从已知的人类期待功能角度看，我们是在寻找能实现该功能的任何一个形式；如果从已知的形式角度看，我们是在寻找该形式能实现的任何一种人类期望的功能。

二、科学方法的三种机制

（一）“事实－发现”机制

“事实－发现”是科学方法的第一个机制：发现世界上可观察到的稳定的模式。它既是“解释－发现”机制的先导——用理论去解释刚刚发现的事实，也是“解释－发现”机制的必要后续——用理论所预测的新的事实来检验该理论。

与工程方法中的“功能－发现”机制类似，在科学方法中选择追求何种事实，部分取决于内嵌了哪些潜在事实的“技术－科学”的内在逻辑。一个难以发现的潜在事实无论多么有趣，都不太可能被选为追求的目标。这种选择也部分取决于人类文化的外部逻辑：一个人类文化不感兴趣的事实不太可能被选为追求的目标，即使从中可学到最多东西。正如社会学家罗伯特·默顿（Robert Merton）

所述（Merton, 1973: 59）：

对同时代的人来说，伽利略和他的继任显然是在进行一种琐碎的消遣，他们观察小球从斜面上滚下来，而不是关注那些真正重要的话题，比如改进造船的方法来扩大商业市场和海军实力。大约在同一时期，荷兰显微学家斯瓦默丹（Swammerdam）成了那些有远见的批评家嘲笑的对象，在他们眼中，斯瓦默丹持续关注“微小动物”（微生物）的行为，是琐碎的、细枝末节的，是缺乏想象力的体现。这些批评家在当时得到了主流权威的社会支持。例如，当听说大气压力的基础工作时，查理二世可以一起嘲讽那些试图“测量空气重量”的荒谬行为，在他看来，与自然哲学家应该关注的重要话题相比，这只不过是孩子气的消遣和无聊的娱乐。诸如此类的例子在科学史上非常多，这表明人们很容易混淆观察对象的琐碎性和研究的重要认知意义。

因此，如果研究者有理由相信某些被当前文化和传统智慧认为无意义的事实是影响深远的，研究者应当坚持去研究它们，这样的选择非常重要。这种行为需要具备一种“知情反叛者”心态，关于这一点我们将在第四章详细讨论。

因为技术（及其生物学前因）为我们提供了与世界互动的手段，因此它是“事实－发现”机制的核心。技术既可作为观察工具，也可作为观察对象，在这两种截然不同但都非常有效的方式中，技术都是核心。作为观察工具时，技术能够揭示该技术之外的外在现象，比如用于观测远距离尺度天体物理现象的望远镜和用于观测近距离尺度生物现象的显微镜。作为观察对象时，通过利用技术与外界互动的现象，技术能够揭示该技术运作的内在现象，例如，飞机在执行其预期的飞行功能时在大尺度上揭示了流体动力学现象，激光－原子冷却器在执行其预期的原子冷却功能时在微小尺度上揭示了光与物质的互动现象。无论作为观察工具还是观察对象，随着技术力量的增长，它们揭示现象和现象中的模式的能力也在增强，对科学方法（其中“事实－发现”是第一步）的潜在影响亦是如此。

1. 两类“事实－发现”机制

前文提到，“事实－发现”既是“解释－发现”的先导，也是其必要后续，因此可以分为两类。第一类，“事实－发现”作为“解释－发现”的后续行为，这是一种定向性的行为，旨在验证特定假说——验证尚未最终定论的理论，即寻找已被该理论预测到但尚未被发现的事实。第二类，“事实－发现”作为“解释－发现”的先导行为，则是一种开放性的行为，旨在观察任何新现象并发现任何新模式，而不是为了验证特定的假说。这两类都很重要，我们分别讨论。

我们把定向性强而开放性弱的第一类“事实－发现”机制称为“假说验证”，即利用技术引出有关现象的观察，以验证特定的科学理论或假设。迈克尔逊－莫雷（Michelson-Morley）实验就是一个例子，该实验试图验证一个假说——光速取决于它相对以太运动的方向，在当时以太被认为是存在于真空中的物质。许多大型科学实验在一定程度上都属于这一类：激光干涉引力波天文台（LIGO）部分用于尝试测量阿尔伯特·爱因斯坦广义相对论预测的引力波；大型强子对撞机（LHC）部分用于尝试发现粒子物理标准模型预测的希格斯玻色子。定向性的“事实－发现”机制与科学方法的关联性最强，它也是最受科学资助机构青睐的“事实－发现”方式，因为它有明确的目标和里程碑。它是一个非常有效的过滤器，可以排除掉那些无法得到实验证实（或无法证明与自然相一致）的无意义的理论。

不过，这第一类“事实－发现”机制虽然重要，但它的作用仅止于此。开放性强而定向性弱的第二类“事实－发现”机制同样重要，我们称之为“开放式现象引出”，即利用技术引出有关现象的观察，但对于可能会发现什么我们并没有科学预设（D.D. Price, 1984）。这类开放性的行为往往是那些出乎意料的全新发现的来源，因为它尚未经过事实预发现、理论解释、理论预测更多新事实这一过程的严峻考验和过滤。无论是否定向性地寻找某个特定现象或检验某个特定假说，意外的现象都会出现。用 1978 年诺贝尔经济学奖得主赫伯特·西蒙的话说（Simon, 2001: 28）：

在一种【类型】中，我们已得到了一个通用的理论。我们从该理论中推导出一些新的结果，然后设计一个实验来检验这些结果是否与实验一致。这就是库恩所说的“常规科学”模式。在另一种【类型】中，有一些有趣的现象，比如细菌，但是当时我们还没有任何关于该现象的假说，也就不需要验证假说。然后我们可以据此设计实验，或者仅仅只是设计观察机会，从中我们可能会发现意想不到的全新的模式。发现新模式后，我们再对其进行解释。

希望看到更多、看得更远是人类的基本欲望，就像登上山顶以便更好地俯视山谷的古老欲望一样。

有趣的是，尽管这两类“事实－发现”机制有很大区别，人们有时把它们看作是相似的。“开放式现象引出”不同于“科学假设验证”机制，因为它没有科学假设需要验证，然而有时却被描述成有科学假设。比如，人们可能认为“如果用更高分辨率的显微镜来研究某种现象，我们会发现新的东西”的设想是一个科学假设，但其实不然。相反，它更像是一种工程设想，是一种旨在通过“开放式现象引出”来实现“事实－发现”这一功能的形式。此类工程设想是极其重要的，这种源于精深工艺和直觉的工程设想越完善，越能帮助我们发现意外的新事实，我们越能知道应该去何处寻找事实。

2. 开放式现象引出

尽管“开放式现象引出”对于寻找意外的全新科学事实至关重要，它却存在着很大的偶然性。当新的现象或现象中的新模式完全出乎意料地出现时尤其如此，比如当一项技术在正常环境中使用时，警觉的科学家在其行为中注意到一种不寻常的模式。例如，当阿诺·彭齐亚斯（Arno Penzias）和罗伯特·威尔逊（Robert Wilson）在他们的微波接收器中发现不寻常的噪声时，他们进行了深入研究，从而发现了 2.7K 宇宙微波背景辐射（并获得了一半的 1978 年诺贝尔物理学奖）。一个工件或工艺实现某种功能，它以自己的方式“工作”，这一“事实”本身就是一个有趣的科学事实。我们可以把这看作是一种适应扩展：一个技术旨在实现某种人类所需的特定实用功能，但使用者或观察者警觉到它也能实现人类所需的科学功能。

不过，虽然“开放式现象引出”存在着很大的偶然性，这并不意味着它不具备一定程度的意图和目的性。如果在观察中一项技术被有意地应用于超出正常性能范围或使用环境，或者一项技术被修改以便于揭示新现象，那么就更有可能观察到现有科学难以解释的自然现象。在正常性能或使用环境之外推测现象的能力，比在正常性能或使用环境内推测现象的能力更为不确定，因此更有可能揭示出意外的新现象。

这可以纠正一个错误的普遍观点，即 $\dot{S}$ 和不能与 $\dot{T}$ 交缠在一起，以免使 $\dot{S}$ 成为开发性质，而不是研究性质，对此我们将在第三章进一步阐述。

一方面，$\dot{S}$ 肯定可以与 $\dot{T}$ 交缠在一起。一些称为“工程科学”的方法就是有用的S，虽然它并没有太多意外，因为它是在正常范围内推测的。这类观察通常在一个狭窄的性能范围或使用环境内进行，因此是针对一个狭窄范围内的模式，通常可以被现有科学所解释。事实上，固态物理学就被看作是反对科学与技术交缠一起的错误偏见的一个特别例子，因为它与性能需求狭小而具体的技术紧密关联。1945 年诺贝尔物理学奖得主沃尔夫冈·泡利（Wolfgang Pauli）有一句名言：“固态物理学是污垢的物理学”；1969 年诺贝尔物理学奖得主默里·格尔曼（Murray GellMann）将固态物理学戏称为“肮脏态（squalid-state）物理学”（Natelson, 2018）。将一项技术进行工程化改造以提高性能并在正常使用条件下更好地实现某些功能，这很可能会导致新的观察结果，但这种“新”可能只是微小的新。

另一方面，如果将一项技术进行工程化改造，以便它能够在正常的运行条件之外发现新现象，这很可能会获得令人意外的全新发现。只要有心，并不需要太多代价就能拓展一项新技术的观察范围，使它成为科学解释的原始材料和模式的丰富来源。风洞使飞机的形状暴露在远远超出正常使用环境的条件之下，从而带来了新的观察和新的理论。

事实上，使仪器看得更远、更清晰是许多伟大科学家卓有成效的策略。伽利略不知道他会发现什么，但他有充分的理由相信，如果他能改进望远镜，使之看得更远，他会发现一些有趣的新事物。安东尼·范·列文虎克（Antonie van Leeuwenhoek）和罗伯特·胡克也不知道他们会发现什么，但他们有充分的理由相信，如果能改进显微镜，使其看得更近、更清晰，他们会发现一些新的、有趣的东西。这样的例子比比皆是，尤其是当技术相对较新的时候，用新技术进行观察就像进入了一个新现象的游乐场，其中的新现象正等着被人发现（D. J. Price, 1986: 237–253）。X 射线衍射、哈勃望远镜、高分辨率光谱学、电子显微镜——所有这些技术都使我们能够看到意想不到的现象。在某些情况下，我们如此清楚地意识到发现新事物和有趣事物的可能性，以至于我们愿意在所需的仪器上大量投资（Galison, 1997）——成果之一就是“大科学”装置（Weinberg, 1961），事实上更应该被称为“服务于科学的大工程”或“服务于‘事实－发现’的大工程”。

然而，为了将技术有目的性地用于“开放式现象引出”并从中受益，需要转换目标：从改进技术以实现某些人类所需实际功能的目标，转变为以科学为目的引出新现象和现象的新模式。这是心态和目标上的一个微妙但至关重要的转换。路易斯·巴斯德最初研究发酵，显然是想改进这种广为人知的酿酒技术。然而，他很快就转向探索在更宽大的运作环境中的发酵，尤其是会产生醋或乳酸这类通常人们不想要的产品的发酵环境。从此，发酵成为更广泛地研究化学转化的实验工具，而不仅仅只是为了改进酿酒工艺。而且，通过使用这个工具，他能够证明生物有机体可以催化厌氧化学转化，从而创建出一个全新的科学范式来解释这类化学转化。类似的例子比比皆是，科学家们开始时目标明确地进入具有“应用”意义的现象研究领域，但后来修改了研究目标，成为具有科学意义的研究。皮埃尔·德·热纳（Pierre de Gennes）对平板显示器中的关键材料液晶的研究，导致他发现了液晶相变和超导体之间存在基本相似性（Plévert, 2011），这一发现为他赢得了 1991 年诺贝尔物理学奖。

（二）“解释 - 发现”机制

发现事实之后，我们就进入了科学方法的第二种机制：“解释 - 发现”，即寻找对该事实的解释——无论这些解释是定性的还是定量的；无论它们是属于物质世界还是生命世界；无论它们是临时性地尚处于辩论过程中，还是已被广泛接受成为传统智慧的一部分；无论它们是受长久以来的神秘事物所驱动还是受突然的意外所驱动。

“解释－发现”的过程包含两个步骤：第一步，寻找一个可能的解释；第二步，验证这个解释（即解释与事实的匹配）。

1. 寻找可能的解释

我们从寻找可能的解释开始：创建可能的理论来解释事实或解释该事实的浅层次理论。这是针对从现象中观察到的模式，构建可以解释它们的理论——如前所述，理想情况下解释应尽可能简约且尽可能具有因果关系。这有时是科学上的天才之举，将一大堆数据和模式总结成一个简单的方程式，正如诺贝尔奖得主物理学家让·巴蒂斯特·佩兰（Jean Baptiste Perrin）所说，“用不可见的简单解释可见的复杂”（Perrin, 1913）。阿尔伯特·爱因斯坦的狭义相对论中的著名方程式（$E=mc^2$）就是这样一个天才之举，这个方程式使得当时相互矛盾的大量事实和理论“讲得通”了。查尔斯·达尔文的进化论也是如此，它使当时认为互不关联的大量事实连贯一致，“讲得通”了，包括对动植物繁殖的观察、到对偏远岛屿上多样化自然物种的观察。

我们需要区分寻找可能解释的两个重要特征：第一，寻找可能解释是一种想象行为，而不是逻辑行为，因此它不能被预测或被计划；第二，我们找到的可能解释和我们构建的理论将不可避免地影响到对事实的发现，而且常常是强烈地影响。

第一个特征，寻找可能解释是一种想象行为，不是演绎推理的行为，不是从认为是正确的公理或第一原则推断出下一步。它也不是一种归纳推理的行为，不是从有限几个观察中推断出普适的模式。相反，这是一种溯因推理（反绎推理）行为，即针对已知的模式猜测出可能的因果解释。

理论是不能直接从现象中推理出来的，尽管许多人认为可以。正如阿尔伯特·爱因斯坦针对包括艾萨克·牛顿在内的 17 世纪伟大的解释发现者进行的雄辩阐述（Einstein, 1934: 166）：

牛顿是第一个创建了全面且有效的理论物理体系的人，他自己依然相信他的理论体系中的基本概念和定律可以从经验中推导出来；他的短语“我没有用假说”（hypotheses non fingo）只是他自己的说法而已……（事实上）……那个时代的科学家们大都相信，物理学的基本概念和定律，从逻辑意义上讲，不是人类思维的自由发明，而是从实验中通过抽象这一逻辑过程推理出来的。然而，广义相对论以令人信服的方式证明了这一观点的错误，因为这个理论表明我们可以采用与牛顿原理大相径庭的另外一组基本原理来正确合理地解释全部范围内的实验数据，并做得比牛顿原理更完整、更令人满意。抛开两组原理的比较优劣不谈，这一事实揭示了可以有两种本质上完全不同的基础，每一种基础的结果都与经验数据有极大的一致性。显然，这一事实也表明了这两种基础的上述基本原理都是虚构性质的。这说明，任何试图从经验数据中逻辑地推导出力学基本概念和定律的尝试都注定会失败。

不能从现象中推导出理论，并不意味着可以低估从现象中观察到模式的重要性；后者当然是最重要的。但这些观察到的源于经验的模式，只是对解释的一种验证。在此之前，人们必须首先想出一个解释，而“想出一个解释”这一所有科学中的非常普遍的“生产”行为就是依靠猜测——这是纯粹的想象行为，既不可预测也不可计划。同样地，也不能因为想象力的重要性而低估特定专业领域的深层知识的重要性。理论和想象经常会磕磕绊绊，会出现错误的转变。如果把理论家提出过的所有从未公开的猜想都算进去，我们可能会得出这样的结论：想象力几乎总是错误的，其中只有极少数的猜想是正确的并存活了下来——尤其是当试图解释那些惊人的、似乎无法解释的观察现象时。在想象力出错时，要走出困境就必须有特定专业领域的深层知识。

寻找可能解释的第二个特征是，这些可能的解释本身会影响到事实的发现。模式和解释携手并进：有时模式会引导出解释，有时解释会引导出人们之前没有注意到的模式。“我信故我见”和“我见故我信”一样重要。

“解释 – 发现”机制对“事实 – 发现”的影响有一个很大的优点：经常会出现这种情形，在实验室里观察到无法理解的现象，经过仔细察看发现是当初设置实验时出错了。在数据复杂且事实难以辨别的情况下，利用“解释 – 发现”机制去过滤观察到的现象是非常重要的手段。为了理解复杂数据，数据必须先通过现有解释和偏好进行简化过滤，即使有人愿意去挑战这些现有解释和偏好也是如此。

“解释 – 发现”机制对发现特征事实的影响也有一个严重的缺点：“每个人都无法跳出他的心智地图，它告诉研究者哪些是有趣、突出或明显的，哪些不是”，即使该心智地图已过时或不正确了（A. C. Lin, 2002: 193）。托马斯·库恩认为，科学的进步并不是连续不断地发现新事实然后解释它们。相反，一个科学进步首先会去改变什么是“事实”的定义。当统治性的旧理论被不相容的新理论取代时，所谓的事实就会被不相容的新的理论原则重新描述和解释。因此，所谓的事实不是简单的对观察的叙述；相反，它们是在科学家当时认为正确的所有理论的基础上对观察结果的解释。密立根油滴实验是一个数据被丢弃的经典例子（因为从油滴在引力场和电场中的速度来看，它似乎没有呈现出电子电荷的整数倍数），这可能是因为罗伯特·密立根（Robert Millikan）先入为主地认为电子和电荷是不可分割的，因此认为观察到的具有非整数倍电子电荷的油滴是由于实验噪声，而不是“亚电子”（Niaz, 2000）。

最终，必须在事实和可能的解释之间找到平衡。在社会科学中，为了避免人类的主观性，将发现可能解释延申到发现事实往往是不可信的。但在物理科学中，将发现可能解释延申到发现事实往往是可信的：冷聚变的实验是令人震惊的结果，但被证明是不正确的；原有的理论依然正确。实验与理论不符并不一定意味着理论是错误的——可能只是因为一个从属性的解释存在错误，而整体理论本身是正确的、可修正的。面对看起来不可信的情况时，坚持偏好想法可能很重要。爱因斯坦有句名言：如果实验不支持他的理论，他仍然会相信他的理论，而不相信实验。尽管如此，我们必须做到自我质疑。我们必须警惕对所提出的解释过分自信，就如必须警惕对所提出的事实过分自信。

2. 解释的验证

现在我们转向第二步：验证，即对解释产生的结果进行验证，验证观察到的事实是不是该解释产生的结果。为什么这很重要？因为虽然解释有时看起来很简单，但它们往往只是伪装成简单的样子。例如，我们观察到一个棒球被扔到一垒，我们被告知，我们看到的棒球的运动是由于它的加速度等于（投手）施加在该球上的力除以它的质量（$a=F/m$）。但是，即使是这样简单的解释，其产生的结果也可能是极其难以计算的：棒球运动的计算需要用到微积分这一数学发明，这是一个全新的数学领域。甚至可能用分析数学也难以解决，而需要进行数值模拟。力学中著名的三体问题尽管很容易表述出来，即其中每个物体都对另外两个物体施加作用力，但它的结果复杂到用分析数学也无法解决。

与“事实－发现”一样，寻求验证也非常依赖于技术。不同的是，“事实－发现”非常依赖于用物理技术来观察可能成为事实的物理现象，而寻求验证则非常依赖于计算技术来推断解释产生的结果。计算技术包括分析数学，这是过去几个世纪的主要手段。随着强大的计算机的出现，算法和数值技术也成为计算技术的一种。

与“事实－发现”相似，寻求验证也分为两种类型：定向性的寻找验证和开放性的验证探索。“定向性的寻找验证”是指为了计算出某个特定解释所产生的结果而去寻找（和发展）计算技术，比如为了计算出加速度对物体运动产生的结果而发明微积分；为了计算多电子体系的电子结构而发明密度泛函理论（DFT）。“开放性的验证探索”是指对计算技术的开放式探索，但并没有任何特定的解释需要去验证，不过未来可能会有一天用来验证某些解释。有许多数学领域，最初被看作是“纯数学”，但它们逐渐被用来计算一些科学解释产生的结果，从而具有了“应用数学”的成分，比如群论被应用到几乎所有对称性起一定作用的物理现象中；线性代数被应用到量子力学中。许多计算算法最初是为了实现一些人类实际需要的功能而开发的，但后来“发现”它们对科学验证有用，例如，快速傅立叶变换是为分析来自传感器阵列的数据而开发的，现在被广泛用来模拟与时间和频率相关现象的科学解释。

需要注意的是，解释的验证伴随着盲目性和不确定性。在一个可能的解释“灵光一闪”地出现之后，计算该解释产生的结果可能是困难且耗时的——期间人们常常会对该结果是否与观察到的事实相符感到兴奋和不安。前文讨论的工程形式的验证也有类似的盲目性和不确定性。在一个工程形式的设计“灵光一闪”地出现之后，根据工程形式做出实物的过程可能是困难且耗时的——期间人们常常会对结果是否与预期功能相匹配有类似的兴奋和不安。

由于盲目性和不确定性的存在，上述两种情形都需要验证，这说明这两种情形都是假设：一个提议的科学解释在与事实的匹配得到验证之前只是一个科学假设，而一个技术形式或其设计在与人类所需功能的匹配得到验证之前只是一个工程假设。如果验证都是计算性质的，用于验证的工具可能非常相似，都涉及深度的数学和算法计算——科学验证有时会更优雅些，因为它追求的是简化；工程验证有时就显得更凌乱些，因为它必须考虑到现实的世界及其复杂性。如果一个工程形式体现了一个科学假设要预测的现象，那么这个科学假设和这个工程假设可以被认为是同一回事。正如本章后面将要讨论的，晶体管的先后每一种工程形式都对应了当时的科学假设所预测的现象，因此这些工程形式与期望的晶体管功能是否匹配，也意味着当时的科学假设是否得到认可，以及实现晶体管增益功能的工程假设是否得到认可。人类的动机往往是多样的，同时包含科学和工程的特征——这也是不应在研究中将科学和技术彼此隔离或灵感来源（好奇心或实际应用）彼此隔离的又一个理由，这点将在第四章进一步讨论。

（三）“概括泛化”机制

找到一组解释之后，我们进入科学方法的第三种机制：概括泛化，即理论的延申，将原本用于解释一组特定事实的理论，延申到用于解释其他事实。例如，爱因斯坦的狭义相对论原本是用于解释恒定光速的，但最终却解释了核裂变 / 聚变过程中的能量释放。从某种意义上说，任何新理论都必须通过两个测试。第一个测试可称之为“特定化”，是一个内部测试——理论必须首先解释它原本打算解释的特定现象。第二个测试可称之为“概括泛化”，是一个外在的检验——理论还必须解释一些比它原本打算解释的现象更普遍的东西。正如理查德·费曼（Richard Feynman, 1974）所说：

> 当你把很多想法放在一起形成一个精心创建的理论时，你应确保，当你解释它适合什么时，它不仅适合于给你带来该理论想法的东西；它同时还能解释其他一些东西也是合理的。

为什么第二个测试——理论的概括泛化，对科学方法如此重要？有两个原因。

概括泛化重要的第一个原因是，理论的概括泛化程度越高，它的适用范围就越广，它产生的结果就越多，就如托马斯·库恩（Thomas Kuhn, 1962）所说的“理论的阐释”（Articulation of Theory）。一种理论被阐释得越充分，就会有越多的科学家有兴趣采用它。最终，一种科学原理越能概括之前看似不相关的多个现象，它就越强大。安托万·拉瓦锡（Antoine Lavoisier）的质量守恒适用于所有化学反应；詹姆斯·克拉克·麦克斯韦（James Clerk Maxwell）方程既适用于无线电波，也适用于光波；巴丁－库珀－施里弗（BCS）理论不仅解释了超导，还概括了更多新现象，包括磁通量量子化、约瑟夫森效应等。一个理论的概括泛化性越强，它就越能嵌入我们将在第二章中讨论的“无缝知识网络”中，其适用范围就越广，越强大。

有趣的是，人类擅长概括泛化，但人工智能（AI）不擅长——

至少撰写本书时还不擅长。我们人类倾向于在超出原始界限之外去推断解释，以至于过度泛化——这是人类常见的认知偏见。但人工智能甚至还不具备基本的概括泛化能力（Marcus, 2018）。这种解释的"移动性"能力是从简单人工智能向通用人工智能发展的重要一步。在简单的人工智能或者经典的机器学习中，该认知体"观察"一个训练集（如狗或猫的图集）时，通过优化其神经网络中的数值权重来理解训练集。然后它就能正确地识别出与该训练集中的图像相似的任何新图像，因为它是在其观察的训练集这个狭窄知识空间中对其模型进行"数值内插"。而在更通用的人工智能中，认知体能够做出假设或猜测，能够在其训练观察所得到的狭窄知识空间范围之外概括泛化其模型（或其模型的某些部分）。它可能会提出"外推"到狭窄的知识空间范围之外进行观察。它甚至可能有意地在狭窄的知识空间范围之外产生一个人工图像，用它的概括性模型对其进行分类，并询问外界它的分类是否正确。认知体在不断地概括泛化，从狭窄的知识空间范围"外推"越多，其概括泛化的程度越强，其知识进步也越大。事实上，这就是为什么因果关系正在成为通用人工智能的一个重要组成部分的原因之一。只有找到更易概括泛化的因果关系（"硬关系"），而不是无法概括泛化的相关性（“软关系”）时，该解释才可能适用于多种不同环境（Marcus, 2018; Pearl & Mackenzie, 2018）。

概括泛化重要的第二个原因是，一个理论的概括泛化程度越高，就越有可能被证明是正确的，因为它越容易被证伪。呼应费曼的观点，概括泛化的一个重要产物是发现假设，即在最初建立该理论所对应的现象之外预测出尚未观测到的更多现象。此外，预测的现象看起来越不可信，以及（或者）预测的现象与原始现象差别越大或“越不相关”，预测的现象就越有可能找不到——反过来，如果能够找到这些预测的现象，则该理论是正确的可能性就越高。西蒙·丹尼斯·泊松（Simeon Denis Poisson）在1818年的预测就是这样一个“看起来不可信”的例子。根据奥古斯丁·让·菲涅尔（Augustin-Jean Fresnel）的新的光波理论，泊松预测了圆形障碍物的阴影区中轴上会有一个亮点。后来多米尼克·弗朗索瓦·让·阿拉果（Dominique-François-Jean Arago）在做实验时发现了这个被预测到的“阿拉果亮点”，虽然这与他的直觉相悖。这使光的波动性这一新理论更加可信（Harvey & Forgham, 1984）。预测多个互不相关的现象的一个例子是闪光及随之而来的轰隆声。当我们在看到闪光的片刻之后又听到轰隆声，那么很可能是雷电，因为视觉和听觉本质上是完全不同的，如果它们在发生时间上的延迟是如此精确时，不太可能只是巧合。事实上，如果一个理论或解释是基于非常丰富的问题集合（一组相互非常不同的观察），那么其内部测试已经非常严格，因此它是正确的可能性就非常高，无论是否有后续的外部测试。像爱因斯坦一样，麦克斯韦尔认为他的理论必然是正确的，因为它与太多互不相同的、以其他任何方式都无法解释的观察相一致——因为其内部测试已非常严格。尽管如此，源于概括泛化的后续外部测试仍然是最终的永久的真理仲裁者。

第三节　$\dot{S}$ 和 $\dot{T}$ 的循环：晶体管和微波激射器 / 激光器

我们已经看到，新科学的创建有赖于现有科学和技术，新技术的创建也是如此。$\dot{S}$ 和 $\dot{T}$ 是站在现有 S 和 T 的肩膀上，科学和技术在强大（且优美）的“技术－科学”反馈循环中精细复杂地相互交织在一起。

事实上，把新技术看作发明，把新科学看作发现，它们是在发明和发现的相互促进循环中交叉融合共同发展的（Narayanamurti & Odumosu, 2016）。技术在科学进步中起到的一个关键功能是，它促成了实验。用实验技术来确立事实以启动科学方法，而用计算技术来确立解释的结果，从而可以根据相应事实对该解释进行验证。最重要的是，随着实验技术和计算技术变得越来越复杂先进（如高分辨率的电子显微镜和高度并行化的超级计算机），我们可以确立更高精度的事实，并且可以更有信心地验证解释是否正确。同样地，随着科学变得越来越复杂深奥，对现象的模拟也变得越来越复杂深奥，它是技术进步的基础。那些因为与已知的解释原则相矛盾而不可能实现的功能可以被排除；在形式转化成现实世界中的实物之前，我们也更有信心设计形式。

此外，由“技术－科学”循环迭代产生的内部放大效应的程度随着每个机制向探索和意外倾斜程度的增加而增加。新的令人意外的形式（如功能磁共振成像）扩大了可以观察到的现象的范围，为发现令人意外的新事实（大脑活动对各种刺激的反应）提供了更多机会。而对这些令人意外的新事实的解释则增加了改进相关形式的机会，这些形式利用了与这些事实相关的现象。换句话说，新的意外的科学知识放大了新的意外的技术的创建，就如新的意外的技术知识放大了新的意外的科学的创建。

以下通过对两个 20 世纪标志性“技术 – 科学”进步案例的分析，即晶体管和微波激射器 / 激光器，我们详细展示了它们如何受益于科学（发现）和技术（发明）的强大反馈循环。

一、晶体管

我们从晶体管开始谈起。在它出现之前的数十年间，晶体管的前身，包括科学的和技术的，已不断涌现，它们最终导致了晶体管的发明。在科学方面，20 世纪初出现了量子力学，包括我们理解到电子（事实上包括所有物质）可同时被看作粒子和波，以及固体中的电子作为波的理论。关于其中一类固体——半导体中电子的理论也出现了，这种理论与过去的“常识”相去甚远，只有通过新的越来越复杂深奥的固体物理学才能理解。在技术方面，20 世纪初出现了真空管，其工作原理是电子从阴极发射到真空中，然后由阳极收集。到 20 世纪 40 年代，真空管创造了一门新的电子学科，其应用包括无线电、电视、雷达、声音记录和复制，以及长途电话网络。

因此，人们感觉到探索半导体科学和技术的重大机会，并认识到同时探索半导体科学和技术将被证明是特别富有成效的。在第二次世界大战结束时，时任贝尔实验室执行副总裁的默文·凯利（Mervin Kelly）创建了一个固态物理学小组，他这样阐述其使命（Riordan & Hoddeson, 1998: 116）：

量子物理学对物质结构的研究，大大增加了我们对固态现象的理解。由此产生的关于固体构成的现代概念表明，通过找到控制构成固体的原子和电子的排列和行为的物理和化学方法，将有很大可能会产生新的有用的特性。

同时采用固态量子物理学的新理论方法和在实验技术上的相应进步，将为我们所有的固态问题提供了一个统一的方法，并具有很好的前景。因此，我们把目前所有固态领域的研究活动都整合在一起，以实现固态领域的理论工作和实验工作相统一的研究方法。

在威廉·肖克利和斯坦利·摩根（Stanley Morgan）的共同领导下，这个新的小组由具有科学和工程背景的人组成——这反映了肖克利对建立一种同时重视科学与技术的文化的兴趣。在很大程度上由于默文·凯利的启发，肖克利对创造一种固态放大器（相当于真空三极管功能的半导体器件）产生了浓厚兴趣，同时他也对发展全面的半导体理论很感兴趣。正如他后来在诺贝尔演讲中所阐述的那样（Shockley, 1956: 345）：

在离开工业研究这个话题之前，我想就经常用于划分物理学研究类型的词汇发表一些观点。例如，纯研究、应用研究、非限制性研究、基础研究、基本研究、学术研究、工业研究、实用研究等，在我看来，这些词中的某些词经常被用于贬义：一方面对于有实用性的研究，贬低其实用目标；另一方面对于无法预测实用性的新领域探索研究，又漠视其可能的长期价值。经常有人问我，我计划的实验是纯研究还是应用研究。对我来说，更重要的是这个实验是否会产生新的、可持久的关于自然的知识。如果它有可能产生这样的知识，在我看来，它就是好的基础研究，这要比实验者的研究动机是什么重要得多，不论动机是纯粹审美满足，还是改善大功率晶体管的稳定性。只要能产生新的持久的知识，这两种动机都将会符合诺贝尔的遗嘱中所追求的“给全人类带来最大的利益”。

该小组成立后的五年期间（1944—1949 年），在科学和技术成果之间发生了密集的来回循环，最终导致了几乎同一时间发明了晶体管并发现了晶体管效应。接下来，我们将讨论其中最重要的六项研究成果，即图 1–3 中以灰色标出的那些。

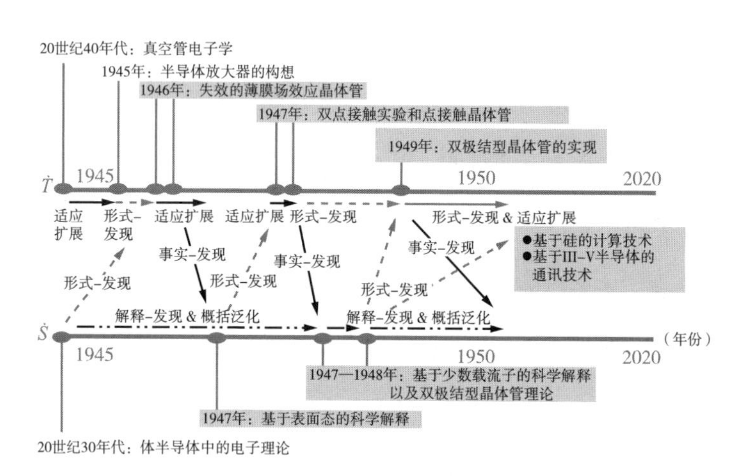

图 1–3　$\dot{S}$ 和 $\dot{T}$ 的循环，包括科学和技术知识进步（以晶体管为例）

（一）1946 年：失效的薄膜场效应晶体管

第一项研究成果从可以称之为“失效的薄膜场效应晶体管”开始。其研究动机是肖克利在当时的半导体科学的基础上洞察到的

“形式－发现”：场效应晶体管将是一种可以取代笨重且可靠性差的真空三极管成为放大器件的现实途径。这个创新想法是，电容器的两个极板之一由半导体薄膜组成，其电荷和导电率可以通过对电容器充电或放电来进行调制——实质上就是通过对薄膜施加垂直电场来调制。基于这一“形式－发现”的洞察力，结合薄膜蒸发和其他一些薄膜相关的精深工艺，肖克利及许多合作者设计了各种“形式”进行实例化，旨在通过实验验证“功能”效应。但没有一次成功：有时得到了相反方向的效应，有时虽然没有反效应但其效应大小比理论预期值小很多个数量级。尽管如此，这次未成功的研究结果的意义并不仅限于研制放大器的一次失败，它还被“适应扩展”成一个重要的新事实：一个失效的薄膜场效应晶体管，为这一事实寻找科学解释的时机已成熟。

（二）1947 年：基于表面态的解释

开始时，对于失效的薄膜场效应晶体管的解释一直处于停滞状态，直到约翰·巴丁找到一个基于表面态的解释，表面态既能将引入的电荷锁定在薄膜表面不动从而使它们不能用于增强电导，也能屏蔽内部电荷使它们也不能用于增强电导。巴丁的表面态概念立即解释了新观察到的现象。此外，这个概念既是通过概括泛化获得的，也可以进一步概括泛化：它是其他理论概念（如半导体晶体内部的施主和受主）在半导体表面上的类比，同时它也能进一步概括泛化用以解释一些之前的神秘现象，包括半导体与金属点（称为“猫须”）或其他半导体材料接触时的整流特性（Bardeen, 1957）。巴丁新概念的概括泛化性质立即赋予它极大的可信度，并带来许多新想法，如何“工程化”地消除表面态导致的不利效应。

（三）1947 年：双点接触实验和点接触晶体管的诞生

随之而来的是大量工程化的新“形式”（工件）的出现，旨在一方面验证表面态新理论，另一方面消除这些表面态效应的负面影响以便能够创建一个有效的场效应晶体管。一个关键性的突破来自另一个学科领域：1947 年 11 月 17 日，罗伯特·吉布尼（Robert B. Gibney，一位物理化学家，被招募来充实半导体小组的科学知识）建议使用一个标准的物理化学工具——电解溶液。这种电解液可以用来在紧靠半导体上的点接触的地方施加一个强电场，但同时又能与点接触保持电绝缘。吉布尼和他的团队很快发现，强电场确实改变了表面电荷的密度，并实现了一定的放大功能，尽管是在非常低的频率下才有的放大功能（由于他们实现的是长时间常数的电解质）。他们设计了间隔极近的双金属点接触的实验，试图复现这种放大效应，两个金属接触之间的距离非常近，几乎等于接触和电解质之间的距离。经过多次不同的尝试后，最终一个方法成功了：在一个楔子上蒸发金，然后在楔型点上用刀片分割金，从而在 n 型锗半导体上制造出两个间隔非常近的接触点。实验观察到了电压和功率的放大，点接触晶体管就这样诞生了。

尽管双点接触器件是一个有明确实验意图的工程化形式，但其观察到的放大功能完全是意外的。这一实验结果足够重要，足以在 1947 年 12 月 23 日著名的“平安夜前一天”演示中引起贝尔实验室管理层的注意。但它与之前的场效应理论的预期是不相符的，无法解释的。对放大器来说，这个结果是一个积极的实验结果，而之前那个失效的薄膜场效应晶体管则是一个消极的结果，从这个角度来说两者是不同的。但两者也有相似之处，它们都被“适应扩展”为一个当时无法解释的新的科学事实，都需要寻找新的科学解释。

（四）1947—1948 年：基于少数载流子的解释和双极结型晶体管理论

这个令人困惑的双点接触晶体管放大效应的新事实很快就得到了解释：其放大效应不是来源于最初所想的多数载流子，而是来源于少数载流子。在这个晶体管中，空穴（少数载流子）从一个金属接触点注入 n 型锗半导体中，然后被另一个金属接触点收集。尽管早在 20 世纪 30 年代威尔逊的早期研究工作中就已知道少数载流子的存在，但它们在放大器中的重要作用是对该早期工作的令人意外的概括泛化。不过，一旦这个概括泛化被大家接受，它就为后来威廉·肖克利详细阐述半导体中电子和空穴的完整理论铺平了道路（Shockley, 1950）。

（五）1949 年：双极结型晶体管的实现

从这一理论中又产生了另一个“形式 - 发现”的想法：少数载流子放大现象可以在一个更易于制造的器件几何形状中得到更有效的利用。由此，双极结型晶体管诞生了：顺序排列的 n-p-n 薄膜层组成两个背靠背的 p–n 结。这两个 p–n 结所共用的中间 p 型“基极”层薄膜很薄，因此几乎所有由其中一个处于正向偏压的 p–n 结“发射”到中间 p 型层的少数载流子都被另一个处于反向偏压的 p–n 结全部“收集”起来。只有极小部分的少数载流子不被收集，它们形成一个非常小的发射极－基极电流，它控制了（也就是被“放大”为）一个大得多的基极－收集极电流。少数载流子至关重要：如果只有多数载流子能在 P 型基极中导电，没有少数载流子，那么晶体管就不会工作。点接触晶体管的半偶然发现，使人们把注意力集中到少数载流子上，并引发了另一个“形式－发现”的认识：更有效、更可制造的双极结型晶体管。

（六）1950—2020 年：更长时间跨度的后续半导体成就

上述 1944—1949 年 S 和 T 之间的“紧密”交叉互动导致了晶体管的发明和晶体管效应的发现，在这一过程中前文讨论的“技术－科学方法”中每一种机制都被使用实践了——其中“事实－发现”和“形式－发现”机制是 T 影响 S 和 S 影响 T 的主要“交叉互动”机制。这项工作的变革性意义很快得到了认可，短短七年后巴丁、布拉坦和肖克利就因此获得了诺贝尔物理学奖。晶体管仅仅只是个起点。在随后的 70 年里，S 和 T 的交叉互动持续进行着，没有任何减弱的迹象。今天我们知道，晶体管催生了一个全新的半导体电子学领域，它对包括计算和通信在内的许多技术而言都是至关重要的。

二、微波激射器和激光器

我们现在来看看激光器（Laser：通过辐射受激发射进行光放大）和它的前身微波激射器（Maser：通过辐射受激发射进行微波放大）。就像晶体管一样，微波激射器的前身在其发明之前的几年里就已不断涌现。同样重要的是，这些前身既包括科学的，也包括技术的。在科学方面，20 世纪初，人们对原子和分子的电子结构、与这些结构相关的能量状态（旋转、振动和电子能态）以及这些能量状态之间的转换有了认识。当时阿尔伯特·爱因斯坦已经确立了光子在这些能量状态之间跃迁的各种介导方式，其中包括一种意想不到的新方式：受激辐射（Einstein, 1917）。在技术方面，20 世纪初还出现了雷达（Radar：无线电探测和测距），使无线电和微波频率范围内（MHz–GHz）的脉冲电磁波在目标物体上反射回来，以准确确定它的距离。雷达技术在二战期间加速发展，产生和操纵无线电和微波辐射所需的所有元器件也在加速发展：产生辐射的发射器（速调管和磁控管），引导辐射的波导，向自由空间发射辐射（和收集辐射）的天线，以及筛选和探测辐射的滤波器和接收器。

与晶体管的情况有所不同的是，当时贝尔实验室和其他地方的研究人员和高级管理人员认识到了新的有用的半导体科学和技术的潜力，但对微波激射器的认识却非常有限，这很可能是因为当时并没有与微波激射器类似的设备，而与晶体管类似的设备是有的，即真空三极管（尽管其工作原理与晶体管不同）。因此，在20世纪40年代末和20世纪50年代初对微波激射器的探索完全是少数几位研究人员的远见（如图1-4），包括当时在哥伦比亚大学的查尔斯·汤斯（Charles Townes）、在列别杰夫物理研究所（Lebedev Physical Institute）的尼古拉·巴索夫（Nikolay Basov）和亚历山大·普罗霍罗夫（Alexander Prokhorov），以及在马里兰大学的约瑟夫·韦伯（Joseph Weber）。即便是这几位研究人员在当时也受到其他人的劝阻：汤斯就是因为受到贝尔实验室管理层的阻挠，才搬到哥伦比亚大学（Townes, 1999: 43–46）；而普罗霍罗夫在列别杰夫物理研究所的学生都想做其他课题的研究，致使他用锤子摧毁了研究其他课题所需的仪器（Graham, 2013）。

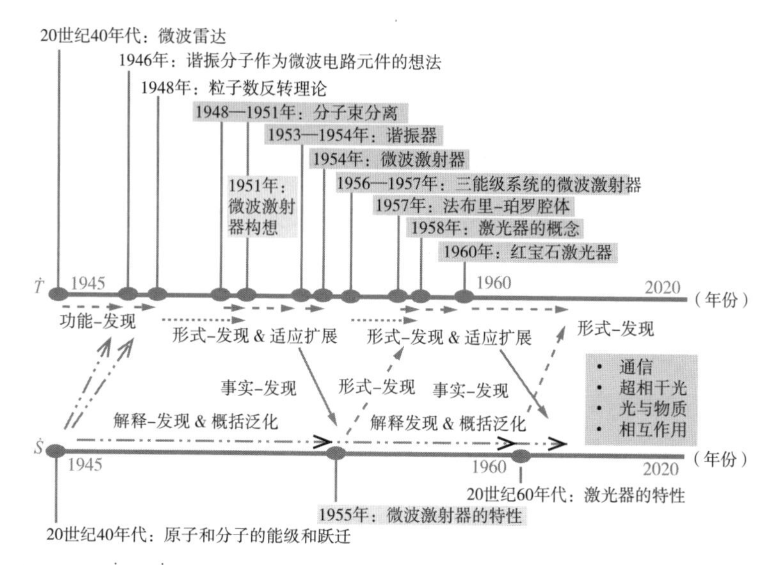

图 1-4　S 和 T 的循环，包括科学和技术知识进步，以微波激射器和激光器为例

与晶体管的情况不同，研究微波激射器的动机不是为了任何具体的实际应用，而是为了推动科学的发展——探索分子中不同能级之间的共振如何有助于改进微波技术，从而有助于发展更精确的微波光谱学。事实上，在 1960 年休斯研究实验室的西奥多·迈曼（Theodore Maiman）展示了第一台激光器后不久，他的助手就开玩笑说激光器是“在寻找问题的一个解决方案”（Hecht, 2010），而在汤斯 1964 年的诺贝尔演讲中（Townes, 1965），他甚至没有提到最终成为激光器最重要用途的领域：通信。尽管如此，当时人们能感觉到，以一种全新的方式使用谐振分子作为微波电路元件，产生比以往更高频率和更短波长的相干辐射，这一新功能将导致新的和意想不到的结果。

正是从1948年到1960年的12年间科学成果和技术成果之间发生的密集来回循环，导致了微波激射器和激光器的发明，其中最重要的成果在图1–4中以灰色显示。

（一）1948年：粒子数反转理论的提出

虽然爱因斯坦很早就确立了受激辐射是一种光子可以介导能量状态之间跃迁的新方式，但长期以来人们一直认为与受激辐射相比，受激吸收（简称“吸收”）总是占主导地位。处于热平衡状态下的任何一组能级中，较高能级上的粒子数总是比低能级上的粒子数少，因此与较低能级粒子数成正比的受激吸收总是占主导地位，总是超过与较高能级粒子数成正比的受激辐射，所以不可能实现放大。因此在20世纪40年代末，为了实现放大作用，需要解决的最突出的功能性问题是如何实现高能级粒子数多于低能级粒子数——换句话说，如何实现粒子数反转。

（二）1948—1951年：分子束分离和微波激射器的设想

显著的粒子数反转似乎是不可能的，这很可能妨碍了当时人们对它进行广泛探索。然而，知识和经验的一次偶然相遇，使查尔斯·汤斯在1951年将一些技术“形式”适应扩展到服务于他在微波激射器中寻求的新功能。第一，基于对分子光谱学的研究，汤斯非常熟悉氨气（NH_3）及其各种能量状态的电荷分布。第二，他很熟悉微波谐振器，知道需要多少粒子数反转才能支撑不仅是放大而且是振荡。第三，这也是具有决定性的实际重要性的一点，汤斯熟悉在不均匀的磁场和电场中具有偶极和四极矩的分子束的偏转。他刚刚从一位来访的德国物理学家沃尔夫冈·保罗（Wolfgang Paul）那里听说，这项技术最近已经改进到可以用偏转来分离（即粒子数反转）激发态和基态分子。换句话说，分子束分离似乎是一种“适应扩展”技术，可以用来产生能够放大的粒子数反转。

正是这三种技术形式（氨气的能量状态，微波谐振器，磁场和电场中分子束偏转）的整合，使汤斯能够设计出一个切实可行的微波激射器的“想法”，他后来是这样描述的（Townes, 1999: 57）：

答案其实是众所周知的，它们在我和物理学界面前已经存在了几十年。哥伦比亚大学的拉比（Rabi）一直在研究分子束和原子束（气体流），他通过使处于激发状态的原子从低能态偏转来操控分子束和原子束。其结果可能是一束富含激发原子的分子束和原子束。哈佛大学的埃德·珀塞尔（Ed Purcell）和诺曼·拉姆齐（Norman Ramsey）提出了一个概念性的新名称来描述这种具有粒子数反转的系统——他们创造了与正温度相对的“负温度”一词，因为这些“负”的温度将热平衡系统中低能态粒子数比高能态粒子数相对过剩的状态反转过来了。

（三）1952—1954年：谐振器的“形式－发现”

然而，微波振荡器的设计中缺少一个部分，那就是氨分子与微波辐射场相互作用的谐振腔。腔体需要具备很高的反射性和很低的损耗，以便微波辐射在腔体内部循环时通过受激辐射得到增强，而不是被吸收掉——这似乎意味着需要将腔体封闭起来，越封闭越好。同时，激发态分子需要通过一个入口和出口进入和离开腔体，但问题是这些出入口可能会成为循环中的微波辐射的潜在泄漏路径。解决方案以下列方式出现了，有如汤斯所描述的（Townes, 1999: 66）：

有一天，吉姆·戈登（Jim Gordon）几乎完全打开了腔体的两端，它们是盖在两端顶部的环。两端没有环时，我们能让大量分子穿过腔体。我们原本担心这样会从两端泄漏掉太多的辐射，但这个担心是没有必要的。显然，没有环时，腔体中的辐射模式变得更简单了，被更有效地限制在腔体内。腔体相当长，辐射主要在侧壁之间来回反弹，因此没有多少辐射从两端的完美圆形大孔中泄露出来。也许，之前安装在腔体两端的隙开的环既不是完美的圆形，也没有很好地与腔体连接，从而扭曲了腔体中辐射的基本谐振模式，实际上反而增加了能量的泄露。

这一解决方案很意外，其中包含了大量的偶然性和直觉的修补。

（四）1954 年：微波激射器及其特性

1952—1954 年在汤斯的实验室中进行的成功的实验，利用了深奥的科学（分子光谱学和受激辐射）、先进的技术、精深的工艺

（微波电子和仪器），以及刚才提到的好运。它的组成很简单：一个中空的矩形金属盒，一根管子将加热的氨气以分子束的形式引入其中。在盒内，排列成正方形的四根平行管子组成的分子聚焦器，它将处于激发能量状态的氨气通过一个孔聚焦到谐振腔中；当分子束流过谐振腔之后，它们被真空泵或处于液氮温度下的表面所吸走。该腔体在与氨的最强能级跃迁波长（1.25 厘米）对应的 ~24GHz 频率上产生共振，汤斯懂得很多操纵这个波段的有用技术。1954 年，实验中观察到了振荡，从此第一个微波激射器诞生了。

一旦制造出第一台微波激射器，人们就可以测量它所产生的微波辐射，并研究其特性。对于辐射频率的纯度方面，当时存在相当大的不确定性。一些领军物理学家，包括尼尔斯·玻尔（Niels Bohr）从一开始就不相信频率会非常纯的观点（Townes, 1999: 69–72）。但通过建两台微波激射器并把它们的辐射混合在一起，汤斯发现其“拍频”是极纯的；这意味着，两台微波激射器的辐射频率都必须非常纯。随后，频率纯度极高这一新“事实”被肖洛－汤斯方程式（Schawlow-Townes equation）所解释，该方程式描述了微波激射器和后来的激光器辐射的线宽的基本量子极限，该方程式今天已得到很好的确认。

（五）1956—1957 年：三能级系统的微波激射器

在研究人员证实了微波激射器的有效性后不久，人们就设想出了产生粒子数反转的更多新方法，特别是由于当时使用的分子束方法很麻烦，而且对凝聚相增益介质不友好。1954—1956 年，尼古拉·巴索夫和亚历山大·普罗霍罗夫（Basov & Prokhorov，1955）以及研究凝聚相中电子和核自旋态跃迁的专家尼古拉·布洛姆伯根（Nicolaas Bloembergen）（Bloembergen, 1956）取得了突破。他们设想的是一种三能级微波激射器，其中微波能量首先将电子从最低能级（第一能级）激发到最高能级（第三能级），跳过中间能级（第二能级）。取决于退激发速率（通过自发辐射）的大小，可以在第三和第二能级之间，或在第二和第一能级之间实现粒子数反转。不久之后的 1957 年，贝尔实验室的亨利·斯科维尔（Henry Scovil）和乔治·菲尔（George Feher）根据这一原理实现了一个可工作的基于硫酸钆的微波激射器（Scovil et al., 1957）。三能级微波激射器系统是基于对自旋共振研究的深刻科学理解找到的一个巧妙的形式（通过“形式 – 发现”机制），它开拓了一个全新类别的增益介质，其范围比基于分子束分离的增益介质要广泛得多。此外，尽管当时尚不知道，这些概念可以很容易地从微波激射器中“适应扩展”到激光器中，使这些增益介质也能与激光器兼容。

（六）1957年：法布里－珀罗腔体

因为微波激射器本质上是一种利用分子共振将微波技术扩展到更高频率和更短波长的方法，所以汤斯很自然地考虑将它进一步扩展到光波频域，换言之，扩展到光波频域的微波激射器，即我们今天所说的激光器。基于前文提到的三级系统的突破，有很多增益介质可以考虑。然而，寻找可用的谐振腔成为一个主要的“形式－发现”难题。将波长从毫米－厘米范围缩小到几十微米范围的大跨跃意味着腔体的尺寸将比激光波长大几千倍，因此在腔体中激光将形成许多谐振模式，并且对其中任一模式都没有选择性。解决方案来自当时在贝尔实验室的阿特·肖洛（Art Schawlow），他提议“适应扩展”一个简单的法布里－珀罗腔体：两个平行的没有边框的平面镜。因为没有边框，所以就不会有离轴振荡模式——任何偏离垂直轴向的光子都会以一定的倾斜角在两块平行镜面之间来回反射，最终它自己会“走”出腔体，从而不会积累能量。只有那些完全在垂直轴向上的少数模式会留存下来并产生振荡。

（七）1958年：激光器的概念

正是这三种技术形式（微波激射器、三能级系统和法布里－珀罗腔体）的整合（和“适应扩展”），使肖洛和汤斯能够提出一种切实可用的激光器的设想。他们于1958年发表了一篇论文，根据已知的科学理论和可能的工程配置，讨论了激光器（当时他们称之为“光学激射器”）的可行性和潜在性能（Schawlow & Townes, 1958）。这篇论文是一个里程碑，它预言了在随后几年中实验观察到的许多东西，它成为利用科学原理和见解来设计一个复杂器件与设备的成功典范。

（八）1960年：红宝石激光器

随着肖洛和汤斯论文的发表，科学界和工程界都认识到其潜在的重要性。许多研究团队加入设计出实际可用的激光器的竞赛中，各个团队使用不同的增益介质和不同的实现粒子数反转的方法。获胜者是休斯研究实验室的特德·梅曼（Ted Maiman），他在 1960 年使用的增益介质是红宝石，他实现粒子数反转的方法是在从摄影师工具包里借来的闪光灯线圈中塞进一小块红宝石石棒，所有这些都安装在一个反射镜圆筒里。当时有人对梅曼是否会成功持怀疑态度。肖洛本人的结论是红宝石不会起作用，部分原因是一些测量结果表明它的红色荧光是低效的。但是梅曼自己测量过，知道红宝石的荧光实际上是相当有效的；他对这种材料非常了解，因为他曾用它来设计一个紧凑的微波激射器。梅曼积极向前推进并最后获得了成功。

（九）1960—2020 年：更长时间跨度的后续光学和光电子学成就

上述 1948—1960 年期间科学和技术的紧密互动导致了微波激射器和激光器的发明，在这一互动过程中“技术 – 科学方法”中所有的 S 和 T 机制都被使用实践了——其中“形式 – 发现”机制是 S 影响 T 的主要机制，“事实 – 发现”机制是 T 影响 S 的主要机制。红宝石激光器的成果为使用各种增益介质的激光器打开了大门。同时，尽管激光器最初的应用都是科学性的（用激光器作为工具来探索材料中的光学现象，以及研究激光器本身的物理和特性），但不久之后，人们就发现激光器可以“适应扩展”到不是为了科学性探索的实际应用领域中，并且产生了革命性的影响力。在随后的60年里，该领域的科学和技术持续互动着，没有减弱的迹象。我们现在知道，激光器在光学和光电子学领域发挥了并继续发挥着关键的作用，包括作为现代互联网支柱的光纤通信技术，更不用说它正在开辟的全新领域，如量子光学、非线性光学、超快光学现象等。

第四节　本章回顾

扼要回顾本章内容，我们概述了与研究本质相关的第一个特征事实：科学和技术是两类同等重要但性质不同的人类知识库，两者深度互动协同进化，并相互受益。事实上，两者互动的程度是如此密切，以至于我们很想完全模糊其界限并将两者视为一个单一知识库，本书称之为“技术－科学”。然而，把两者区分开来是有用的，因为这样可以更好地了解它们协同进化的各种机制，以及更好地了解如何才能最好地培育这些机制，这点我们将在第四章中讨论。

我们还采用了一个新的名词来定义这些机制——“技术－科学方法”，以及一个新的统一框架来组织这些机制——“技术－科学方法”由“科学”方法和类比的“工程”方法组成。其中科学方法包括以下三种机制：“事实－发现”“解释－发现”，以及概括泛化。工程方法包括以下三个与科学方法类比的机制：“功能－发现”“形式－发现”，以及适应扩展。重要的一点是，这两种方法都是站在现有的科学和技术的肩膀上创造出新的科学与技术。工程方法深度利用了科学及科学所促成的模型的精密复杂度。科学方法深度利用了实验技术及这种技术所促成的实验的精密复杂度，而解释的验证则深度利用了计算技术及这种技术所促成的验证的精密复杂度。

两个标志性的例子是晶体管（及其相关的晶体管效应）和微波激射器/激光器。

为发明晶体管，1944—1949年的五年间出现了三种工作原理完全不同的新形式（薄膜场效应晶体管、双点接触晶体管，以及双极结型晶体管），每一种新形式都利用了当时正在进化发展中的尚未定论的科学想法。在这一时期，这些尚未定论的科学想法也经历了三个发展阶段：与真空三极管类似的场效应晶体管现象的初步构想；然后是为解释不成功的薄膜场效应晶体管实验而产生的关于表面态的想法；再后来是因双点接触晶体管实验而产生的有关少数载流子的想法，后者的结果与场效应理论的预期是不相符的。

1948—1954 年的六年期间，人们设计出了微波激射器，这是一个利用科学和工程洞察力（受激辐射、粒子数反转、分子束分离、射频谐振器）为复杂的新器件找到一个形式的典范。从这次成功的工程化科研成果中，人们对微波激射器有了更深入的科学理解，特别是它出人意料的频率纯度，这一特性被现已得到完全确认的肖洛 – 汤斯方程所解释。在随后的 1954 年至 1960 年的六年间，人们设计出了激光器，这利用了两个关键洞察力：关于三能级系统可以将增益介质的类别扩大到与分子束分离兼容的增益介质类别之外的科学洞察力，以及使用法布里 – 珀罗腔体进行光学反馈的工程洞察力。

第二章

错综复杂的“问题－答案”发现之舞

在第一章中，我们阐述了第一个特征事实，即科学和技术是两种性质不同但同等重要的“技术－科学”知识库，两者深度互动协同进化，创造出新的科学和技术。这一特征事实描述了“技术－科学”知识的以下特征（我们可以称之为知识的“横向结构”特征）：科学和技术是平等的知识库，两者在任何方面都没有高低之分。我们还注意到，这些知识库的核心元素（科学中的事实及其解释、技术中的功能及其实现的形式）是相互嵌套的，而且往往嵌套得很深。

在第二章中，我们讨论第二个特征事实：这些相互嵌套的核心元素可以看作是被组织成松散的模块化层级网络中的问题和答案，这些问题和答案深度互动协同进化，创建出新的问题和答案。这一特征事实描述了“技术－科学”知识的可以称之为“纵向结构”的特征。这一结构中的动态变化对于实验台研究人员来说是很直观的：发现新的事实或新的功能就是发现新问题，有待回答的新问题；发现对事实的新解释或实现功能的新形式就是发现新答案，能够回答这些问题的答案。“问题－发现”和“答案－发现”在一个共生体中携手并进、相互促进。两者对于人类知识进化都很重要。然而，正如在引言中所讨论的，与此相反的一种错误观点广为流传：研究的目标只是为问题寻找答案，而不包括寻找新问题。在本章中，我们将纠正这种错误观点。

本章的讨论将从问题和答案的网络开始：该网络是如何被组织成一个松散的模块化层级结构的，这个结构也称为知识的“无缝网络”（Anderson, 2001）。然后，我们将讨论问题与答案深度互动协同进化的机制。与第一章中的科学和技术情况一样，由于现有的问题和答案（Q 和 A）很容易与新问题和新答案的创建（$\dot{Q}$ 和 $\dot{A}$）混淆，我们用数学符号来区分它们，$\dot{Q}$ 和 $\dot{A}$ 字母上方的小点表示该变量随时间的变化率。最后，我们描述 $\dot{Q}$ 和 $\dot{A}$ 深度互动协同进化的两个具体例子：第一个是科学领域的例子（狭义相对论），第二个是技术领域的例子（iPhone）。

本书中我们使用“问题和答案”这个词来描述科学知识与技术知识。然而我们也注意到，“问题和答案”一词更常用于描述科学知识，而“难题和解决方案”更常用于描述技术知识。本书认为这两组词汇是可以互换的：一个待解决的难题可以被看作是一个等待答案的问题，而一个难题的解决方案可以被看作是一个问题的答案。因此，本书中使用“问题和答案”这个词时，我们通常同时指的是科学领域的问题/答案和技术领域的难题/解决方案。

第一节　问题与答案的网络：Q 和 A

我们先从两个问题与答案网络开始：一个是科学知识的，另一个是技术知识的，每个网络都被组织成松散的模块化层级结构。层级结构是因为科学知识（事实及其解释）和技术知识（功能及其实现形式）都是嵌套的，而且通常嵌套很深。模块化是因为密切相关的问题和答案会在网络中聚集在一起，形成不同的科学知识领域和技术组件。因此这些网络是模块化层级结构的，而且是高度交叉连接的模块化层级结构，每个网络都形成了一个自我强化的问题和答案的无缝网络，其中的问题有多种不同方式的答案，而答案被重复使用、重新调整用途以回答多个不同问题。最终，在网络的层级结构中向上或向下移动时，不同层级间有些特征是相似的，有些特征则不同的。

一、网络是层级结构的：问题和答案的嵌套

图 2–1 描述了科学知识和技术知识层级结构化的方式，它源于上一章所讨论的嵌套，既包括科学事实和解释的嵌套，也包括技术功能和实现它们的形式的嵌套。

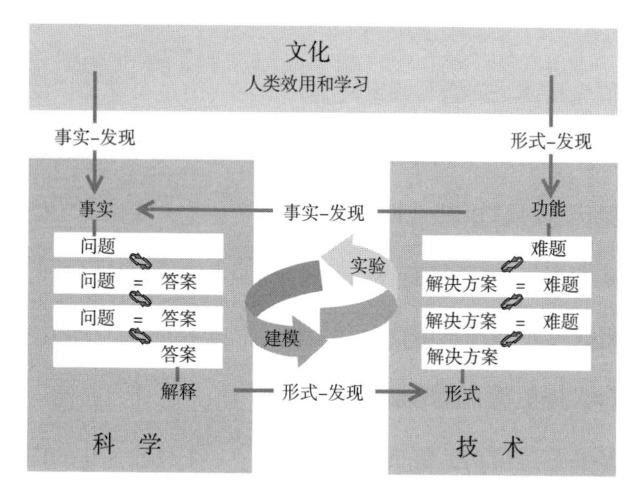

图 2–1 两种平行的知识层级结构，一种是科学的，另一种是技术的

在科学中，位于层级结构顶端的是事实，即所观察到的现象

中的原始模式。这些模式可以被视为问题：为什么会出现特定的模式？当一个球被释放时，为什么会下落，而且下落的速度越来越快？位于层级结构中下一个层级的是对这些原始模式的解释，它们可以被看作是这些问题的答案：16世纪伽利略对观测到的距离与时间关系模式的解释是，球的下落速度随着时间线性增加。但这个答案（或解释）本身同时又是另一个问题：为什么球的下落速度随着时间线性增加？这个问题需要一个更深层次的解释，即更深层次的答案：牛顿的解释是因为地球吸引力是一种力，这个均匀的力导致均匀的加速度，均匀的加速度导致速度线性增加。当然，科学理解总是永无止境的，所以任何时候总存在一个边界，边界后面更深层次的解释我们现在还没有找到。但这丝毫不影响现有解释的力量：科学寻求近似的因果，不是非最终因果不可。广义相对论解释了牛顿的万有引力定律，但它本身的起源还有待解释。

在技术中，位于层级结构顶端的是人类期望的功能。如何实现这些功能的难题则是由位于层级结构中下一个层级的形式来完成的。这些形式实现了功能，但这些形式本身又提出了新的难题，必须在更深层次上得以实现，以此类推。从“难题－解决方案”术语转换成等效的“问题－答案”术语，我们可以把iPhone描述成一个技术的问题：我们如何创建一个具有互联网功能以及可编程交互式显示屏的手机？对此问题的一部分答案是多点触控电容屏的形式，它为多根手指同时操作的用户交互开辟了很大的设计空间。但当时的多点触控屏本身的不透明性又成了另一个问题：我们如何使多点触控屏透明，从而使显示可见？多点触控透明显示屏提供了答案。换句话说，科学和技术都是被组织成“问－答对”的层级结构，其中任何问题或答案都有两个“面孔”。一个“面孔”在层级结构中朝下，代表着一个问题指向位于结构中下一层级的一个答案。另一个“面孔”朝上，代表着一个答案指向位于上一层级的一个问题。这里我们需要强调一下，在此结构中我们把问题放在答案的上方，把答案放在问题的下方，这种上下位置的描述方式是作者随意选择的——这并不代表哪个更重要、更有价值，这只是为了与常见方法保持一致。在科学领域，一个解释比它所解释的事实更深层次、更“基础”，尤其是当把它概括泛化成为对许多其他事实的解释时。从这个意义上说，狭义相对论比光速 c 的恒定性更深层次，因为它回答了为什么光速 c 是恒定的问题，它也回答了核裂变和聚变过程中释放多少能量的问题。在技术领域，形式比它们所实现的功能更深层次、更“基础”，尤其是当把它们适应扩展以实现更多其他功能时。多点触控透明显示屏比 iPhone 更基础，因为它不仅有助于回答如何创造 iPhone 的问题，而且回答了如何创造通用的人机交互显示屏的问题。橡胶比自行车轮胎更基础，因为它不仅有助于回答如何创造自行车轮胎的问题，而且回答了如何创造无数其他类型轮胎的问题。

二、网络是模块化的：促进利用和探索

图 2–2 描述了科学知识和技术知识的模块化方式。密切相关的科学问题和答案被组织成科学的领域知识，我们称之为“科学知识模块”。密切相关的技术难题和解决方案被组织成工程组件，我们称之为“技术知识模块”。

密切相关的科学问题通常可以在同一个科学知识领域或“科学知识模块”内得到回答，借助于嵌套在这个大领域内的多个子领域。

一个与某一特定半导体结构中的电子输运现象有关的问题属于更广泛的半导体科学领域，但这个问题的答案可能需要对电子输运物理的子领域和半导体合成结构的材料科学的子领域进行综合理

解。与电子输运物理相关的子问题可能需要对各种结构（体材料、异质结、纳米结构、耦合纳米结构）中的电子的子领域和这些结构中电子与光子相互作用的子 - 子领域进行综合理解。与半导体合成结构的材料科学相关的子问题可能需要对半导体衬底和外延、薄膜，或材料合成之后的制造等子 - 子领域的理解。换言之，我们可以把科学知识领域看作是一个模块化层级结构，并把它的子领域看作是子模块和子 - 子模块。

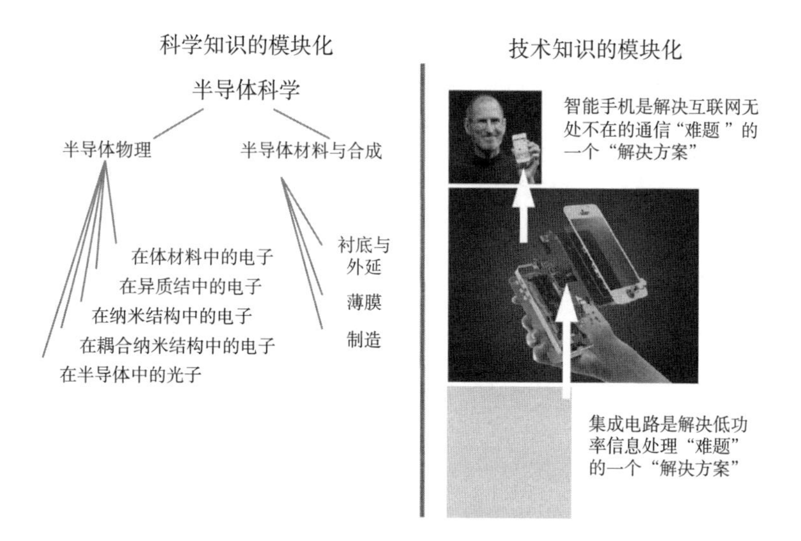

图 2-2　科学知识和技术知识的模块化

资料来源：乔布斯（Steve Jobs）手持 iPhone 图片来自 Matthew Yohe / 维基共享资源。iPhone 分解图来自 Rajkumar Remanan。集成电路图来自 David Carron/ 维基共享资源。

同样，密切相关的技术难题通常由关键技术组件（技术知识）解决，大组件中可能嵌套了多个子组件。一个 iPhone 是一个组件，它本身又由许多子组件组成，同样地，每个子组件又进一步细分。我们可以把 iPhone 这个“难题”看作是一个被其子组件（外壳、显示器、印刷电路板、摄像头和输入 / 输出端口）“解决”了的组件。我们可以把印刷电路板这个“难题”看作是一个被其子－子组件（低功耗集成电路芯片）“解决”了的子组件。反过来说，iPhone 本身也是一个嵌套在使用功能的层级结构中的组件。iPhone 可以用来解决“运行”短信应用程序的难题；短信应用程序可以用来解决向朋友群发短信的难题；群发短信可能被用来解决在时代广场组织朋友群体进行抗议的难题；而时代广场的抗议活动可能是为了某些人类渴望的社会事业而组织更广泛的社会运动的解决方案的一部分。

有人可能会问：为什么科学知识和技术知识是以模块化的方式存在？这是因为它们是复杂的自适应系统（通过复杂的内部变化维持并适应其环境的系统），而几乎所有的复杂自适应系统都是模块化的（Simon, 1962）。复杂的自适应系统既利用其环境，也探索其环境以改善其对环境的利用。无论是在利用已有的环境知识时，还是在探索环境以创造新知识时，知识的模块化都可以提高其效率。

（一）模块化与利用

那么知识的模块化是如何使该知识得到更有效的利用的？

首先，个体大脑的认知能力是有限的，无法全部了解我们广阔世界的所有有用信息。专业化和分工是必要的。例如，对激光干涉仪引力波天文台中微弱图样的解释得益于广义相对论、统计学、天体物理学、激光干涉测量学等多个领域的专家，没有哪位通才能够像一群专家那样自信地做出解释。光纤通信系统的建设得益于激光二极管光源、高速调制、光学、玻璃纤维、探测器和通信协议方面的专家。事实上，正如亚当·斯密（Adam Smith）以来的经济学家所强调的那样，专业化和分工的重要性随着市场规模的扩大而增加。人类知识也不例外，正如经济学家和复杂系统理论家布莱恩·阿瑟所阐述的（Arthur, 2009: 37）：

> 我们可以说，模块化之于技术经济的意义，就像劳动分工之于制造业；其模块化程度随着相关技术的使用增加，以及相关经济的扩张而增加。或者用亚当·斯密的语言表达同样的意思，即技术的细分随着市场的扩大而增加。

随着人类人口达到数十亿规模，人类知识的市场是巨大的。在这样的环境中，专业化和分工的程度非常显著。

其次，模块化反映了世界实际的样子——一个空间和时间维度的世界，其中大型缓慢移动的物体（如风力涡轮机）由较小的快速移动的物体（原子和电子）组成，不同的现象支配着不同空间和时间尺度上的行为。在用以这种可分解性为特征的方式所构建的世界中，关于这个世界的科学知识和技术知识将反映这种可分解性。

对于科学及其事实和解释，心理学家和经济学家赫伯特·西蒙如是说（Simon, 2001: 56）：

在以这种方式构建的世界中（我们世界的大多数方面正是如此），不同时间尺度上的现象几乎可以相互独立地进行研究；科学中的大量专业化正是源于这种分解和整合的可能性。每一门科学都选择某个特定时间尺度上的现象，而将在更慢的时间尺度上的变量视为常量，将在更快的时间尺度上运行的子系统视为整合体，其内部细节在该科学所关注的时间尺度上没有相关性。这种分割在物理学和化学中可能表现得最为明显，从夸克，基本粒子，原子级别的粒子，到小分子、大分子等的发展过程。

这方面的一个例子是量子化学和分子物理学中的玻恩－奥本海默近似（Born-Oppenheimer approximation）。由中子和质子组成的原子核很重且移动缓慢，因此当我们求解电子的动力学和热力学时，可以认为原子核在空间中是固定不变的，而电子很轻、移动很快，他们将原子核“黏合”在一起形成分子。

对于技术及其功能和形式，也存在着类似的空间和时间尺度与现象之间的匹配。运输大型和重型物体得益于大型机械技术；运输小型和轻型物体得益于小型机械技术。传输电子电荷利用电压和电场；传输光子利用光学折射率变化。和对世界的科学解释一样，与世界互动的技术形式也是模块化的，部分原因是世界本身就是模块化的。

（二）模块化与探索

知识的模块化如何实现更有效的探索以创造新知识？是通过在不牺牲大模块的功能的前提下实现子模块间的并行进化来做到这一点。并行进化是可能的，因为我们有接口协议可以约定科学或技术知识的不同模块间的交互方式。在科学中，方程式 $E=mc^2$（能量和质量之间的关系）是狭义相对论与核化学进行交互并为后者提供信息的一种简练方式。核化学是研究核反应的一个化学子领域。关于为什么 $E=mc^2$ 的科学解释可能会改变，但只要 $E=mc^2$ 这个关系式本身不变，核化学就不需要改变。在技术上，欧姆定律 V=IR（电压和电流之间的关系）是电阻与它所在的电路交互的一种简练方式。制造电阻的材料可能会改变，但只要 V=IR 这个关系式保持不变，所在的电路就不需要改变。

换句话说，一个特定模块只要做到遵守与其他模块交互的接口协议，那么它就可以自由地以不同的、很可能是改善的方式产生新的解释和形式。正如赫伯特·西蒙用进化生物学的一个例子所阐述的那样（Simon, 2001: 58）：

肝脏将先前从氨基酸中提取的氨转化为尿素，并将其输送到肾脏排出。只要尿素被合成并输送出去，肾脏的运行就不会受到肝脏中尿素合成反应的具体顺序的影响。短期内，肝脏效率的提高不会影响到肾脏；但从长远来看，如果一个器官的效率提高得比另一个更快，那么这两个器官的大小比例可能会发生变化。重要的事实是，子系统之间对彼此的内部结构和过程细节不敏感，相互独立，这加快了进化的速度。

只要遵循与其他模块的交互连接接口协议，一个模块的改进就可以独立于其他模块进行。

这方面的一种极端情况，是模块化层级结构中的不同层级之间的接口协议，且协议上下两个层级模块都很丰富时。当接口协议上面的层级模块很丰富时，其下面层级模块的知识库通常被称为“平台”，它成为上层级的知识模块的基础。在科学领域，牛顿定律就是这样一个平台，天体力学和地球力学都建立在该平台基础上。在技术领域，个人计算机软件操作系统也是一个平台，在这个平台上可以建立大量的软件应用程序。除此之外，当接口协议下面的层级模块也很丰富时，知识网络的形状就会变成沙漏状（Saltzer et al., 1984）。对技术知识来说，这个沙漏的腰部是一层与众不同的独特的接口协议，在其下方层级的技术在执行该协议，而上方层级的技术则建立在该协议的基础上，接口协议上下两个层级模块都被协议本身“屏蔽”了。其结果是，建立在接口协议基础上的位于上层级的应用程序的数量激增，不受位于下层级的执行协议的细节的影响；同样，下层级执行协议的技术的数量激增，不受上层级的应用程序的细节的影响。建立在 Windows 操作系统之上的软件应用程序的数量巨大；同时执行 Windows 操作系统的硬件和软件的数量也是巨大的。

换句话说，设想有两个复杂的自适应系统，一个是以模块化方式组织的，另一个不是。在某一时刻，两者可能都能够同等程度地利用它们的环境，从而同等程度地“适应”它们的环境。但它们的发展速度会截然不同，以模块化方式组织的系统将很快超过非模块化组织的系统（Simon, 1962）。模块化似乎是生物学中的一种进化属性，在人类知识的组织中也效仿了这一点。

三、知识网络是互联的：一个自我强化的“无缝网络”

人类的专业知识（以及构成该知识的“问－答对”）是模块化的，不过这种模块化是非常松散的。

在科学中，可以对一组事实的解释进行概括泛化，成为对其他更多事实的解释，从而在问题和答案网络中创建出一组事实和解释的大规模互联。正如 1977 年诺贝尔物理学奖获得者菲尔·安德森（Phil Anderson）所述（Anderson, 2001: 488）：

> 现代科学知识的逻辑结构不是进化树或金字塔，而是一个多重连接的网络……当我们看到“经典牛顿力学、量子力学、量子

场论、量子电动力学、麦克斯韦电磁理论”，以及在另一个地方的“流体动力学”时，它们看起来在逻辑上是独立和分离的，因此没有认识到它们之间的这种互联关系，但这是一个明显的错误。他们事实上是同一物理理论的不同方面，它们之间早已形成牢固且深入的互联。

在技术上，形式是由多个“子形式”组成的，它们在层级结构中以向下扇形展开的方式相连接；另一方面“子形式”也被重复使用，通过扇形连接上溯到许多其他模块为其做出贡献。比如，作为一个形式，iPhone 依赖于很多子形式（如半导体存储芯片等），而这些子形式本身又为许多不同的形式做出贡献，包括大型计算机等。换言之，在一个层级上的知识模块不仅垂直连接（与知识层级结构中较高或较低层级的模块垂直连接），而且也与其他模块横向交叉连接。

因此，科学和技术都各自形成了自我强化的知识“无缝网络”（Anderson, 2001）。问题和答案的重复使用和用途调整（即科学中的“概括泛化”和技术中的“适应扩展”）是实现内部自洽性和解释能力与功能能力的强大机制。科学和技术都不是脆弱的“纸牌屋”。相反，这些“纸牌”是不会倒下的，因为它们在结构上是相互关联的。这些紧密交叉连接的力量类似于“小世界网络”的力量，其节点既聚集成模块，又与远处的其他节点“弱连接”（Buchanan, 2003）。

当然，科学和技术知识网络的相互关联性也意味着存在刚性。从一个模块到另一个模块的每个连接都代表着一个需要遵守的接口协议。当一个新模块替换网络中的现有模块时，原则上可能会带来巨大的改进。但是，如果新模块需要采用与原来不同的方式与其他多个模块进行交互的话，它将不受欢迎。相反，因为遵守现有的接口协议，现有模块受到青睐，因此被“锁定”。为了获得新模块的好处，可能需要对与其连接的其他模块都进行协调一致的更改，相互连接越多，其他模块需要更改的可能性就越大。当发现一种不仅适用于一个事实，而且适用于多个事实的解释时，该解释就会被整体地嵌入一个更大的内部协调一致的科学知识网络中，正如菲尔·安德森阐述的（Anderson, 2011: 138）：

要想在不“撕裂网络”（即篡改一个不断扩大的经过验证的真理网络）的情况下修改它的任何特性都变得更加困难。例如，如果不抛弃大部分的物理学和天文学，是不可能篡改进化论的，更不用说这将对古生物学、板块构造学、物理学和行星天文学之间的许多交叉关联造成损害。

同样，当一个技术形式有助于实现很多种功能时，这个形式就会被嵌入一个更大的内部自我强化的技术知识网络中，并具有抵制被取代淘汰的巨大惯性。因为冯·诺依曼计算架构已经深度地嵌入几乎所有计算应用中，这大大延迟了从 21 世纪前十年已出现的图形处理单元（GPU）的应用，但今天图形处理单元彻底改变了深度神经网络计算（Hooker, 2020）。

这种锁定还会以多种方式加剧。如果一个模块在知识层级结构中处于“较低”层级的位置，那么“依赖于”该模块的较高层级上的模块将会抵制其变化。与知识网络一起发展的社会网络也是一种抵制变革的保守社会力量，正如马克斯·普朗克（Max Planck）的一句名言（Planck, 1950: 33–34）：

一个新的科学真理不是通过说服反对者使他们看到光明而取得胜利的，而是因为反对者最终死亡，熟悉它的新一代成长起来后才胜利的。

还有一种锁定方式。当公共部门通过提供需求补贴试图加速被视为具有社会重要性的技术的发展时，可能会导致制造规模过早扩大，从而锁定不成熟的劣质技术（Funk, 2013）。

四、层级结构上下的相似性：“多者异也”

知识层级结构似乎是自相似的——层级结构中的每一个层级都与其他层级相似，即层级结构中从下到上的每一层级都有向上和向下的面孔：每一层级都是一组“问－答对”。但是，这里存在一种不对称性，向下与向上不同，处于层级结构中较深层级的知识可能被认为比层级较浅的知识更重要。一个极端的观点可能是，层级较浅的知识可以通过还原论从较深的知识中衍生出来（或由其组成），因此较浅的知识不那么重要，更轻微。在这种思维方式下，粒子物理学家可能理所当然地傲慢，就像正电子的发现者卡尔·安德森（Carl Anderson）所说，“剩下的不过是化学”；或者就像原子核的发现者欧内斯特·卢瑟福（Ernest Rutherford）所说，“一切科学要么是物理学，要么是集邮术”（Birks & Rutherford, 1962: 108）。同样，分子生物学家可能理所当然地傲慢，决心将人类有机体的一切都还原为“仅仅是”化学，从普通感冒到精神疾病，再到宗教本能。这大概只是哲学家奥古斯特·孔德（August Comte）给出的知识次序排名中的一小步：从数学到天文学、到物理学、到化学、到生物学，再到社会学，后者被认为是前者的衍生，因此更轻微。

但这种思维方式显然是不正确的。层级结构中较低层级的知识是不能唯一地派生出较高层级的知识来的，就像自然界中的事物不能唯一地从该事物的组成部件中派生出来一样。就技术知识而言，通过子形式的组合以创建更高层级的形式时，子形式当然是受到限制的。但在可创建的形式的众多的可能性中，哪种形式会最终实际出现，这无法仅仅从子形式本身的知识中推导出来。

那么，该如何在这个巨大的可能性空间中挑选呢？

对于形式的可能性空间，缩小空间的第一种方法是通过功能。子形式是通用的，它们可以以多种不同的方法组合在一起，但只有当所创建出的形式能够满足所需功能时，该方法才会被选择——在知识层级结构中功能是由上层级而不是下层级决定的。事实上，在选择形式时，功能的重要性可以通过该功能在多大程度上被不同的形式实现来说明。自1927年电视发明以来，已经创造了无数种用于实现视频显示功能的形式（阴极射线管、等离子面板、液晶、微镜、有机发光二极管、无机微发光二极管）。

缩小形式的可能性空间的第二种方法是通过历史偶然性——通过特定的“社会–文化技术–科学”事件序列而最终形成的形式（Jacob, 1977）。在知识层级结构中从下往上移动，从基本粒子到原子到分子再到人类，越往上其现象变得越复杂、越不对称。在对称性被打破和复杂性被引入的确切方式中，具有内在的模糊性、非必然性和历史偶然性。可以想象，在宇宙的早期阶段，电弱对称性是可以用多种不同的方式被打破的，但实际发生的这一特定方式最终产生了超重的希格斯玻色子和没有质量的光子。根据还原论规则，在层级结构中下一层级中右旋分子和左旋分子都是被“允许”的，但左旋分子最终在地球上占据了主导地位（虽然在另一个星系的外星文明中也许并非如此）。类似地，数据通信协议可以有很多种可能性，但TCP/IP（传输控制协议/互联网协议）最终占据了主导地位。

换言之，“还原论”并不意味着“建构论”。仅仅因为一个形式可以“事后”还原为多个子形式，并不意味着它可以从这些子形式中“事前”唯一地被构造出来。正如物理学家菲利普·安德森所阐述的（Anderson, 1972: 393）：

极端还原论观点的主要谬误在于，还原论假设绝不意味着“建构论”假设：将一切事物还原为简单的基本定律的能力并不意味着能够用这些定律重建宇宙。仅仅因为在层级结构中Y位于X之下，并不意味着科学X“只是Y的应用科学”。在每个层级上，都需要全新的定律、概念和概括，都需要灵感和创造力，其程度不亚于前一个层级。心理学不是应用生物学，生物学也不是应用化学。

事实上，正是因为建构论可能性的缩小不仅仅源于还原论知识，所以在科学中观察和实验才如此必要。正如罗伯特·劳克林（Robert Laughlin）和大卫·派恩斯（David Pines）所述（Laughlin & Pines, 2000: 30）：

对于生物学家来说，进化和新涌现的行为是日常生活的一部分。然而，对于许多物理学家来说，从还原论方法转变可能并不容易，但从长远来看，这个转变应该是非常令人满意的。与新涌现的行为共处意味着，首先要关注实验告诉我们关于给定系统的可能行为方式的候选场景，然后再尝试探索任何特定模型的效果。这与还原论的要求形成鲜明对比，还原论要求我们永远不要使用实验证据，因为其目标是在不修改的情况下构建一条从基本方程到实验的推导路径。但当所涉及的行为是新涌现的行为时，这是不合理的，因为这要求更高层次的组织原则——模型所基于的核心物理思想——必须从底层方程中推导出来，而这一般是不可能做到的。

因此，知识的重要性及推进知识的挑战并不取决于该知识在层级结构中的层级。从量子电动力学到流体动力学，到 DNA 生物化学，再到人类行为学，知识层级结构的每一个层级都是全新的、不同的概念结构，与其他层级相比没有优劣之分。例如，说氢原子 H 在某种程度上优于二氢分子 H_2，或者说生物学在某种程度上不如化学，而化学又在某种程度上不如物理学，都是无稽之谈。知识层级结构中每一个层级上的知识都有一个独特的“生命”，既受到它所嵌入的更深和更浅层级的知识的约束，也因此而丰富。再次引用菲利普·安德森的话（Anderson, 1972: 396）：

在将不太复杂的部件整合到更复杂的系统中，并探索可能由此产生的新的基本行为类型时，我们期待在其每个层级都会遇到令人着迷的、我相信也是非常基本的问题。

五、层级结构上下的差异性

我们刚刚讨论了知识在层级结构上下的自相似性。在整个层级结构中知识的创造是同等重要和非平凡的。然而，这种自相似性是有限度的。根据它在层级结构中的上下深度，知识具有差异性。

不同层级知识的第一个差异性是它对其他层级知识的依赖程度。在层级结构中的层级越低或越深，那么依赖于它的以及位于它之上的知识就越多。因此，在知识层级结构中层级较低的知识的产出具有更大的贯穿其上层级结构的人类知识转化潜力。不过由于网络锁定效应，实现这种潜力的难度也更大。

不同层级知识的第二个差异性是，知识在层级结构中的位置越高，其历史偶然性和复杂性就越大。历史偶然性和复杂性都是累积性的：知识在层级结构中的位置越高，来自它下面各层级的历史偶然性的累积就越大，“组成”它的知识子模块的数量就越多。此外，随着知识变得更具历史偶然性和复杂性，它就变得更加具有经验性和隐性（更加不容易通过简化普适原则进行编纂）。知识的隐性程度越高，就越不容易复制，越容易保密；而越是容易保密，就越可以货币化。像 $E=mc^2$ 这样的方程式很容易编纂，因此很难保密；而对特定情况下人类行为的洞察力却不太容易被编纂，也更容易保密。因此，一方面，新创造的知识在层级结构中的层级越高，营利性机构就越有动力去支持它并将它货币化。另一方面，新创造的知识在层级结构中的层级越深，货币化就越不容易，这导致一个众所周知的现象：依靠市场机制无法支持其研究，而需要非营利部门（政府机构和慈善机构）去支持。也许部分是因为这个原因，在层级结构中的不同层级的知识的产生，往往被赋予不同的名称。在较低或较深层级上，知识的产生往往被称为“研究与开发”，而在较高层级上，知识的产生往往被称为“创新”。有趣的是，知识更为隐性、更不易编纂的倾向性，不仅适用于层级结构中层级更高的知识，也适用于技术性更强、科学性更弱的知识。因此，与层级结构中较高的知识一样，技术知识更容易货币化，这同样对支持研究的方式产生重大影响。

第二节　发现新的问题和答案：$\dot{Q}$ 和 $\dot{A}$

如上文所述，问题和答案是知识网络化和组织化的基本方式。被视为静态知识库的两个“问题 – 答案”网络，一个是科学知识网络（S），一个是技术知识网络（T），它们彼此之间是不相连的。科学的解释与技术的形式是不同的。一个解释在逻辑上依赖于更深层次的解释，就如一个形式是由一些更基本的子形式组成的一样，但解释在逻辑上并不依赖于形式，而形式也不是由解释组成的。

但创建新科学和新技术的知识网络的动态进化 $\dot{S}$ 和 $\dot{T}$ 的情况就不同了。在科学网络中新问题和新答案的发现既依赖于科学网络，又依赖于技术网络中的问题和答案；正如在技术网络中新问题和新答案的发现也是既依赖于科学网络，又依赖于技术网络中的问题和答案。在整个科学和技术网络中，$\dot{Q}$ 和 $\dot{A}$ 都是同时“站在”现有的 Q 和 A 的肩膀上的。在此，我们将讨论介导 $\dot{Q}$ 和 $\dot{A}$ 的各种机制。基于对斯图尔特 · 考夫曼（Stuart Kauffman）、史蒂文 · 约翰逊（Steven Johnson）等人提出的概念进行阐述（Johnson, 2011； Kauffman, 1996），我们根据这些机制在当前的问题和答案体系之外探索距离的远近来区分它们。如果正在探索的问题和答案在此时此地已经存在于现有体系中，那么这种探索就发生在“现有可能性”的范围内。如果在此时此地不存在，而是潜在的，通过对现有问题和答案的重新组合之后可以成为可能性，那么这种探索是处于“邻近可能性”的范围内。如果正在探索的问题和答案既不存在于“现有可能性”中，也不存在于“邻近可能性”中，而是与“现有可能性”相距两个或更多个级别，那么这种探索是处于“下一个邻近可能性”的范围内。

一、现有可能性

“现有可能性”是现有的“问－答对”所在的范围。然而，仅仅因为一个“问－答对”现在已经存在，并不意味着它没有进一步改进的空间。任何一个“问－答对”都包含许多“组件”（问题是由一组知识模块来回答的），因此总是有可能去不断地调整改善这些组件之间的“匹配度”。

假设从一个问题开始，我们在知识层级结构中向下查看，以便重新调整对该问题的答案。例如，一个集成电路可被分解成晶体管、电阻器和电容器，而后者又可被分解成各种半导体、氧化物和金属材料。晶体管可以通过改变各种材料的厚度或平滑度的工程改进得到改善。晶体管的改善可以直接改善集成电路。如果对集成电路的结构和版图进行修改，以更好地利用晶体管与相邻的电阻器和电容器之间的相互作用，那么集成电路可以得到进一步的改善。也许改进后的晶体管需要更小的驱动电流，那么可以相应地改变电阻器。也许改进后的晶体管开关时需要更少的电荷，那么可以相应地改变电容器。很少有百分百优化的“问－答对”，因此总是可以通过对其各个组件及其连接的无数次持续不断的改进来进一步优化。即使它已经得到了局部优化和暂时优化，也还可能会发生一些外部改变，比如一个可以同时回答两个不同问题的组件，当它针对另一个问题进行优化后，它会发生变化。所有这些变化都为持续不断的优化创造了空间。

假设从一个答案开始，我们在知识层级结构中向上查看，以便重新调整它能回答的问题。以 A/B 测试的常见做法为例。A/B 测试是一种获取客户偏好的测试方法，是一种对已被一个技术部分回答的问题进行细化改进的方法。A/B 测试是由谷歌于 2000 年首次开发（维基百科贡献者，2019 年）应用于网页的。制作两种网页变体（A 和 B）并呈现给用户，根据用户的回答来确定用户喜欢哪种变体（用户想要回答的问题所对应的变体），然后选择该变体。它可以被认为是“基于证据的实践”，只是这个证据不是科学真理，而是用户偏好。技术应该尝试回答哪些问题，技术应该尝试解决哪些用户难题，以及技术应该尝试实现哪些功能。不过，由于 A/B 测试处于“现有可能性”范围内，它也有局限性。正如肯 · 科钦达（Ken Kocienda）所述（Kocienda, 2018: 212）：

在这种高科技行业通常称为 A/B 测试的方法中，选择已经被列出。在谷歌的“选择蓝色”实验中，选择的结果总会是 41 个选项中的一个。虽然 A/B 测试可能是找到用户点击率最高的那个蓝色的好方法，但最佳和最差之间的动态范围并不大。更重要的是，运行所有 A/B 测试实验的机会成本意味着，开发团队中的每个人都没有足够的时间来构思可能让用户两倍、三倍或十倍喜欢的更好设计。A/B 测试可能有助于找到一种让用户更频繁地点击链接的颜色，但它无法生产出一款带给用户愉悦体验的产品。它既没有任何更精细的反馈，也没有意识到在多种选择之中进行平衡的需要。谷歌的 A/B 测试在设计过程中剔除了品味的因素。

尽管如此，这仍然是一种重新配置和优化一项技术应该尝试回答的问题的有效方法。事实上，A/B 测试在用户界面开发中的渗透程度，表明了了解用户想要回答什么问题以及重新调整问题的困难程度。

二、邻近可能性

“邻近可能性”是潜在的问题和答案所在的范围（即那些尚未被发现，但相距实际存在只差一步距离的问题和答案）。正如史蒂文·约翰逊的精妙阐述（Steven Johnson, 2011: 30）：

> 科学家斯图尔特·考夫曼给所有这些一级组合的集合起了一个引人联想的名字：“邻近可能性”。这个词抓住了变革和创新的局限性和创造潜力。就前生命化学而言，邻近可能性是那些在地球原始汤中可直接实现的所有分子反应。向日葵、蚊子和大脑都在这个邻近可能性范围之外。邻近可能性是一墙之隔的未来，就在现有事物的外缘，是当前现有事物可以重新发明的所有可能方式的版图。但这也并不是一个无限的空间，不是一个完全开放的运动场。潜在

的一级反应的数量虽然是巨大的，但它是一个有限的数字，而且现在在生物圈中占主导地位的大多数形式也不在其中。邻近可能性告诉我们，在任何时刻这个世界都有潜力发生许多非凡的变化，但其中只有某一些变化会真实发生。

“邻近可能性”中的问题和答案是由“现有可能性”中已经存在但尚未连接的知识模块进行不连续的、偶然的重新组合而产生的。正如创造力心理学家迪安·西蒙顿（Dean Simonton）关于“偶然性”方面所阐述的那样（Simonton, 2004: 29–30）：

特别是，创造力通常被认为是组合的——也就是说，它需要产生偶然的组合。例如，数学家雅克·哈达玛（Jacques Hadamard, 1945）声称，数学创造力需要发现不同寻常但富有成效的思想组合。为了找到这样的组合，“必须先创建出大量的可能组合，再从中找出有用的组合”。但是，“无法避免的是，这第一个步骤在某种程度上是随机进行的，因此在这一步骤的思维过程中偶然性的重要作用几乎是毫无疑问的”。

尽管偶然性起到了重要的作用，但当一个思想已成熟到可以重组时，它通常会被重组。基于整个人类社会，多人都想利用特别有用的偶然组合的可能性是高的。因此，邻近可能性就是那些创新“即将成熟发生”的地方。这可以在“多重性”现象中看到——当“邻近可能性”中的一个事物刚进入一个创新者的视野时，几乎同时也进入了其他创新者的视野。这种“多重性”现象的例子包括进化论[查尔斯·达尔文和阿尔弗雷德·华莱士（Alfred Wallace）]、微波激射器（查尔斯·汤斯、亚历山大·普罗霍罗夫、尼古拉·巴索夫和约瑟夫·韦伯）、电话[亚历山大·格雷厄姆·贝尔（Alexander Graham Bell）和以利沙·格雷（Elisha Gray）]等。

重要的是，邻近可能性中既有潜在的问题，也有潜在的答案，而创新可以从任何一端开始。可能存在一些现有的知识模块，可以解决一个已经有解决方案的难题，但能解决得更好（比如光纤取代用于远程语音通信的电线）。也可能存在一些现有的知识模块，可以解决一个尚未被提出但已经成熟的问题（比如3M便利贴可以解决在文档页面上贴上临时标签的问题）。因此，探索邻近可能性有两个“面孔”：向下的“面孔”（“答案–发现”机制）和向上的“面孔”（“问题–发现”机制）。

向下的“面孔”（“答案－发现”）从一个问题或难题开始，去寻找答案或解决方案。这个面孔代表了经济学中的需求侧拉动：人类或市场需求推动着寻找能够满足这些需求的方式。在科学中这个面孔代表“解释－发现”机制：为某些观察到的模式找到解释。在技术上，这个面孔代表“形式－发现”机制：为所需功能寻找实现的形式。正如我们将在第四章中讨论的，这个面孔也代表了当代绝大多数的正式研究活动，这些研究中问题和难题是已知的，但答案和解决方案是未知的。事实上，一个领域的顾问指导委员会的专家们常常聚集在一起，自上而下地制定出该领域的重要科研“挑战”，然后为这些重大挑战征集潜在答案的提议，而这些提议最终导致科研项目的执行，希望从中能找到可以解决这些重大挑战的真正答案。

“答案－发现”机制从还原论的方法开始，将问题分解为组成该问题的若干功能，并分析是否可以实现或解决这些组成功能，最后一个步骤是合成阶段，将这些组成成分的功能整合成一个综合解决方案。套用希腊数学家帕普斯（Pappus）（公元前300年）的话，匈牙利数学家乔治·波利亚（George Polya）是这样表述的（Polya，2014: 141）：

在分析阶段，我们从所需要的东西开始，我们视之为理所当然，然后我们从中推论出因果关系，再从因果关系中推理出更深层次的因果关系，直到我们到达可以作为整合起始点的程度……我们探询从何种前因可以得到期望的结果；然后我们再进一步探询这个前因的前因是什么，依此类推，从一个前因探询到另一个前因，直到我们最终找到一些我们已知的或公认为真的东西……但在合成阶段，这个过程正好反过来，我们从分析阶段中最后到达的那个点开始，也就是从已知的或公认为真的东西开始，然后从中推导出我们在分析阶段中出现过的上一个前因，依此类推，将分析阶段中的步骤反过来走，直到最终成功地得到我们最初所需要的东西。

从某种意义上说，最终的合成，或者说整合，在某种程度上可以被看作是对基于还原论的分析过程的正确性检查。如果合成“不起作用”，那么就需要回到艰难的分析步骤中去。但这绝不意味着合成步骤是容易的——用各组成成分的子技术来实际创建一项技术时，往往会遇到这个过程自身的难题，需要其自身独特创新的解决方案。

向上的“面孔”（“问题－发现”）则从一组问题或难题的答

案或解决方案开始，寻找这些答案/解决方案（或者答案与解决方案的组合）可能适用的新问题或新难题。这个面孔代表了经济学中的供给侧推动，而不是需求侧拉动。供应侧推动提供了一种满足尚未实现的市场需求的方法，以推动该需求的发展（“先把它建好，需求会随之而来”）。在科学中这个面孔代表概括泛化机制：将针对某种现象中观察到的模式的解释进行概括泛化，以解释另一种现象中观察到的模式。在技术上，这个面孔代表适应扩展机制：将实现某种功能的一种形式进行适应扩展，以实现另一种功能。尽管概括泛化和适应扩展机制都很重要，但它们在当代的正式研究活动中很少得到重视，当代研究更注重回答已知的问题。当我们已经知道了问题，并且对如何回答它也有一些想法时，这样的研究提案当然更容易写。

“问题－发现”机制从合成步骤开始，将已经存在的答案或解决方案整合起来，以发现它们有可能回答的新问题，或者有可能解决的新难题。然后，一旦初步确定了一个新问题，接下来必须进行基于还原论的分析步骤，以验证已存在的答案/解决方案确实可以回答/解决这个新问题或难题。伽利略用于回答“为什么从斜坡上滚下来的球会滚回到原来的高度”这一问题的答案，被克里斯蒂安·惠更斯（Christiaan Huygens）用来解决“为什么摆锤在钟摆的任何位置释放都会上升到钟摆相反方向的对称点”的问题。对于惠更斯的问题，伽利略的答案确实是适用的，但对于其他问题，它可能并不适用，这就是为什么合成步骤和分析步骤都很重要的原因。合成步骤之后必须经过分析步骤，以排除不正确的猜测。事实上，这也是出色的研究如此困难的原因之一，因为很少研究人员同时具备合成和分析的秉性。有趣的是，因为“问题 – 发现”机制是在知识网络中向上探索，所以它无法像“答案 – 发现”机制那样通过系统的还原论和分析步骤去寻找一门学科内更深层次的答案。寻找问题通常处于该学科之外，因此它更依赖于想法的偶然碰撞和机缘巧合。

当我们探索“邻近可能性”时，无论是“问题 – 发现”还是“答案 – 发现”机制，我们的探索都依赖于“现有可能性”范围中已存在的内容——可用于重新组合的现有知识模块，也是我们触手可及的知识。

在科学上，成功的“答案 – 发现”有赖于对事实和解释集群的了解；在技术上则有赖于对形式和功能集群的了解。求解满足方程式 $y^2-13y+36=0$ 的 y 值是易如反掌的，但前提是需要熟悉二次方程。正如布莱恩·阿瑟在评论让欧内斯特·劳伦斯（Ernest Lawrence）赢得1939年诺贝尔物理学奖的回旋加速器的发明时所阐述的（Arthur, 2009: 121）：

回顾来看，劳伦斯的洞察力看起来非常出色，但这很大程度上只是因为我们对他所使用的功能不熟悉。原则上来说，劳伦斯的难题与我们在日常生活中处理的平凡普通难题没有区别。如果我的汽车在修理店修理时我需要去上班，我可能会想：我可以先坐一趟火车然后从那里再坐出租车去上班；或者，如果我愿意早点去的话我可以打电话给朋友搭个便车；或者，如果能在我的书房里腾出一些空间的话我可以在家里工作。在上述过程中，我是从我的日常功能的集群中选择一些功能进行组合，并查看每个“解决方案”能够解决的子问题。当我们把这种推理过程应用于日常普通难题时，它一点都不神秘；在发明中的推理过程并没有什么不同。它可能只是发生在我们不熟悉的领域而已；对发明者来说，它发生在他非常熟悉的领域。

成功的“问题－发现”则有赖于是否对很有趣但目前尚无答案的问题，或者很有用但目前尚未得到解决的难题了如指掌。这些问答和答案集群的存在体现了路易斯·巴斯德所说的“有准备的头脑”。回顾一下巴斯德研究发酵时，初衷是希望回答如何更好地生产葡萄酒的问题，结果发现发酵也是研究更广泛的化学转化的有力工具。或者回顾一下当史蒂夫·乔布斯在施乐帕克研究中心（Xerox PARC）看到一个“鼠标”，就很快意识到它对于个人电脑用户界面的潜在重要性。

掌握并精通这些集群是一项艰苦的工作，但这是创新者们必须付出的必要前期努力。正如布莱恩·阿瑟在技术领域中所观察到的（Arthur, 2009: 123）：

然而，创新者不只是掌握了一些功能，然后只用它们一次就能实现伟大发明的。相反，在发明之前总是要经历一个非常漫长的过程，持续不断地积累功能并在小的难题上对它们进行试验，就如钢琴五指练习一般。通常在这个功能积累和试验过程中，你可以发现创新者将使用什么线索。在发明微波激射器的五年之前，查尔斯·汤斯在一份备忘录中进行了如下论证，微波无线电“现在已经扩展到了如此短的波长范围，以至于到了与很多分子的共振频率重叠的范围，因此分子共振中的量子力学理论和光谱技术可以为这一无线电工程提供帮助。”分子共振正是他后来用于发明微波激射器的方法。

三、下一个邻近可能性

从上文我们看到，潜在的问题和答案存在于“邻近可能性”中，它们距离“现有可能性”只有一步之遥。而那些距离“现有可能性”更远的想法，即那些与现实存在相隔两“步”或更多“步”距离的潜在问题和答案，我们称之为处于“下一个邻近可能性”范围内。存在于这个范围中的潜在问题和答案在此刻是找不到的，除非存在于“邻近可能性”中的另一个相关的潜在问题或答案首先被发现。“下一个邻近可能性”是当我们发现一个新问题与任何一个现有答案都不匹配，或者发现一个新答案与任何一个现有问题都不匹配时——在这两种情况下，都需要先去发现更多的东西并使之成为现实。

从某种意义上说，探索“下一个邻近可能性”只需要超前思考超过一步以上，并且是“策略性地”思考。在《绿野仙踪》中，如果我们继续沿着黄砖路走下去，我们最终可能会找到大巫师，但我们首先必须越过邪恶女巫。在“下一个邻近可能性”中的“答案－

发现”机制是，将一个问题进行分解，然后关注其中的关键性“辅助问题”（Auxiliary Problem），其关键性在于，如果这个辅助问题得以解决，就可以解决原来的问题。这种将问题分解、然后先解决分解出来的辅助问题、最后再将它们重新合成为一个整体解决方案的策略，可以不断地迭代下去。正如匈牙利数学家乔治·波利亚（George Polya）所述（Polya, 2014: 145）：

一个原始人想要渡过一条小溪，但因为一夜之间溪水上涨了，他无法用他平常的方式渡过去。因此这成为一个问题目标；“渡过这条小溪”是这个原始问题 x。这个人可能会回想起他曾沿着一棵倒下的树渡过另一条小溪。因此他四处寻找一棵合适的倒下的树，这成了他的新的未知数，他的 y。他找不到任何合适的倒下的树，但小溪边长有很多直立的树；他希望其中一棵能倒下去。他可以让一棵树倒下以横跨小溪吗？这就有了一个很棒的想法，也带来了一个新的未知问题：他用什么方法能将树倾倒横跨在小溪上呢？

许多最伟大的发现和发明，包括狭义相对论和 iPhone，都有这种“超前很多步的思考”的特征。

（一）下一个邻近可能性与交叉学科思维

辅助问题不是非黑即白的，它们有灰色地带。如果两个事物恰好可以“严丝合缝”地进行匹配，那么就不存在辅助问题，我们是在“邻近可能性”范围内。然而，如果两个事物也许可以匹配，但不是“严丝合缝”地匹配，那么我们就面临着一个如何使它们匹配的辅助问题，这时我们就进入“下一个邻近可能性”范围内。有趣的是，这种“严丝合缝”地匹配和“无法严丝合缝”地匹配可以对应到“多学科”（multidisciplinary）和“交叉学科”（interdisciplinary）这两个常见术语。

一方面，如果知识可以“严丝合缝”地结合在一起，那么这种结合可以被称为“多学科”。在技术领域，这可能是将手电筒和自行车结合在一起使用，以便能够在黑暗中骑行。这不需要对手电筒和自行车进行改动，只需要一根带子和一个螺栓。在科学领域，这可能是将电热丝加热理论与黑体辐射理论结合起来，从而创建了关于电丝通电时发出辐射的综合理论；这不需要对这两个理论进行改动，只需要将一个参数（温度）从一个理论“传递”到另一个理论。换言之，在一个多学科团队中，每个个体可能对各自领域有深入的了解，但几乎没有必要彼此分享这些深入的知识。每个人都在这一团队组合中发挥一种作用，只要具备强大的领导力，大型团队可以有效地协调这种多元知识的多学科组合。

另一方面，如果知识无法“严丝合缝”地结合在一起，那么这种时候的知识结合可以被称为“交叉学科”，或更深层次结合的“超学科”（transdisciplinary）。在技术领域，人们可能会将更高分辨率的显示屏技术与智能手机结合起来——但为了维持原有的电池寿命，智能手机的其他部分就必须进行显著改变。在科学领域，人们可能会将电学理论与磁学理论结合起来，以创建一个电磁学的统领性理论——但这需要对这两种理论都进行重大改变。换句话说，在一个交叉学科团队中，每个个体不仅需要对各自领域有深入的了解，也需要与其他成员分享这些知识，以理解为了实现交叉学科的结合如何去改变一个或多个领域的知识。

在这里，我们遇到了常见的“广度对抗深度”的智力权衡问题（Avina et al., 2018）。知识组合的广度越大，产生的新知识就越新颖、越出人意料、越具有“创造性”。牛顿将质量、力和加速度的新概念与他的微积分新数学结合起来，创建了新的力学理论。查尔斯·达尔文将托马斯·马尔萨斯（Thomas Malthus）的人口经济学与动植物育种相结合，创立了进化生物学的新学科。罗伯特·诺伊斯（Robert Noyce）和杰克·基尔比（Jack Kilby）将晶体管与半导体平面制造工艺和混合集成技术相结合，创立了集成电路的新学科。约翰·冯·诺依曼（John Von Neumann）将数字硬件与数字软件相结合，创建了冯·诺依曼计算机。然而，知识组合的广度越大，知识就越有可能不匹配，至少不是完全匹配，拼装在一起的知识组合能够“严丝合缝”地有效工作的可能性就越小，就越需要更大深度的知识调整，以使这个新的组合能够“奏效”。换言之，多个学科相互之间距离越大，从这些学科中汲取思想进行知识重组的失败率就越高，而一门学科之所以成为学科，部分原因就是它所包含的思想之间相互“契合”。不过，重组偶尔也可能成功，尽管表面上看起来似乎会失败。例如，新的高分辨率显示器需要消耗太多的电池电量，因此似乎与智能手机不兼容。但对智能手机进行深入了解后可能会发现，可以减少手机其他地方消耗的电池电量。或者电学理论似乎与磁学理论不兼容，但更深入地了解与每个理论相关的经验事实后，将发现它们实际上与一个普适的综合理论是相容的。

为使这种重组能够成功，即使表面上粗略地看它们似乎不会成功，也必须进行深入研究。我们必须从简单的多学科思维（将取自不同学科的公认智慧和想法不加批判地浅层地组合在一起）转变为更复杂的交叉学科思维——深入研究各学科的必要领域，以决定是否有充分的理由针对最初的表面判断“是，新的组合想法会奏效”或“否，新的组合想法不会奏效”做出裁决。所调用知识的广度越大，调用知识时所需的深度就越大，才能使其成功。这与发散思维（将来自不同学科的思想进行重组）和收敛思维（针对重组的关键方面进行批判性评估）同等重要的概念是一致的。这也与文献计量学的研究发现一致，那些既引用了高度学科性知识的文献（即历史上被一起引用的比预期频繁得多的那些文献），同时也引用了以前很少被共同引用的文献的论文，它们在本领域中成为“热门文章”的可能性至少是普通论文的两倍以上。新颖性在科学界备受推崇，但如果能与熟悉的传统思想相结合，它的影响力尤为显著（Uzzi et al., 2013）。换句话说，交叉学科思维结合了广度（想法重组）和深度（重新调整想法以使新的重组更加契合），这也是创新性研究如此困难的原因之一。它需要所谓的“T 型人才”，即通才与专才组合型的研究人员，培养这类研究人员也是极其艰难的（Avina et al., 2018）。

事实上，正是部分因为需要一定的深度才能使广度的影响最大化，因此似乎存在一个可使创新性最大化的知识广度方面的“最佳点”。这呼应了在一个组织中的智力多样性方面也存在类似的“最佳点”的普遍观察结果，正如J. 罗杰斯·霍林斯沃斯（J. Rogers Hollingsworth）在研究生命科学领域中的杰出研究机构时所阐述的（Hollingsworth, 2003: 221）：

到达某一程度时，更多的科学多样性和更多的交流会提高在一个机构中取得研究突破的可能性。但是如果一个机构有过度的多样性，关注的问题太多时，其科研人员无法与其他领域的科研人员进行有效率的沟通。

卓越的研究既需要对现有范式有深入的了解，也需要适应新的范式。这既需要自由尤其是激情去探寻新的范式（正如我们将在第四章讨论的那样），同时也需要通过精通现有范式而获得的聚焦。

（二）下一个邻近可能性的价值

“下一个邻近可能性”很容易被人们忽视，因为它距离“现有可能性”太远，探索太困难。探索“下一个邻近可能性”确实是非常冒险的，而且其收益会很快递减。正如史蒂文·约翰逊所述（Johnson, 2011: 36–38）：

“邻近可能性”有多少新的机会之门，它就有多少限制。在一个不断扩张的生物圈的发展时间轴上，每时每刻都有无法打开的机会之门。在人类文化中，我们喜欢将突破性的想法看作是发展时间轴上的一个突然加速，由一位天才超前时代50年发明了一些被局限在当下时刻的普通人不可能想到的东西。但事实是，技术（和科学）的进步很少能突破“邻近可能性”；文化进步的历史几乎无一例外地是从一扇门通往下一扇门的故事，每次只探索了宫殿中的一个房间。当然，人类的思维不受分子形成的有限法则的约束，因此偶尔有人会产生一个想法，一下子将我们向前远距离传送越过好几个房间，从而跳过了“邻近可能性”中的一些探索步骤。但正是因为它们跳过了一些步骤，这些想法几乎总是以短期失败告终。我们有一个短语来形容这些想法：我们称它们为“超前时代的”。

“下一个邻近可能性”是一个复杂的空间，充满了各种可能性，其实用性和非实用性非常难以辨别——这是一个充满死胡同的空间。此外，即使是留在“邻近可能性”范围内也并不是停滞不前。随着时间的推移，“邻近可能性”会增长并变得越来越强大。每当创造出新的事物时，先前的“邻近可能性”中的一部分就进入到“现有可能性”中，它会被一个新形成的“邻近可能性”包围。因此每当新的事物出现时，“邻近可能性”就会扩大。

尽管如此，留在“邻近可能性”范围内等同于科学家们随大流，这会与同行们一样受到知识前沿的限制。而在“下一个邻近可能性”进行探索，即在前沿之外两步或更多步的地方进行探索，已在历史上催生了许多最伟大的“技术－科学”革命。事实上，存在于“下一个邻近可能性”中的一种关键类型的新知识是令人意外且“反叛”的新知识，我们将在第三章和第四章中详细探讨。这种新知识如果是正确的，会让人意外，并与传统智慧相矛盾，因为它们与现有的实际存在相距两步之遥：第一步是重组知识，然后第二步是删除（至少是重建）“现有可能性”范围内与新知识相矛盾的部分现有知识或传统智慧。

第三节　Q 和 A 的循环：狭义相对论和 iPhone

这种问题和答案的发现与匹配——在知识层级结构中向上进行合成及向下进行分析——有时是依次发生的，有时是同时发生的，就像是一种错综复杂的舞蹈。这种舞蹈的结果几乎总是生物的，正如布莱恩・阿瑟所阐述的那样（Arthur, 2009: 207）：

如果你从上往下审视一项技术，你会看到它是相互作用相互啮合的多个部件连接而成的组合，以实现某种目的。从这个意义上说，它就像是一个有发条的装置——它是机械式的。然而，如果你在心里从下往上审视它，审视这些部件是如何组合在一起的，你会看到它们是不可分割的整体组件——是一个整体器官——它们形成一个更高等级的、具备功能的、目的明确的整体。它是一个有功能的身体——它是有机的。因此，一项技术是机械式的还是有机的，取决于你的视角……一项技术越是复杂精密和越是“高科技”，就越是生物学的。

从经济学的角度来看，“问题－答案”的舞蹈也可以被视为正反馈的“供应－需求”循环。

首先，从第一章描述的工程方法的视角来审视技术中的“供应－需求”循环。工程方法的起始点是人类需要的功能，它提出一个需求，对实现该功能的新形式的需求。每个这样的功能都很有可能可以通过很多种新形式来实现——当然不是无限多种，因为新形式会受到自然的限制，也会受到具有历史偶然性的现有形式的限制，新形式是在这些现有形式基础上建立的（Rosenberg, 1974）。但新形式的数量仍然是很大量的。可种植的食物的种类、农业环境的种类、肥料的种类——可以实现食物生产功能的新形式，组合起来的种类数量非常多。但每种形式本身都是多用途的，例如拖拉机可以用来为农业耕种修整土地，也可以用来为建设大楼修整土地。新设计出来的形式的可用性和供应，刺激了需求的“适应扩展”——该形式有可能也能满足的多种人类所需的功能。其结果是一个强大的正反馈循环。因为人类的欲望（功能源于欲望）和人类居住的世界（形式源于世界）似乎都是无限的，因此人类渴望的“功能－发现”和“形式－发现”似乎也是无限的。

其次，从第一章描述的科学方法的视角来审视科学中的“供应－需求”循环。科学方法是从观察中收集的事实开始的。如果这些事实是相似的，那可能会存在一个统领性的解释。不过对于不同的观测情境可能需要对该统领性解释进行一些微调（球在空气中而非真空中落下时，可能需要考虑空气摩擦）。然后对微调后的解释进行概括泛化（提出也能适用于其他更多事实的解释），最终导致它可以解释的新的事实的数量激增。这些新的事实不会与原来那个事实完全相同，它们会因为新的观察环境不同而不同（下落的不是球体，而是立方体或者是不规则形状的岩石），对这些情形的解释将需要对原始解释进行新的修改补充。因为自然世界（事实源于自然世界）和思想世界（解释源于思想世界）似乎都是无限的，因此“事实－发现”和“解释－发现”似乎也是无限的。

为了更具体地阐述“问题－发现”和“答案－发现”的协同进化之舞蹈，我们在这里提供两个案例：来自科学领域的狭义相对论，以及来自技术领域的 iPhone 手机。通过这些例子，我们阐述在

“现有可能性”“邻近可能性”和“下一个邻近可能性”范围中，“问题－发现”和“答案－发现”之间的取舍和互动。

一、狭义相对论

我们的第一个例子来自科学领域，爱因斯坦1905年的狭义相对论。该理论同时解释了相对性原理（即物理定律在所有相互之间匀速运动的参照系中都是相同的）和光速恒定性（这点既是观察所得，也是麦克斯韦方程组所描述的）。这个理论在当时是对先前存在的问题的最深刻的答案（最深刻的解释），而那些问题本身又是对其他问题的浅一层的答案。这个理论还回答了与它最初打算回答的原始问题无关的一些其他问题（及预测的新事实）。图2–3描述了这些关系，组织成五个粗略定义且相互关联的知识簇：牛顿力学、相对性原理、电磁学、狭义相对论和质能等价。在每个知识簇中，针对特定情况的经验事实和解释被安排在靠近网络顶部较浅位置，而跨越多种情况的抽象解释被安排在靠近网络底部较深位置。

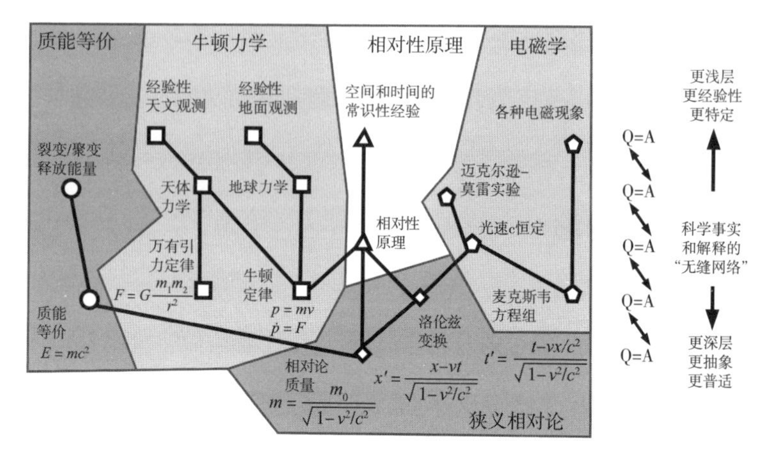

图 2–3 狭义相对论及其相互关联的科学知识模块的“无缝网络”，各个模块以“问题 – 答案”的方式组织在网络中

（一）牛顿力学

位于这个知识簇的顶部的是经验观察（或问题），包括天文观测（恒星和行星的运动）和地面观测（地球上小型物体的运动）：观测太阳在夏季和冬季升起和落下的时间，或观测球从斜面滚下的速度。位于网络底部是对这些经验观察的最基本的解释（答案）：牛顿定律（动量是质量和速度的乘积，动量的时间变化率是由力引起的）和万有引力定律（万有引力是两个物体之间存在的相互吸引的力，其大小

取决于它们的质量 m_1 和 m_2、它们之间距离倒数的平方 $1/r^2$，以及万有引力常量 G）。位于两者之间的是许多关于天体力学和地球力学的具体解释（为了简洁起见在图 2–3 中没有具体描述出来），这些解释一方面是由位于它们下面的基本原则所解释的，另一方面它们又解释了位于它们上面的经验观察：为什么行星经常有椭圆轨道，或者为什么两颗质量不同的石头以相同的速度落下。

（二）相对性原理

位于这个知识簇底部的基本原理是伽利略相对性原理，即在一个给定空间中，不论它是静止的还是匀速直线运动的，其内部所有物体之间的相对运动都是相同的。举例来说，这一原理意味着，如果一艘宇宙飞船以匀速飞行，那么在宇宙飞船上进行的所有实验和在宇宙飞船上观察到的所有现象，看起来都将与宇宙飞船静止不动时一样，当然，前提是没有人向外看。这一基本原理为有关空间和时间的常识性经验观察（问题）提供了一个解释（答案），包括伽利略的著名观察——从航行中的帆船桅杆上落下的石头，会落在桅杆的正下方，而不是它的后方。反过来，这一原理可以被认为是它自身的一个科学事实（问题），在以匀速相对移动的参照系之间的进行所谓的伽利略变换时，这一原理将牛顿定律（作为答案）固定不变。

（三）电磁学

位于这个知识簇顶部的是各种电磁现象的经验观察（问题），从线圈在磁场中运动产生电流，一直到对电容器充电产生电压。位于这个知识簇底部的是麦克斯韦著名的方程组，它解释（回答）了所有这些观测和现象。有趣的是，麦克斯韦方程组还预测了（也由此解释了）光速 c 的恒定性，不论是在什么参照系中。在 19 世纪后期这是对著名的迈克尔逊 – 莫利实验所揭示的实验结果（问题）的最佳解释（答案）。

（四）狭义相对论

这个知识簇的产生是 19 世纪后期一个悖论引起的，即相对性原理和光速 c 恒定性这两个最重要的科学事实（问题）或解释（答案）似乎是互不相容的，尽管它们中的每一个都与非常多的经验观察结果一致。在任何参照系中光速都恒定为 c，这与牛顿定律所理解的相对性原理是相互矛盾的。解决这个不相容性问题的是以下两个解释：洛伦兹变换（空间和时间会随一个与光速相对的速度相关的因子伸缩），以及爱因斯坦的相对论质量方程（质量会随一个类似的因子放大）（Feynman et al., 2011）。因此，狭义相对论被视为解释相对性原理和电磁学原理（作为问题）的基本原理（答案），它在知识簇网络位于后两者的下方。

（五）质能等价

这个知识簇或许是狭义相对论最著名的解释。基于相对论质量（回答了两个知识簇的答案），爱因斯坦推导出了质能等价这个新事实（或问题）。这一新事实本身又是对核裂变和核聚变释放能量问题，以及核武器能量释放问题的解释（或答案）。

（六）总体观察

在我们离开狭义相对论之前，我们对狭义相对论发展过程中

“问题－发现”和“答案－发现”的协同进化之舞蹈的流动性、自发性和跨界性做三点总体观察。

第一，前面讨论的事实和解释的层级结构顺序不一定与最初发现这些事实和解释的时间顺序一致。一方面，光速 c 恒定性这一事实的发现早于它在狭义相对论中的解释：光速 c 恒定是一个当时已经存在的“问题”，它的科学答案是后来找到的。另一方面，质能等价理论的出现先于核裂变 / 核聚变能量释放的观察，后来观察发生时它解释了这一观察现象：质能等价本来是对一个问题的回答，但后来被概括泛化从而回答了另一个问题，预测了与它最初打算回答的观察完全不同的现象。

第二，正如稍后将在第三章讨论的那样，虽然上述这些知识模块是位于科学知识网络中的，但是它们的创建和扩展大量使用了（并产生了新的）技术知识网络中的知识模块。望远镜对于天文观测是必要的，天文观测发现了天体力学试图解释的事实。全球定位系统是现代位置跟踪的基础，它依赖于对狭义相对论的理解。核电站利用质能等价理论。

第三，虽然与狭义相对论相关的其中一些新问题和新答案被认为是在“邻近可能性”中找到的，但还有很多新问题和新答案不是。在牛顿打算去解释天体和地球观测现象的“途中”，牛顿定律要求他发明一种属于“下一个邻近可能性”范围内的新的计算技术（微积分）。类似地，迈克尔逊－莫利实验需要首先克服重大的仪器挑战，才能达到确定光速所需的足够的精度，从而建立起光速 c 恒定这一事实。

二、iPhone 手机

第二个案例来自技术领域，是 2004—2007 年的 iPhone 手机，当时它正在成为“史蒂夫·乔布斯眼中的光芒”（Merchant, 2017）。与狭义相对论类似，iPhone 处于一个“问题－答案”网络的中心——不过在这里我们用难题和解决方案这两个词汇替代问题和答案。它同时扮演了两个角色，它既是解决特定功能难题的一个形式，它也是一个功能，即一个难题，有待于寻找合适的形式去解决。我们将这个案例组织成图 2–4 所示的技术知识的难题和解决方案网络。

在图中，如果一个知识模块（作为一个解决方案的一部分）通过一个向上的箭头连接到其上方的另一个知识模块（作为一个难

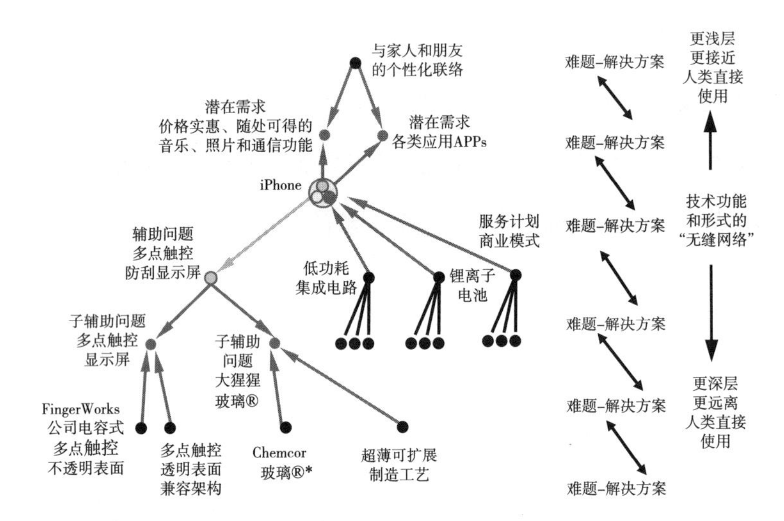

图 2-4　iPhone 及相互关联的技术知识模块的“无缝网络”（2004—2007 年）各个模块以“难题－解决方案”的方式组织在网络中

题），这表示这是由解决方案激发的“难题－发现”机制。iPhone 最左边的向上箭头代表了以下事实：iPhone 是史蒂夫·乔布斯提出的一个解决方案，希望它能解决一些难题，并且他富有远见地认为“价格实惠、随处可得的音乐、照片和通信功能”可能是一个潜在难题。

如果一个知识模块（作为一个难题）通过一个向下的箭头连接

---

* ® 为 registered 的缩写，指的是“注册商标”。——译者注

到其下方的另一个知识模块（作为解决方案），这表示这是难题激发的“解决方案 - 发现”机制。iPhone 最左边的向下箭头代表了以下事实：iPhone 这个“乔布斯眼中的光芒”是一个难题，他希望多点触控防刮显示屏技术能够解决这个难题。

当然，当一个箭头将一个知识模块向下连接到另一个知识模块，它同时也把下面知识模块向上连接。难题和解决方案是成对连接在一起的，谁连接谁有时可能只是视角问题：它们在“寻找彼此”。手势识别技术公司 FingerWorks 因缺乏其电容式多点触摸表面技术（解决方案）可以解决的难题而濒临破产，因此正在到处寻找难题，而苹果公司正在到处寻找多点触控显示屏这一难题的解决方案。他们相互寻找对方。玻璃和陶瓷公司康宁（Corning）一直未能为其 Chemcor 超硬玻璃®（比普通玻璃硬 15 倍）找到客户，而苹果正在到处寻找防刮触控屏这一难题的解决方案。他们也在相互寻找对方。从 FingerWorks 公司和 Corning 公司的角度看，是他们的“解决方案正在寻找适用难题”，最终这些解决方案因苹果公司的新难题——多点触控显示屏和大猩猩玻璃®（Gorilla Glass®）——而得到“适应扩展”。从苹果公司的角度看，是它的“难题正在寻找解决方案”，最终这些难题被 FingerWorks 公司和 Corning 公司的技术解决了。

虽然最终的结果总是难题和解决方案相互找到了对方，但我们的视角很重要，不同的视角意味着不同类型的创新风险。向上的视角意味着解决方案在寻找难题（寻找需求或市场），因此存在“市场风险”——你认为你已经找到的市场需求是否是真实的市场需求。向下的视角意味着难题在寻找解决方案，因此存在“技术风险”——你认为你已经找到的解决方案是否真的能解决你的难题。如果同时需要向上看和向下看，那么将同时面临两个挑战：既有解决方案需要寻找难题，也有难题需要寻找解决方案，因此既面临市场风险，也面临技术风险。史蒂夫·乔布斯在 iPhone 知识层级结构中的很多个层级上都同时承担了这两种风险，这证明了他非凡的勇气。

此外，随着寻找难题或解决方案的范围从“现有可能性”到“邻近可能性”再到“下一个邻近可能性”的程度增加，其风险程度也逐步增加。位于图 2-3 中间的 iPhone 处于“下一个邻近可能性”范围内——它需要在“现有可能性”和“邻近可能性”中先找到很多辅助问题和解决方案。最终解决了 iPhone 这一难题的各种形式，以及 iPhone 提供的解决方案所能实现的各种功能，它们都围绕着 iPhone；它们距离处于“下一个邻近可能性”的 iPhone 越远，离“现有可能性”就越近。在下文中，我们从两种视角讲述 iPhone 的创建：一种视角是从“现有可能性”开始，然后“向内”进入到“邻近可能性”，再到“下一个邻近可能性”，最后到达 iPhone；另一种视角是从位于“下一个邻近可能性”内的 iPhone 开始，朝相反的方向“向外”达到“邻近可能性”，最后达到“现有可能性”。

（一）从“现有可能性”到“邻近可能性”再到“下一个邻近可能性”

我们从“现有可能性”开始，向内到达“邻近可能性”——在知识网络中从位于顶部和底部的已经存在的知识模块开始，向内进入到更靠近网络中心的尚未存在的知识模块。

图 2–4 最左下角的是当时已经存在的两个知识模块：FingerWorks 公司（于 2005 年被苹果公司收购）首创的电容式多点触控不透明表面技术（适用于触控板），以及多点触控透明表面兼容架构（适用于显示屏）。在 2005 年人们还不知道这两个已经存在的知识模块是否真的可以组合成一个多点触控显示屏（当然我们现在知道它们是可以的）；因此这两个知识模块的箭头都向上连接到多点触控显示屏知识

模块，后者在当时位于“邻近可能性”范围内。

图 2-4 左下角再右边一些是另外两个当时也已存在的知识模块：康宁公司（Corning）数十年前开发的 Chemcor 超硬厚玻璃®，以及可以用来将这种玻璃减薄的工艺技术，这对移动终端显示屏是必须的。同样，在 2006 年人们还不知道这两个已经存在的知识模块是否真的可以组合成我们今天熟知的大猩猩玻璃®（当然我们现在知道它们是可以的）；因此这两个知识模块的箭头都向上连接到大猩猩玻璃®知识模块，后者在当时位于“邻近可能性”范围内。

这里很重要的一点是，仅仅因为这两个复合知识模块（多点触控显示屏，大猩猩玻璃®）位于“邻近可能性”内，并不意味着它们一定会被实现。完全存在另外的可能性，比如人们没有认可这两个知识模块能解决的难题，或者认为它们不重要，因此就没有动机去将这些知识模块从“邻近可能性”带入“现有可能性”中。在另外一个假设的世界里，史蒂夫·乔布斯也许根本不会致力于发明 iPhone，不会收购 FingerWorks 公司，不会推动该公司实现多点触控显示屏技术，不会推动康宁公司开发大猩猩玻璃®技术。如果那样的话，多点触控显示屏和大猩猩玻璃®永远都只是一个“潜在解决方案”，永远没有需要解决的难题，因此永远停留在昏暗的、未被实现的“邻近可能性”中。

在图 2–4 的右下边，我们还描述了另外一些当时已经存在的知识模块，它们最终被纳入 iPhone 中：低功耗集成电路、锂离子电池和服务计划商业模式等（当然还有很多未在图 2–4 中画出来）。我们画出这些是为了说明，并不是 2006 年 iPhone 试图利用的所有知识模块都位于“邻近可能性”内，事实上还有许多已经存在的知识模块，当时它们已经位于“现有可能性”中。

在图 2–4 的顶部，我们用一个实心黑点表示我们人类的一个基本愿望：“与家人和朋友的个性化联络”。在 2006 年 iPhone 问世之前，有许多现有解决方案（当然包括拜访和面对面交谈）可以解决这个“难题”，因此也可以画上很多点向上连接到上面这个黑点，但为了避免图面拥挤没有画出来。此外还有很多可以想象但尚未实现的方法来解决与朋友和家人联络的难题。其中一个就是图 2–4 中被标记为“价格实惠、随处可得的音乐、照片和通信功能”的点。在 2006 年，这个点是一种“潜在需求”。当时大多数人都还没有意识到人类有这种需求，后来的历史表明确实有此需求，否则苹果公司后来也就不会成长为世界上最有价值的公司之一。我们现在知道，这不仅是个潜在需求，而且是可以实现的。然而，并非所有潜在需求都是可以实现的，许多需求是当前技术无法实现的——任何现有知识模块的组合都无法创建出满足潜在需求的解决方案。多萝西可能想回到堪萨斯州的家，但这个潜在需求也许能实现，也许不能实现。然而，无论能否实现，这种潜在需求都属于“邻近可能性”范围。其原因与潜在解决方案属于“邻近可能性”范围的原因是相同的，只是次序反过来了：没有找到解决方案的潜在需求（潜在难题）应属于“邻近可能性”范围的理由，与没有找到需要解决难题的潜在解决方案应属于“邻近可能性”范围的理由一样。

（二）从“下一个邻近可能性”到“邻近可能性”再到“现有可能性”

现在，让我们从里向外，从“下一个邻近可能性”到“邻近可能性”再到“现有可能性”。我们先从知识网络中心标记“iPhone”的空心圆圈开始。

从空心圆圈 iPhone 向上走，我们可以看到两个知识模块：“价格实惠、随处可得的音乐、照片和通信功能”以及“应用”（Apps）。这两个知识模块是 iPhone 能够解决的潜在需求或潜在难题，但前提是 iPhone 本身能够被制造出来。基于上文阐述的理由，这两个潜在需求属于“邻近可能性”范围内。然后，再向上一层我们可以看到，如果这两个潜在需求能够实现的话，它们就可以满足“与家人和朋友的个性化联络”这一人类真实的需求。

从空心圆圈 iPhone 向下走，我们可以看到几个知识模块，这些模块必须先实现，才能创造出 iPhone。同样，为了避免图面拥挤，我们没有把所有所需的知识模块都画出来。在右下边是前文提到过的三个 2006 年已经存在的知识模块（低功耗集成电路、锂离子电池和服务计划商业模式）。而左下方是当时尚不存在的知识模块（多点触控防刮显示屏）。从这个角度看，它代表了匈牙利数学家乔治·波利亚（George Polya）定义的“辅助问题”：一个次级问题，如果解决这个次级问题，就能获得对主要问题的解决方案。事实上，这不只是一个简单的辅助问题，这是一个很不容易解决的辅助问题——在 2006 年，用当时已存在的知识模块尚无法解决。它需要前文讨论过的另外两个知识模块（多点触控显示屏和大猩猩玻璃®）。这两个知识模块可以被看作是“子辅助问题”，因为它们是“多点触控防刮显示屏”这个 iPhone 辅助问题的辅助问题。继续向下走，我们最终看到这两个知识模块是处于“邻近可能性”

中的，因为它们可以通过使用2006年已经存在的其他知识模块来实现。

（三）总体思考

在离开iPhone之前，我们对iPhone发展过程中“问题－发现”和“答案－发现”的协同进化之舞蹈的流动性、自发性和跨界性做两点总体观察。

正如科学领域中狭义相对论的案例一样，在iPhone这个案例中，功能及实现功能的形式在层级结构中的顺序不一定与最初发现这些功能和形式的时间顺序一致。一方面，发明iPhone的愿望先于多点触控防刮显示屏的开发，前者推动了后者的发展。iPhone是一个“难题”，需要寻找一个“解决方案”。另一方面，低功耗集成电路和锂离子电池先于iPhone，前者帮助实现了后者。当时低功耗集成电路和锂离子电池已经解决了一些其他难题，包括其他移动电子产品，例如非智能的简单手机、音乐播放器、数码相机和笔记本电脑等。在解决了这些难题之后，它们可以被“适应扩展”用来解决新的难题。

与狭义相对论的案例一样，iPhone的发明也使用了大量的科学知识和技术知识。对表面应力硬化的科学理解帮助实现了 Chemcor 防刮玻璃技术。而 iPhone 作为一种技术，反过来又促进了新科学的创建。例如，通过 iPhone 中的嵌入式传感器和位置跟踪技术及其与社交媒体的连接，可以发现并测量使用者的新“社交”事实，这将有可能突破我们对人类社会行为的科学理解。

第四节　本章回顾

回顾本章，我们概述了与研究本质相关的第二个特征事实：人类的“技术 – 科学”知识被组织成松散的模块化层级化的“问 – 答对”的网络，并且这些问题和答案像错综复杂的舞蹈一般发展进化，以创建新的“问 – 答对”。

“问题 – 发现”和“答案 – 发现”机制可以映射到第一章讨论的“技术 – 科学方法”中的六种机制。在“技术 – 科学方法”中的工程方法那一半：“功能 – 发现”机制就是发现新问题（人类期望的新功能）；“形式 – 发现”机制就是发现新答案（能够实现人类期望功能的新形式）；适应扩展机制也是发现新问题（用已存在的形式去实现的新的人类期望的功能）。在“技术－科学方法”中的科学方法那一半：“事实－发现”机制是发现新问题（人类感兴趣的想要解释的新事实）；“解释－发现”机制是发现新答案（能够解释事实的新解释）；概括泛化机制也是发现新问题（根据其他事实的解释来预测新的事实）。重要的是，科学性质的答案可能会引出工程性质的问题。针对先前观察到的科学事实提出的科学解释，通过概括泛化，可以预测出其他潜在的新的科学事实。对这些潜在的新科学事实进行观察是一项工程性质的功能，往往需要找到为实现这一新观察特制的新的技术形式。同样重要的是，工程性质的答案可以引出科学性质的问题。一种实现人类所需功能的技术形式，在它执行该功能时可以揭示一些不寻常的现象，这些现象成为新的科学事实，也许是发现其科学答案的时机已成熟的科学问题。

发现新问题或者答案的难易程度各不相同。它们离现有的答案和问题——所谓的“现有可能性”越远，就越难找到。距离最近的是位于“现有可能性”范围内的已经存在且互相匹配的“问－答对”，但还存在优化和改进的空间。稍远一些的是位于“邻近可能性”范围中的潜在问题和答案：它们需要进行一次知识重组步骤才能到达“现有可能性”。更远的是位于“下一个邻近可能性”范围中的潜在问题和答案：它们需要一次知识重组步骤才能达到“邻近可能性”，需要二次知识重组步骤才能达到“现有可能性”。而且，新的问题和答案距离“现有可能性”越远，不仅其连接越难建立，而且连接的不可预测性越大，带来意外的可能性也越大，颠覆传统智慧（这是我们将在第三章中阐述的“范式创造”）的潜力也越大。

正如“技术－科学方法”中的各种机制是循环往复的，“问题－发现”和“答案－发现”的各种机制也是循环往复的。在寻找一个问题的答案时，常常会出现另一个问题的答案：X射线回答了关于什么导致屏幕上的荧光太远而不受阴极射线影响的问题，但最终却回答了如何给人体内部器官拍照成像的新问题。或者，当寻找一个现有的答案有可能回答的新问题时，催化出了必要的辅助答案：光通信是一个激光技术可能可以回答的新问题，但前提是能够找到一种低损耗介质，如超纯玻璃纤维，通过这种介质激光能够可控地传播。

因此，“问题－发现”和“答案－发现”之间，不存在哪个重要哪个不重要的差别，也不存在哪个“引领”哪个的差别，它们相互推动。正如我们将在第四章讨论的，有效的研究培育意味着培育发展最成熟的那个——有时可能是“问题－发现”，有时可能是

“答案 – 发现”，有时两者同时培育。

狭义相对论和 iPhone 是说明“问题 – 发现”和“答案 – 发现”之间的相互作用，以及在“现有可能性”“邻近可能性”和“下一个邻近可能性”中找到它们的两个标志性例子。在狭义相对论的例子中，光速 c 的恒定性是一个问题，被狭义相对论所回答；反过来，狭义相对论又被概括泛化，成为回答核裂变 / 核聚变中的能量释放这个完全不同的问题的答案。迈克尔逊 – 莫利实验是对光速是否恒定这一问题的回答，它是属于“下一个邻近可能性”范围内的，因为它首先需要克服重大仪器挑战（辅助问题），后者位于“邻近可能性”范围内。iPhone 作为一个问题，依赖于低功耗集成电路和锂离子电池这些答案，而这些答案最初是为了回答其他问题而开发的，例如如何制造笔记本电脑和其他移动计算设备。多点触控防刮显示屏是如何制造 iPhone 的另一个部分答案，但它本身位于“下一个邻近可能性”范围内，因为它首先需要克服位于“邻近可能性”范围中的与超硬大猩猩玻璃 ® 相关的重大挑战（辅助问题）。在“现有可能性”“邻近可能性”和“下一个邻近可能性”中的“问题 – 发现”和“答案 – 发现”之间的相互作用，确实是一种错综复杂而又美妙的舞蹈。

第三章

知识进化的间断平衡：意外与巩固

在前两章中，我们阐述了有关“技术－科学”知识及其进化的两个特征事实。第一个特征事实是关于科学与技术这两种同等重要但性质不同的知识，它们通过本书称之为“技术－科学方法”的几种机制进化发展；第二个特征事实是关于嵌套在知识无缝网络中的问题与答案，它们通过“问题－发现”和“答案－发现”机制进化发展。在本章中，我们将阐述第三个特征事实，它同时贯穿了前面两个特征事实，无论是从上述的“技术－科学方法”的角度还是从“问题－发现”与“答案－发现”的角度来看，“技术－科学”知识的进化的节律并不是恒定的，而是极其多变的。

这第三个特征事实的观点是“技术－科学”知识是以“间断平衡”进化模式发展的，在“间断平衡”进化模式中，相对平缓连续的进化平衡周期，会被不连续的突变性进步（间断事件）所“间断”（打断）。这里，我们从进化生物学中借用了“间断平衡”这一专业术语（Gould & Eldredge, 1993），在生物学中是指生物族群在对其所处的特定生态环境的平缓连续的适应过程，偶尔会被不连续的突变性物种分化事件（间断事件）所间断。这通常是由于一个生物亚种从其原属的大种群中独立分离出来并被推入一个全新的生态环境中时发生的生物现象。进化生物学中一个典型的间断事件例子是恐龙的一个亚种突变性地进化出飞行的能力，最终导致了现代鸟类的诞生。这也是我们在第一章中引入“适应扩展”一词时所引用的例子。将“间断平衡”概念应用到知识进化中，如图 3-1 所示，我们把其中缓变渐进的连续进化平衡时期称为对传统智慧知识的强化与“巩固”，而把其中的不连续的突变性“间断事件”称为“意外”——对传统智慧的出人意料的挑战（甚至颠覆）。这也对应了我们在第一章中讨论的两种学习模式，即人类文化在决定追求何种 S 和 T 时所选择的两种学习方式：通过“巩固”学习，或者通过“意外”学习。

“意外”与“巩固”是相辅相成的，而且它们对知识的进步同等重要。但正如引言中讨论的，人们普遍存在一种错误的偏见，认为研究的目的只是为了强化和“巩固”传统智慧，而不是寻求对传统智慧的“意外”和颠覆。本章中我们将纠正这一偏见。我们将阐述，“意外”与“巩固”在推动知识进步过程中发挥着虽不相同但同等重要的关键作用：“意外”是如何与我们称之为“社会－文化技术－科学范式”的创建相关联，“巩固”是如何与“社会－文化技术－科学范式”的延申相关联；以及它们如何在一个强大的循环中相互作用，相互孵化催生彼此。

在本章中，首先，我们介绍和阐述范式在“间断平衡”进化过程中所起的“介导”作用。范式指的是为促成知识进化所用到的那些知识的组合；换句话说，范式是有关如何使用知识模块来实现知识模块的动态改变与进步的元知识。对传统智慧的突变性“意外”颠覆意味着一种新的范式的创建，而对传统智慧的平缓连续的“巩固”和加强则代表着现有范式的延申。其次，我们将讨论“意外”与“巩固”之间的相互作用，即新范式创建和旧范式延申之间的相互作用。一个新范式的创建，也会为该范式的后续延申和巩固打开一个发展的“开放空间”——在其中范式会强化其所依赖的知识，同时也会被相关知识所强化。而范式的延申发展反过来也为未来新范式的诞生播下种子。最后，我们将以人工照明技术的发展历史为例，探讨“意外”与“巩固”之间的循环往复关系，以及范式创建与范式延申之间的循环往复关系。

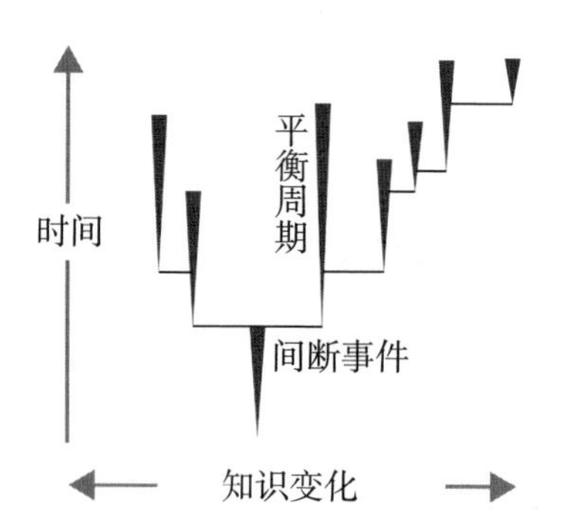

图 3-1 知识进化过程中的“间断平衡”进化模式

资料来源：改编自“The model of punctuated equilibrium contrasted against the phyleticgradualism model of speciation”，Miguel Chavez/ 维基百科共享 / CC BY−SA 4.0

第一节 范式作为意外和巩固的介导

首先，前面说范式是为促成知识进化所“投入使用的”（所用到的）那些“技术－科学”知识的组合，这是什么意思？与第一章中讨论的情况类似，这里我们需要区分以下两个不同的概念：“技术－科学”知识的静态知识库（称为 S 和 T），以及用这些知识库去推动“技术－科学”知识的动态进化（称为 $\dot{S}$ 和 $\dot{T}$）。作为静态知识库，科学和技术知识是两种性质不同、相互独立的知识；每种知识各自组成其“问－答对”的无缝网络。而作为动态知识库，其科学和技术知识则不是相互独立的。实际上，两者深度相互依存。例如，光速恒定性这一科学知识本身与技术无关，但这一科学知识的发现和确立过程却依赖于第二章中提及的迈克尔逊－莫利实验中的精密复杂技术。在 iPhone 中使用的超硬大猩猩玻璃®这一技术形式与科学无关，但该技术的开发过程却依赖于离子交换致使表面硬化这一深奥的科学知识。

因此不论是S还是T的“实践过程”都依赖于分布在科学和技术各层面的知识。此外，还依赖于其所处的文化，因为文化提供了选择追求何种S和T的选择压力，如第一章所讨论的。所以，S和T的“实践过程”依赖于分布在科学、技术、文化各层面的知识。任何一个特定组合的S和T的实践过程都依赖于科学、技术、文化三者的特定混合或整体组合。在本书中，我们将这些特定的组合称为“范式”。当新的问题和答案被确认为值得去发现之时，当做出应该利用哪些S和T的选择之时，以及当艰辛的S和T实践过程完成之时，那些在上述过程中起作用的“社会－文化”知识和“技术－科学”知识的整体组合就是范式。换言之，范式是“社会－文化”和“技术－科学”共同构造的特定组合体，它将一个“技术－科学”家群体团结在一起，促成大家在如何推动“技术－科学”知识进化这一问题上达成共识。

那么，范式是如何推动“技术－科学”知识向前进化发展的呢？是通过介导第一章中讨论的科学与技术协同进化机制和第二章讨论的问题与答案协同进化机制来推动的。这可分为基础与高级两个层面。在其基础层面，范式起到介导用哪些特定的“技术－科学”知识模块来推动知识进步的作用。望远镜是推动某一特定知识领域进步的首选仪器吗？怎样改进望远镜才能最有效地推动这一特定知识领域？运用哪些科学理论和工程技术来实现这些改进？而在其高级层面，范式介导了在任何一个特定时刻应该采用“技术－科学方法”中的哪种机制。是寻找新的功能有更多的机会，还是寻找实现特定功能的新形式有更多的机会，抑或是将现有的技术形式“适应扩展”为新的功能有更多的机会？是发现新的科学事实有更多的机会，还是为现有事实找到新的科学解释有更多的机会，抑或是将现有的科学解释概括泛化到更多其他事实有更多的机会？

在图 3–2 所示的例子中，1610 年伽利略发现木星有卫星，这一科学新发现孕育了一个新范式，可以概括为“使用人类设计的仪器可以对天空进行富有成果的探索”。为便于理解，我们可以简化地表述，该范式利用并连接了分别位于科学、技术或文化知识网络中的三个知识模块：起源于荷兰的光学望远镜这一新技术，伽利略发现木星有卫星这一新科学事实，以及人类可以探索天空这一新文化价值观。在此之前的旧范例中，鉴于亚里士多德宣称“天体是完美且不可改变的球体”，将望远镜对准天空是毫无意义的。而新范式打开了许多新机会——探索天空中其他物体，定制和改进专门用于天文探索的望远镜等。

这个例子也生动地说明了范式在知识进化的“间断平衡”进化过程中起的作用。一个新范式的创建就是一个“间断事件”——它意外地、突变性地颠覆了原来的传统智慧。在前后两个“间断事件”之间的知识进化过程是一段相对平缓连续的进化平衡周期——前一个“间断事件”（即新范式创建）之后随之展开的该新范式的相对平缓连续的延申和巩固时期，期间该新范式转变成为新的传统智慧，直到这个进化平衡周期被后一个新的“间断事件”（下一个新范式）间断，然后又开始一段新的进化平衡周期，如图 3–1 所示。因此“间断事件”就像是“意外”，一个令人意外的惊叹号，将前后两段相对平缓连续的进化平衡周期分割开来。在每个“间断事件”或“意外”发生之后的进化平衡周期，就是“社会－文化技术－科学”界逐渐习惯于这个“意外”，并不断地“巩固”它，使之成为新的传统智慧的过程。

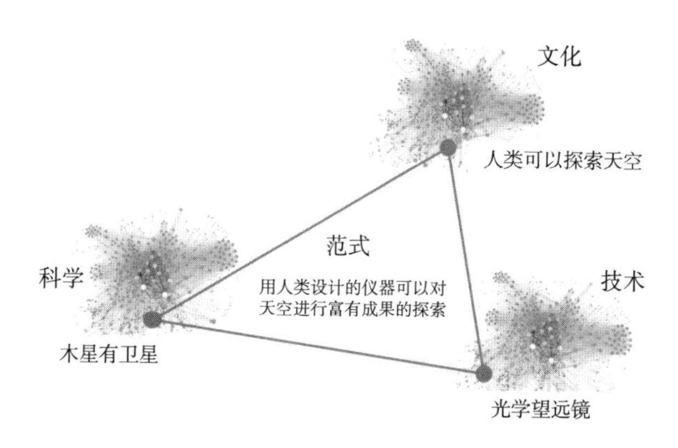

图 3-2　伽利略发现木星有卫星孕育了一个“社会－文化技术－科学”范式

资料来源：Network graphics Martin Grandjean/ 维基百科共享 / CC BY-SA 3.0

一、范式作为样板

那么，范式是如何介导知识的逐渐强化和巩固的？这有几种方法，其中一种行之有效的办法就是提供一个曾经解决过特别棘手难题的例子，并以此作为怎样解决类似问题的样板。通常，通过观察和深入理解发现新问题或新答案的范例，人们能够概括泛化出如何发现类似的问题或答案。从成果突出的范例着手，过去的实践经验是非常有效的教材。

从这一层面思考范式，也凸显了科学与技术的静态结构（S和T）与动态进化（$\dot{S}$ 和 $\dot{T}$）之间的另一个的差异。

正如我们已经看到的，科学与技术的静态结构在很大程度上是正式的，并被规范地编写到知识模块中。当科学解释被规范地写成 $E=mc^2$ 或 $F=ma$ 这样的数学方程式时，它们是优美简明的。当技术形式实体化为具体工件时，或者实体化为制造和使用这些工件的工艺流程时，他们也同样被规范地编写了。阐明 S 的静态结构是教科书的职责：狭义相对论如何解释能量和质量的等效性？产生并实现功能是实体化的技术形式的职责：望远镜实现了放大远处物体的功能。

相比之下，科学与技术的动态进化就没有那么正式和规范化了。懂得如何使用 S 和 T 的静态结构以巧妙地执行 $\dot{S}$ 和 $\dot{T}$，这需要一些隐性知识，多数情况下这些隐性知识“只可意会不可言传”，通常只能通过范例来学习。正如托马斯·库恩所言（Kuhn, 1974: 9）：

> 物理系学生常常汇报说，虽然他们已经通读了课本的章节并

完全理解了，但在解答章节后面的问题时仍遇到困难。几乎不可避免地，当要将课本中的语句和例子与他们要解决的特定问题联系起来时，他们很难建立起正确的解题方程式。但当学生发现解决这个问题的方式与他曾经经历过的另一个问题很相似时，这些困难往往也就能以同样的方式得到解决。一旦看到过相似问题，就能触类旁通，剩下的挑战就只是操作层面了。

换句话说，“识别”范式不是个简单任务。这类似于目前机器学习 / 深度学习所面临的提取神经网络分类算法的挑战，经过训练后，它们是如何分类的，之后又是如何概括泛化为新的分类的，这些都不容易“识别”。“识别”一个范式并真正理解它，类似于布莱恩·阿瑟讨论的“精深工艺”（Arthur, 2009: 159）：

真正的先进技术——前沿尖端技术——不是从知识中产生，而是从我称之为“精深工艺”中产生的。精深工艺不只是知识，它是一整套认知组合。知道哪些可以奏效、哪些是行不通的，知道应该使用什么方法、什么原理可能成功、在给定的技术中应该使用什么参数值，知道在走廊上找谁交谈可以让事情运转起来、如何修复出错的地方、哪些方面不必去理睬、应该采用什么理论等。在这一整套认知组合中，科学和单纯的知识只是其中一个组成部分。

因此，范式提供了学习的范例，一旦被识别，范式本身就成为一类非常强大的知识——一类将如何进行S和T的“实践”转化为行为模式的知识（多数情况下是隐性的知识）：如何发现新的类似的问题和答案，如何将一个难题的解决方案映射到另一个难题的解决方法等。由于范式的这种隐性特质，相比于范式所使用和关联的知识模块，范式本身更不容易被清晰地定义和衡量。并非一切重要事物都是可以定义、可以度量的。即使从我们这些习惯于规范编纂大量知识和数学表达方式的物理学家和工程师的角度来看，我们也认识到人类知识的社会－文化层面和隐性层面的重要性。

二、范式作为脚手架

从另一个角度思考，范式是一种元知识，即关于知识的知识。它使用了现有知识模块的静态“技术－科学”网络，同时又超越了它们。它是关于如何使用知识模块来实现人类知识的动态进化的元知识。我们可以做个比喻：如果把知识模块比喻成名词——“技术－科学”知识的特定模块，分为具体的或抽象的两大类，那么范式就像是造句——使用知识模块来创建或延申知识模块。

我们也可以将知识模块和用于创建或延申它们的范式分别看作是建筑物和用于建造它的脚手架。脚手架是用来建造建筑物的，而建筑物一旦建成，脚手架就可以被扔掉，建筑物的使用也不会受到影响。同样地，范式一旦被创造出来，就可以用它来创建知识模块，而新的知识模块一旦创建完成之后，即使范式“休眠”了，知识模块不用改动就能被使用。以科学知识为例，木星有卫星这一科学事实是由一种范式创造出来的，包括光学望远镜的使用等，这是技术知识网络中的一个模块。但是，一旦这个科学事实被创建，它就不再需要望远镜来支持它了——木星有卫星这一事实本身已独立存在于科学知识网络中。同样地，在技术知识领域，大猩猩玻璃®和 iPhone 最终采用的 Chemcor 超硬玻璃是技术知识网络中的一个模块。创建 Chemcor 超硬玻璃时需要用到对尺寸失配离子的表面应力硬化这一知识的科学理解。但是一旦 Chemcor 超硬玻璃被生产出来，它就可以在 iPhone 上直接使用了——不再需要知道它为何有效的科学理解。

当然，如果不满足于现有的知识，而是想继续创造或扩展知识——想探索知识而不仅仅是利用知识——那么就需要重新搭建脚手架。如果出于怀疑而欲重新证明木星上有卫星这一事实，或者将这一事实扩展到其他类似的事实（其他行星也有卫星），就需要重新激活包括光学望远镜使用在内的范式。如果想要将大猩猩玻璃®的硬度提高到更高的水平，就需要重新激活包括对表面应力硬化的科学理解的范式。正因如此，范式通常不会休眠。知识模块就像生命体，总是在进化和成长，而范式就是进化和成长的载体。此外，因为范式利用了这些在不断进化和增长的知识模块，所以范式本身也在不断进化和增长。也就是说，范式与其知识模块是协同进化的，因此范式扮演着双重角色：既是创建新知识的脚手架（贡献者），也是新知识创建的受益者。

如果一个范式已经休眠，重新唤醒它可能会很困难。重新唤醒一种范式远比阅读教科书复杂。教科书只展示了知识模块存在的模样——被精雕细琢地编写成逻辑严谨、结构连贯一致的优雅简洁的最终结果，而不会展示从开始创建知识模块时就需要经历的那些艰难曲折的实践过程。重新唤醒一个范式涉及重新唤醒那些与艰难曲折实践过程相关的元知识，这些过程可以洞察如何扩展或创建一个知识模块，或者为何一个知识模块不能被扩展或创建。了解某物本身和了解它是如何被创建出来的是完全不同的两件事。

三、意外与巩固作为对相信或怀疑的否定与证实

上文所说的“意外地、突变性地颠覆传统智慧”，以及“相对平缓连续的传统智慧延申和巩固”究竟是什么意思？我们的意思是，传统智慧，包括对一些事物的相信和对一些事物的怀疑，这些相信和怀疑要么会被否定，要么会被证实。为了阐述这一点，想象一下我们发现了一个潜在的新科学事实或解释，或一个潜在的新技术功能或形式。之所以说“潜在”，是因为它们还没有在现实世界中经过严格缜密的测试。存在这样的可能性：这个新科学事实也许是一次错误测量的结果，科学解释也许是一次错误计算得出的结论。技术功能可能是对人类需求的一次错误猜测，技术形式可能还只是一个尚未被做成实物和未被验证的设计。

无论是什么样的潜在新知识，想象一下我们对它进行两次评估。第一次是当它还只是潜在知识未受到现实世界严格缜密的测试

之前的“先验”评估。我们根据传统智慧来评估该潜在知识是否有可能具有“效用”。这里“效用”一词我们采用第一章中介绍的广义定义，即潜在知识是“奏效的”并对人类需求有所影响。第二次评估是当该新知识已不再是潜在知识，而是已成为真实知识后的“后验”评估——经过现实世界严格缜密的测试之后，评估该知识在现实世界中是否有实际效用。

我们用 u_{prior} 代表上述对效用的先验评估——基于先前传统智慧对潜在新知识的效用进行最佳推测。用 u_{post} 代表在经过现实世界严格缜密的测试之后对效用的后验评估。如果 u_{prior} 和 u_{post} 相同，那么先前的传统智慧是正确的，不需要更新。传统智慧得到了巩固，新知识所基于的范式得到了延申和加强。但是如果 u_{prior} 和 u_{post} 不同，那么之前的传统智慧就是错误的，需要更新。此时传统智慧就被“意外”地颠覆了，现有的范式必须被修正，在极端的情况下会被另一种新的范式所颠覆和取代。

为了具象化和简化，考虑到先验推测效用（u_{prior}）和后验实际效用（u_{post}）都有可能是高的（有用）或低的（没用），这样就有四种不同的排列组合可能（如图 3–3 中的四个象限所示）。

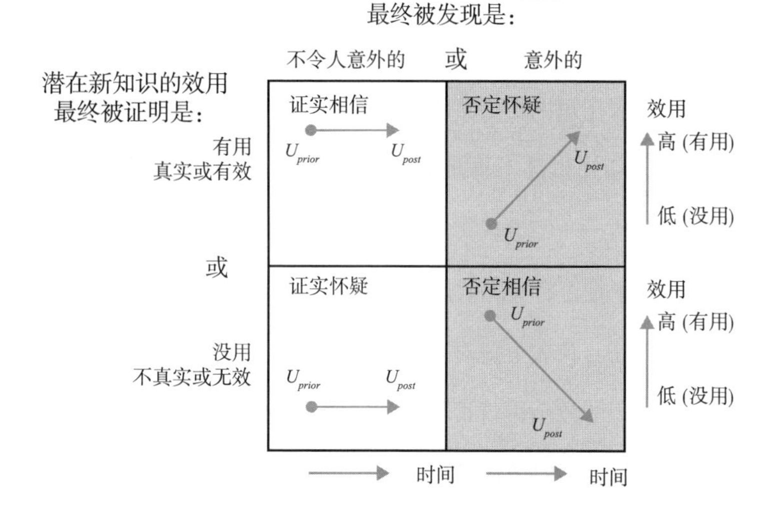

图 3-3　潜在新知识的效用和该效用是否令人意外的四种可能的组合

（1）证实怀疑（图 3-3 左下象限）。传统智慧怀疑一个潜在新知识，不相信它会有用；经过进一步实践后证实它确实没用。例如，对于核聚变可以在室温下发生（所谓的“冷聚变”）这一初步观察结果，传统智慧并不相信，最终该论断被发现确实是不正确的（Close, 2014）。传统智慧对新知识最初的怀疑得到了证实，因此与该传统智慧相关的范式得到了巩固和加强。那些发现并相信这些初步观察结果的科学家进行了一次有风险的颠覆传统智慧进而创造一个新范式的尝试，但最终失败了。

（2）证实相信。传统智慧相信一个潜在新知识将会是有用的，并且经过进一步实践后证实它确实有用。这也是对传统智慧的巩固，以及对与该传统智慧相关的范式的巩固和加强。从某种意义上说，这是相对容易获得的成果——因为与传统智慧一致，因而从一开始推测它有用的可能性就很高，而且最终的实际效用也被证实确实有用。当然，这并不意味着该新知识是很容易获得的——它的获得可能经常涉及困难重重的难题和操作，以及对传统智慧和当前范式的深入的来之不易的巩固。一台新的量子计算机可能与量子力学的传统智慧完全一致，但这并不意味着它容易理解和建造。

（3）否定相信。传统智慧“相信”一个潜在新知识将会是有用的，但经过进一步实践后发现它其实没用。例如埃伦费斯特（Ehrenfest）或瑞利–金斯（Rayleigh-Jeans）的“紫外灾难”预测：一个理想的黑体处于热平衡状态时，随着频率的提高应该会辐射出更多的能量。基于19世纪末和20世纪初的已知经典物理学，这个预测是完全合理可信的。然而，这个预测无法通过能量守恒的严谨检验。因此，它未能“奏效”而被“否定”了。该预测中存在的疑问直到后来普朗克通过量子化才得以解决，这最终促成了量子力学这一全新范式的发展。这是一个意外——当前范式的一次失败的应用，显示出它的局限性。但对于有准备的人，它也可以促成一个新范式的诞生，从而创建出不同于先前传统智慧的新智慧。

（4）否定怀疑。传统智慧“怀疑”一个潜在新知识，不相信它是有用的，但经过进一步实践后发现它其实是有用的。这也是一种意外，并且，由于新知识的效用，这很可能直接导致一个新范式的诞生和一个旧范式的解体。这也是一种经典的创新模式，与传统智慧背道而驰的革命性思想最终被证明是有用的（Simonton, 2018）。比空气重的飞行器、自然选择进化、量子力学的远程作用、波粒二象性、大陆漂移理论、用高缺陷半导体制造的高效蓝光 LED——所有这些想法最初都被“怀疑”，但后来被证明是正确和有用的，并因此改变了我们的思考和行为方式。

以上两种“证实”的结果就是“巩固”的结果——巩固和延申当前的范式和传统智慧。以上两种“否定”的结果就是“意外”的结果——使当前范式意外，并颠覆传统智慧，因此以前被认为是正确的传统智慧必须删除或遗忘——这让人想起下面这句普遍被看作是马克·吐温说的话：

让我们陷入麻烦的不是未知事物，而是我们确信的事物却并非如我们所想。

在图 3–3 中，这两种“意外”结果被标记为灰色，因为我们将把它们与第四章中所阐述的研究“元目标”——寻求意外——联系起来。“意外”与图中的“否定”同义——否定相信或者否定怀疑（即潜在新知识是否有效用）。这里我们需要特别注意否定怀疑的结果，它是意外和效用“有用”的组合。这种结果也可以称为“有用的学习”或“看起来不可信的效用”，因为最终被证明是“有用”的效用最初在传统智慧看来是不可信的（Tsao 等，2019）。这种结果也经常与经典的创新模式联系在一起：效用高但不意外是不够的，因为与传统智慧一致的效用并不会像意外的效用那样开启新的可能性；但没有效用的意外也是不够的，因为无用事物的意外并不一定能够揭示出什么是有效用的。尽管如此，所有的意外都代表着重要的学习。当新知识令人意外时，它预示着新的探索领域和新的做事和思考方式的到来。

四、贯穿“技术 – 科学方法”的意外和巩固

重要的一点是，“技术–科学方法”中的任何一种机制（从“事实 – 发现”机制到适应扩展机制）都无法独占范式的创建或延申。意外和巩固发生于科学和工程方法的每一种机制中。

（1）科学方法中的意外：在“事实 – 发现”机制中，出乎意料甚至难以置信的新事实引发了重大的科学进步。想想木星卫星、原子质量集中在一个微小的原子核中、超导、分数量子霍尔效应、暗物质和暗能量等科学发现。在“解释 – 发现”机制中，出乎意料甚至难以置信的新理论扫除了陈旧的思维方式，比如牛顿定律、狭义和广义相对论、超导金属中的库珀配对以及量子力学的发现。最后，在概括泛化机制中，出乎意料甚至难以置信的概括泛化打开了新机遇，例如通过概括泛化将狭义相对论推广到放射性衰变的能量释放，将原子的量子力学推广到分子和固体，将蒸汽机的热力学推广到所有的能量转换过程。

（2）工程方法中的意外：在“功能 – 发现”机制中，那些出乎意料甚至难以置信的新的人类需求功能造就了重大的工程进展：比如人类对计算功能的巨大需求已远远超过了当初 IBM 创始人沃森

关于“全世界大概只需要五台计算机”的预估。在“形式－发现”机制中，出乎意料甚至难以置信的新形式全面取代了旧形式，比如晶体管取代真空管，汽车取代马车，飞机取代客船。在适应扩展机制中，出乎意料的新用途开启了新机遇，比如通过适应扩展将微波雷达应用于烹饪，将核磁共振技术应用于医学成像，将激光技术应用于光纤通信。

（3）科学方法中的巩固：在“事实－发现”机制中，巩固发生在当新发现的事实是之前事实的类比和延申时，比如在发现木星有卫星这一事实之后，其他行星的卫星也相继被发现。在“解释－发现”机制中，巩固发生在将牛顿定律的计算准确性延申到用于解释木星卫星轨道时达到了前所未有的高精度。在概括泛化机制中，巩固发生在计算出“whifnium”和“whafnium”元素的电子能带结构之后，再计算同类型元素“whoofnium”的电子能带结构（Goudsmit, 1972）。

（4）工程方法中的巩固：在“功能－发现”机制中，巩固发生在发现之前的功能可以延申到其他新功能时，例如需要 2 万亿次浮点运算而不仅是 1 万亿次浮点运算。在“形式－发现”机制中，巩固发生在当摩尔定律关于集成电路的晶体管密度持续不断地提高时——所有这些提高都需要对底层材料、器件、电路设计和制造工艺进行成千上万次的重新调整。在适应扩展机制中，巩固发生在当将现有形式扩展应用到与其原有功能相似或进一步延申的新功能。

有趣的是，也许是因为它们产生的后果非常不同，当意外和巩固在知识网络中处于俯视或仰视位置时，人们使用了很多不同的命名法来称呼它们。俯视时（即“答案 – 发现”机制），新范式的创建有时被描述为“激进性”变化，而范式的延申有时被称为“渐进性”变化。仰视时（即“问题 – 发现”机制），新范式创造有时被称为“颠覆性”变化，而范式的延申有时被描述为“维持性”变化（Christensen & Raynor, 2013; Funk, 2013）。

所有组合都是可能的。在图 3–4 左下角的方框中，维持性变化（仰视改进的现有问题）可以与渐进性变化（俯视改进的现有答案）相结合，这意味着同时仰视和俯视的范式延申。在左上角方框中，颠覆性变化（仰视全新问题）可以与渐进性变化（俯视改进的现有答案）相结合，这意味着仰视的新范式创建和俯视的范式延申。在右下方框中，维持性变化（仰视改进的现有问题）可以与激进性变化（俯视全新答案）相结合，这意味着仰视的范式延申和俯视的新范式创建。最后，在右上角方框中，颠覆性变化（仰视并发现全新问题）可以与激进性变化（俯视并发现全新答案）相结合，这意味着同时仰视和俯视的新范式创建。

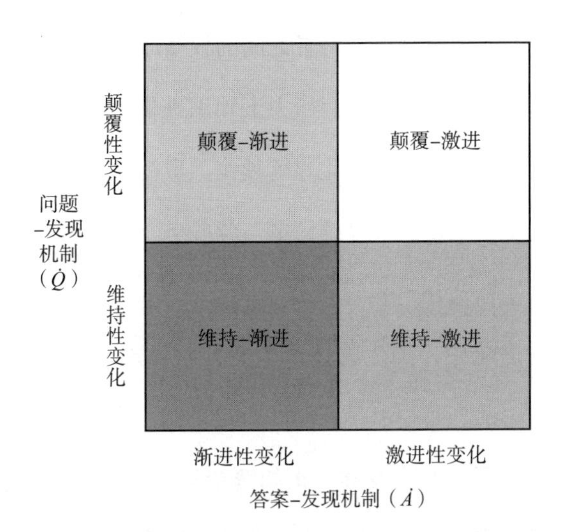

图 3-4　知识无缝网络中的四种知识进化组合及其术语，根据进化是范式创建还是延申，是仰视（“问题 - 发现”机制）还是俯视（“答案 - 发现”机制）

五、意外和巩固作为探索与利用

为什么意外与巩固在知识进化过程中都很重要？因为在我们创造新知识和利用现有知识与周围世界进行互动时，探索和利用都很重要。意外强调探索——新范式的创建，巩固强调利用——现有范式的运用与延申。虽然二者同样重要，但是如何权衡两者之间的关系——探索和利用之间的权衡，意外与巩固之间的权衡——没有一成不变的规律。大致来说，两者之间的权衡取决于知识进化体系所处的世界是什么样的，在生存压力下知识进化速度需要多快。知识体系所处的世界越复杂，进化速度越快，重视并投资探索的理由就越充分；相反，所处的世界越简单、越静态，重视利用并规避探索代价的理由就越充分。

在生物进化中，当生物体产生变异时，这些变异在它们所处的世界中被测试。那些幸存者得以不断繁衍，它们在继承原有变异的同时又加入了一些新变异。正如费希尔（Fisher）的自然选择基本定理所正式描述的，在每一个进化代中生物有机体的属性变异越大，这类生物有机体种群的进化速度就越快，其适应性就一代比一代强。然而变异的代价是很高的，有机体的大多数变异因适应性差还来不及繁衍就死亡了，因此变异的程度本身是一种可优化和可进化的特性。所处的世界越复杂、变化越快，承担变异代价的理由就越充分；所处的世界越简单越停滞，承担变异代价的理由就越少。因此，最佳的进化速率，或称为“进化率”（Pigliucci, 2008），取决于生物种群所处的世界是什么样的。

相类比，在知识进化过程中潜在范式也会不断产生，这些范式变异通过在现实世界中得到实践的方式接受检验。这里，范式变异的大小是该范式与传统智慧的差异程度，或冲突程度，也是我们预期意外出现的程度。因此范式进化过程既有可能偏向于期待意外的出现，也有可能偏向于期待巩固的出现。然而，偏向于意外出现的代价是非常高的，因为大多数与传统智慧相左的潜在范式最后被证明都是错误的，效用很低的。因此最合适的变异程度取决于所处的世界是什么样的。在一种极端情况下，如果所处的世界错综复杂或者瞬息万变，最合适的变异程度可能更倾向于期待意外出现。事实上，在这种极端情况下，因为创新性和发现意外的潜力，探索新范式可能确实是最优选择（Stanley & Lehman, 2015）。而在另外一种相反的极端情况下，如果世界很简单或者变化缓慢，那么最合适的变异更倾向于期待巩固出现。何不好好利用传统智慧，何必去冒险颠覆它呢？

所以，在范式的创建与延申之间存在着一个权衡点，但两者之间的确切平衡因情而异。人类社会和机构可能会采纳在其长期进化历程中已适应的世界的权衡状态。一个经过工程改进或者增强的人类认知体可能会采纳更适合当下真实世界的权衡状态，而对于一个纯人工智能认知体，我们把它放到什么样的特殊环境中，它就会采纳什么样的与该特殊环境契合的权衡。最重要的一点是，具备充分自我认知的人类社会会采纳对其自身环境最合适的权衡状态，进而会将此权衡状态落实到公共政策中，以决定在范式创建与延申之间的相对投资力度，也就是在研究和开发之间的相对投资力度——这点我们将在第四章具体论述。

第二节　意外与巩固的相互孵化

意外和巩固不仅是知识进化中“间断平衡”进化模式的自然节奏的一部分，它们也是一个自然和整体的反馈循环中的一部分，在其中意外与巩固相互孵化催生彼此。当一种新范式创建时，它自然而然地会为这一范式开拓出后续进一步延申与巩固的“开放空间”，在其中范式会进一步强化其所构建的知识模块，而后者也会反过来进一步强化范式本身。范式的后续延申，又为下一个更新范式的诞生播下种子。随着一个范式对知识模块的不断强化，知识模块不断得到改善。

这些改善单独来看可能都非常小，但它们累积起来，量变引发质变，最终跨越性能阈值从而导致全新问题的提出和回答；并在知识网络中某一处促成更新范式的诞生。而当一个范式的性能趋于饱和时，甚至有些情形下走到一个死胡同时，会产生一种压力促使新的范式来取代它，或让新的子范式来取代它所依赖的现有子范式。

一、意外孵化巩固

意外和范式创建是一种奇点事件，它为该范式的后续巩固和进一步发展创造了一个开放空间和发展机会，是与旧范式不同方向上的发展。之所以会有这一开放空间，是因为新范式的创建过程始终会伴随着另一个与之同步发生的破坏过程，以摆脱旧思维方式的羁绊与局限。这两个同步发生的过程，与约瑟夫·熊彼特所述的“创造性破坏”非常相似（Schumpeter, 1942: 83）：

无论是开拓国外新市场还是国内新市场，无论是手工作坊、工厂还是像美国钢铁公司这样的大公司的组织成长，都体现出一个相同的产业“突变过程”（借用生物学术语）：经济结构从内部不断革新、旧经济结构不断被破坏、新经济结构不断产生。这种“创造性破坏”是资本主义的核心事实；它是资本主义的一个组成部分，也是每一个资本家必须关心的。

创造性破坏扫除了旧的思维和行为方式，以新的方式取而代之，不仅具有更强大的力量，而且具有不同的发展潜力。狭义相对论及其阐述的“时间随速度变慢”理论，取代了“所有物体无论速度如何，其时间永恒不变”的旧理论，这对时间的超精确测量产生了天壤之别的影响。电话取代了电报，同时增加了语音通信功能。iPhone 有潜力全面取代固定电话，同时还增加了固定电话不具备的新的计算和互联网功能。

在某种意义上，范式的创造性破坏类似于格式塔（Gestalt）事件。新范式的出现会使得旧范式变得不可见。这就像图 3-5 所示的老妇人 / 年轻女人的格式塔图像，你要么看到一个老妇人，要么看到一个年轻女人，但你无法同时看到两者。你不可能同时用牛顿和托勒密这两个范式去解释质量及运动。从一种解释切换到另一种解释需要时间和精力。一旦汽车被视为理所当然的交通方式，人们想要出行时就不会再想到马车——马车在交通领域中已变得不可见。

事实上，一个范式变革对人类知识做出的新贡献大小可被看作是它破坏并使旧范式变得隐形的程度大小。

图 3-5　老妇人 / 年轻女人的格式塔图像，你要么看到一个老妇人，要么看到一个年轻女人，但不可能同时看到两者。

图片来源：W. E. Hill，“我的妻子和我的岳母”/ 维基共享。

在这个意义上，新范式与旧范式是不相容的，因此新范式的创建为该范式的后续延申打开了全新的开放空间。新物种分化事件促成了它在生物进化中的适应性，开拓了由新物种占据并适应的新的环境空间。与新物种分化一样，新范式的诞生，是一个不连续的“间断事件”。在这个事件中，一个亚群（在这里是一个知识模块）从它的大群体中分离出来，并被推入一个新环境中。而范式的后续延申则类似于亚群在层级结构中逐渐适应新环境的后续进化路径。正如罗恩·阿德纳（Ron Adner）和丹尼尔·莱文塔尔（Daniel Levinthal）所阐述的（Adner & Levinthal, 2002: 50–66）：

因此，一项技术在特定的应用领域内会经历一个进化发展的过程。在某些时刻，这项技术，或许可能是一组技术，会被应用到一个新的应用领域。这一事件所需的技术变革并不大。就像生物物种分化不是一场基因突变（生物体的DNA没有突然变化）一样，技术分化通常也不是一次突变的技术变革形成的结果。变革是在应用领域的转变上。新应用领域中的独特选择标准和可用的新资源，可以催生出与其技术血统很不同的新技术。从生物物种分化的角度来框定技术进化，可以帮助我们区分技术本身发展和技术市场应用发展的不同之处。

最终，新范式创造了新的知识模块，后者会使旧范式创建的旧知识模块变得不再相关。创造性破坏不仅适用于范式的元知识，而且适用于知识本身。新知识模块能够取代旧知识模块，并降低后者的相关性（有时甚至使其完全不相关）。新知识模块可以是科学的：以日心说代替地心说解释天体物理观测结果。新知识模块也可以是技术的：晶体管的诞生使得真空管在电子开关应用领域不再相关。新范式是创建这些新知识模块的范本元知识，因此新的元知识和新的知识同时被创建，旧的元知识和旧的知识同时被销毁。

二、巩固孵化意外

间断事件发生之后，也就是意外和新范式创建之后，该范式的“平衡周期”随之展开，期间该范式得到不断的巩固和延申。受到该范式作用的知识模块通常会得到加强和改进，并在某些情况下最终达到其加强和改进的最大限度。由于知识模块在第二章所讨论的整个知识无缝网络中是相互交织的，因此一个知识模块的改进或不改进都会对整个知识网络产生涟漪效应。有时，这些涟漪效应是小而持续的，但偶尔也会促成意外和新范式的诞生。这些意外在知识层级结构中可能会以“仰视”“俯视”或“平视”的方式出现。

（一）仰视

在知识网络中仰视，意外的产生常常源自改进的单纯积累。这种积累往往是“几何”级的，而不仅仅是“算术”级的（Farmer & Lafond, 2016）。正如 Jeff Funk 所阐述的（Funk, 2013: 41）：

几何尺度效应是技术范式中技术发展轨迹的一种类型，有些技术比其他技术更能从中受益。那些在很大范围内——或者是几何尺度增加，或者是几何尺度缩小——都受益的技术，通常比那些只在较小范围内受益或者完全不受益的技术具备更大的潜力去改进其成本和性能。这里分两种情况。受益于几何尺度增加的那些技术，其之所以会受益，是因为与其产出成正比关系的物体维度数（如长度的立方，或体积）比与其成本成正比关系的物体维度数（如长度的平方，或面积）多出一个维度，从而导致随着几何尺度的增加，产出的增长速度超过成本的增长速度。而受益于几何尺度缩小的那些技术，其之所以会受益，是因为几何尺度的缩小既能提高其产品性能，又能降低成本，因此其收益尤其显著可观。例如，在一定区域面积内放进更多晶体管或磁存储或光存储器件，既可以提高最终产品的速度和功能，又可以降低其功耗和尺寸。这些通常被认为是大多数电子产品的性能改进，另外这也会导致材料、设备和运输成本的降低。性能提高和成本降低相叠加，使得很多电子产品模块的性价比随着产品尺寸的缩小而指数级地提高。

即使改进的积累速度很慢，向上的涟漪效应仍可能是深远的。即使最初的改进因缓慢而不易察觉，经过长期的积累之后，“复合增长”的魔力也可以使科学解释或技术形式能够跨越它们性能的某个阈值，从而可以提出并回答全新的问题。自然界中充满了这样的阈值效应，即当超越某些性能阈值后会揭示出全新的现象或赋能全新的应用。例如，在科学领域，量子力学的出现和发展使我们能够用全新的方式来回答化学领域的一些问题；进化论的出现和发展使我们能够用全新的方式来回答生物学领域的一些问题。在使用技术进行观察并发现特征事实的过程中，当技术跨越阈值后开始在新的空间和时间尺度上揭示新的现象是很常见的。此时会发现，现有的科学是不充分的，从而激发了新的科学。在利用技术直接实现人类所需功能的过程中，当技术跨越阈值后使以前无法实现的一些功能突然之间得以实现也是很常见的。一部耗电量低到可以满足单日使用而不需要充电的 iPhone 对人们的生活方式来说是变革性的。一个人能横穿非洲稀树大草原，这对人类来说是变革性的。子午线轮胎最初是为专业市场开发的，在充分降低成本和增加寿命后，它进入了斜交轮胎市场，最终取代了斜交轮胎并成为市场主流（Adner & Levinthal, 2002）。深度学习在 21 世纪前十年代中期的技术进步主要不是算法的进步，而是由于与其底层技术相关的计算能力和可用数据的累积进步，但这些累积进步使深度学习在图像识别能力方面最终超越了类人性能的阈值。

所有这些例子都可以被看作是科学上的概括泛化和技术上的适应扩展：由于知识网络中的一个知识模块的逐步改进累积，突然之间它能够去回答位于知识网络中高一个层级的一个新问题。位于网络中较低层级的一个范式的延申，导致在网络的较高层级上创建了一个新范式：适应进化催生了适应扩展。

有趣的是，改进的累积以及实现预期改进的能力，往往被认为是理所当然的。当范式被延申并变得越来越强大时，它们会给人一种自信的印象，几乎是过度自信，认为所有问题总有一天会在该范式中得到解答。在力学中，牛顿定律就给人这种感觉；在电子学中，CMOS（互补金属氧化物半导体）集成电路无疑也给人这种感觉。这会导致一种错误的观念，认为答案的供应几乎是无限的，寻找什么答案主要取决于我们需要回答哪些问题。或错误地认为发明的供应是无限的，只要根据需求分配好相关资源即可（Schmookler,

1966）。但事实是，在任何时候，现有范式都会形成一个联动互锁的可能性极限边界。随着这些范式的枯竭，这个可能性极限边界会越来越限制能够满足的需求类型（Rosenberg, 1974）。换言之，范式的枯竭限制了技术满足预期需求的能力——为已知问题提供答案的能力。在这种情况下，无论是为产品成本提供需求补贴，还是为改进产品的开发工作提供供应补贴，都无法取得重大进展。不过，范式枯竭或范式枯竭的迹象出现时，都包含了新范式创建的种子和驱动力——在知识网络的同一层级和较低层级上。

（二）平视

在知识网络的同一层级上平视，一个新范式可能只是单纯地取代一个旧范式——以更强大的能力去解释类似的科学事实或实现类似的技术功能。在科学领域，随着科学范式的延申和预测能力的增强，与预测的偏差即使是微小的也会变得很明显。这些偏差是反常现象，我们必须为这些反常现象找到解释，有时通过现有范式持续不断的努力，但有时则是通过一个全新范式的创建来解释，就像经典力学被量子力学取代时一样。

在技术领域，随着技术范式的延申和枯竭，它们同样可以催生新的范式。布莱恩·阿瑟将这一自然循环解释为（Arthur, 2009: 141）：

一个新原理的产生、结构深化、锁死，适应性扩展……一个新原理出现了，开始发展，随后发展到极限，结构进一步精细化，最终其周边结构和专业熟悉度将该原理及其基础技术锁死。后来出现了新的目的和环境变化，必须扩展已被锁死的技术来适应，因此进一步精细化，最后经过高度精细化发展的这个原理已超出它的极限而不堪重负，最终让位于一个新的原理。新的基本原理更简约，但在适当的时候它也会进一步精细化发展。这个过程不断循环重复下去，在不断深化发展的精细化过程中，时不时地突然爆发出简约的原理。精细化和简约化交替出现，就像一种缓慢来回的舞蹈。随着时间的推移，精细化通常会占据优势。

（三）俯视

在知识网络中俯视，意外可能来自下面层级的子模块：当位于某一层级的知识模块的性能受到下面层级特定子模块的限制时，会产生巨大的压力去改进该子模块。

每当摩尔定律的集成电路芯片的微缩出现减缓倾向时，就会产生巨大的压力去改进最关键的子模块。与摩尔定律延续相关的许多新的工艺步骤都是新的子模块，对当时的传统智慧而言都是意外。尽管已经知道铜对硅半导体性能有不利影响，铜后来还是在金属镀层工艺中取代了铝。尽管化学机械抛光有令人担忧的污染问题，但它仍被用来实现晶圆的超光滑平整表面以利于后续的工艺步骤。同样，尽管高介电常数介质的制备工艺非常复杂，但它后来还是被用于减少金属－氧化物－半导体场效应晶体管（MOSFET）的栅极绝缘层厚度。由于这些意外和新的子模块的贡献，给人一种摩尔定律能够稳定地向前延申和“一切照旧”的表象，但事实上在摩尔定律之下的层级中子模块的进化情况远非寻常。

第三节　意外与巩固的循环：人工照明技术

意外孵化巩固，巩固孵化意外，因此意外和巩固是循环发生的。在这一节中，我们以人工照明技术发展为例，探讨技术领域的意外和巩固。选择人工照明技术的原因有三。

首先，任何形态的光对人类和人类社会都是十分重要的。来自太阳的自然光和它与环境交互后携带的视觉信息是人类功能的核心，这体现在很多层面：人眼器官已高度进化成一种精致的感光器官、人类大脑器官的很大一部分专门用于处理视觉信号、人类对视觉技术（比如眼镜）极度依赖等。人工照明技术产生的人工照明显著地扩展了人类的功能——包括在白天的封闭空间内和在夜晚，以至于如果把人工照明拿掉，黑暗的环境常常会引发完全迷失感，甚至恐慌感。事实上，对人工照明的庞大经济需求一直是人类历史上大规模采用各种燃料的主要驱动力（Weisbuch, 2018）。

其次，照明技术与照明用途之间的相互连接关系（即连接两者关系的接口协议）相对简单。尽管有许多复杂特性也会影响一项照明技术的需求程度（安全性、可靠性、清洁度、便利性、显色质量、可定向性等），但对于很多照明应用场景来说，按每兆流明小时耗电费用（$/Mlmh）计算的发光成本这一指标起到了决定性作用，（流明是人眼感知到的可见光量的衡量单位）。通过上述简化后，一个定义明确的接口协议可以把照明技术的内部工作从照明技术的无数用途中屏蔽隔离出来，这与第二章中描述的“沙漏”类型的接口协议很相似。如果一项新的照明技术能以更低的成本产生光，它就拥有很大的机会去取代旧技术，而不必去操心它会被用作什么样的用途；反过来，当一种新的照明用途出现时，它大概率会采用发光成本最低的那种照明技术，而不必去操心是什么样的照明技术。

最后，人工照明技术的发展是意外和巩固的一个典型案例，前后经历了多次范式更替：蜡烛、石油、天然气、电灯丝，以及最新的固态照明（solid-state lighting，SSL）。受益于这些范式的相继创建和延申，人工照明技术的发光成本从 1800 年的 ~15 000 $/Mlmh 下降到 2000 年的 ~2 $/Mlmh，下降了令人惊叹的 ~7 500 倍（如图 3–6）。同时，人类对人工照明发光的消耗量从 1800 年的每人 – 年 ~0.0027 Mlmh 增加到 2000 年的 ~140 Mlmh，这是一个更加惊人的增长速度，增加了约 ~50 000 倍（Tsao & Waide, 2010）。人工照明技术的巨大改进和照明使用量的大幅度增加是由意外和巩固的循环发展介导的。

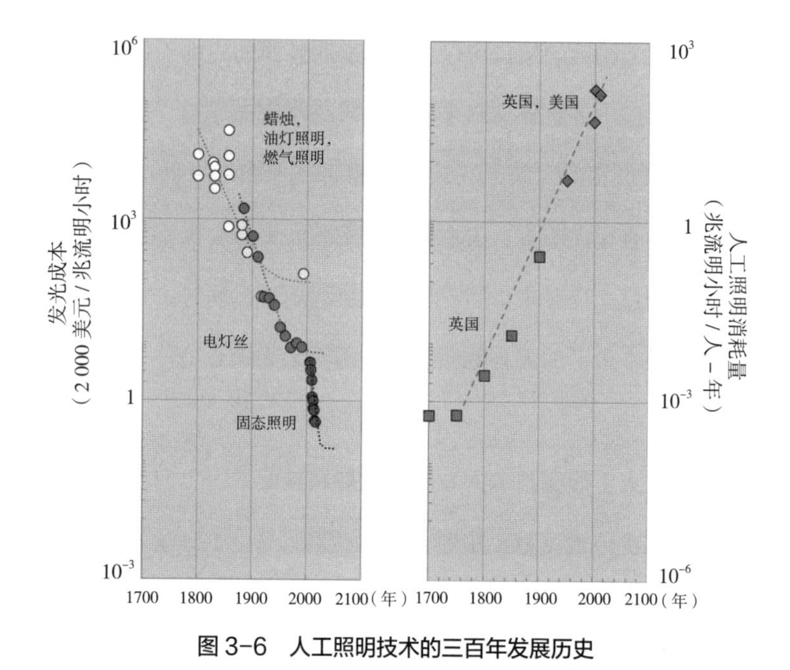

图 3-6　人工照明技术的三百年发展历史

一、油灯照明

人工照明技术并不是从现代人开始的，而是始于我们的早期原始人先祖，他们至少在五十万年前就已开始驯化火。至少在一万五千年前，现代人已开始使用浅凹状的石灯盏燃烧脂肪作为熔化燃料（Nordhaus, 1996）。本文把这种类型的灯和它的后继发展统称为“油灯”（oil lamps），因为它们是基于在工作温度下为液态的碳氢化合物燃料。在此类油灯照明技术的发展过程中出现的两个最重要的意外大概都与燃烧的方式有关：如何将液体燃料和空气中的氧气结合在一起形成火焰，进而产生光。

第一个意外是灯芯，大约发明于公元前3000年，灯芯通过毛细作用将液体燃料从灯芯底部的燃料源向上输送到灯芯顶部的燃料燃烧部位。由于灯芯的顶部被更多的空气全面包围，从而解决了无法输送足够氧气这一之前限制燃烧技术发展的最大制约因素，因此燃料可以更有效地燃烧。在人工照明技术发展史中，这种具有简单结构的灯芯的发明，就像交通技术史上车轮的发明一样具有革命性。灯芯的发明发生在远古史前文明时期，其故事现已无从得知。但我们可以想象一下，当发现在油中部分浸泡的纤维绳可以大大提高燃烧效率和可控程度时，这是何等的意外和惊喜。这一发明是最高阶的“形式－发现”机制：使用灯芯的油灯这个新答案以一种全新的方式解答了关于产生照明这一已知的难题。另外，几乎可以肯定的是，这一全新的方法不是通过科学洞察力找到的，它的发现也许是偶然的，也许是经过对原有技术的有目的性的修补尝试。而对于它的科学理解，直到数千年之后迈克尔·法拉第（Michael

Faraday）才首次将油灯是“如何工作”的科学原理拼凑在一起（Hammack & DeCoste, 2016）。

油灯照明技术史上的第二个意外是阿尔冈灯（Argand lamp），由瑞士化学家艾梅·阿尔冈（Aime Argand）于1781年发明，它具有三个突出的创新：一个中空的管状灯芯，使空气能够同时从内部和外部供应到灯芯；一个圆柱形玻璃烟囱，以保护和促进空气对流；一个调节灯芯长度的机制，以控制油和氧气的比例，从而调节光线强度。与灯芯一样，阿尔冈灯也是一个令人难以相信会发生的发明。但不同的是，这个发明非常复杂，大概率只能通过当时的新兴科学才可能产生这样的发明。阿尔冈曾经求学于拉瓦锡，拉瓦锡在18世纪70年代发现了氧气是空气的组成部分，且是燃烧所必需的。这一刚诞生不久的科学知识，为一个古老的问题（我们怎样解释燃烧？）提供了一个全新的答案（燃烧需要氧气）。当这一“问－答对”被概括泛化成“氧气越多燃烧越充分”之后，它又引导去回答一个截然不同的问题（我们怎样才能提供更亮的照明？）。这一发明已深入到令人“看起来不可信”的“下一个邻近可能性”中，也是将科学用于工程发明的一个典范。最终，阿尔冈灯成为19世纪家庭中的主要照明方式，就如电灯泡对于20世纪家庭的重要性一样（Schivelbusch, 1995：14）。

这两个意外迅速且显著地提高了油灯的效率：正如我们现在所知，与没有灯芯的油灯相比，有灯芯的油灯的效率至少提高了五倍，而且更易于控制；阿尔冈灯的效率更是达到了普通蜡烛的七到十倍，而且产生的烟雾更少。此外，由此产生的新范式与后续的显著巩固和延申是兼容的。这些巩固和延申中，有无数个大小不一的改进，包括灯芯材料、用于燃油照明的燃料，以及支撑灯芯和油的整体灯结构等。总的来说，这些改进都利用了灯芯和燃料作为主要的"子模块"，它们之间的交互连接接口协议非常简单，即灯芯（第一个子模块）必须能够向上提供燃料（第二个子模块）。只要该接口协议得到遵守，每个子模块都可以单独改进。

油灯照明技术中的范式延申——通过持续不断地改进灯芯、燃油及灯具结构，使得发光成本持续稳定地降低——与范式创建一样重要。而且，当发光成本下降到低于各种阈值时，各种新的照明用途也变得经济实惠，改进的照明技术得以适应扩展到这些新用途。举例来说，千百年来人工照明大多限于私人住宅室内照明。虽然人工照明也会被个别人用于户外夜间引路照明，但却从未在街道照明或其他公共户外照明中得到应用。

后来随着油灯照明技术持续不断的提高，发光成本降至一个足够低的阈值，使得公共户外照明成为可能。从那以后，人工照明开始在零售商店中得到广泛应用，并给零售业带来全新范式：商店由昏暗的仓库变成了丰富多彩的展示厅。越来越广泛的照明用途也因此改变了人类日常生活的节律，使得活动可以越来越晚地进行。换言之，从照明技术到照明用途，再到人类生活方式，范式转变不断向上级层层推进。

二、燃气照明

尽管在 18 和 19 世纪油灯照明技术得到持续地进化，尤其是令人瞩目的阿尔冈灯和来自石油的煤油燃料等进步，但它远非完美。对于许多应用而言，它的亮度不尽如人意，光线闪烁不定，在时间和空间上都非常不均匀，而且油灯的燃料需要经常添加。此外，标准油灯照明的范式实际上正在耗尽它的技术性能。在这个范式中，燃料能量转化为光的机制依赖于不完全燃烧，这个过程中形成煤烟，煤烟被加热到白炽状态。不完全燃烧，意味着照明效率低是油灯的固有特性，这种低效率只有通过新的燃烧机制才能克服。油灯照明向燃气照明转变的时机已经成熟，而这一转变以两个意外的方式出现。

第一个意外是威廉·默多克（William Murdoch）在1792年发明的用于照明的燃气中央分配系统，它是燃气照明的前身。它有许多好处：发光明亮、均匀，而且最令人意外的是，它经济实惠。

第二个意外是白炽灯罩，一种在加热时产生明亮白光的装置。它是奥地利杰出化学家卡尔–奥尔–冯–韦尔斯巴赫（Carl Auer von Welsbach）于1885年发明的，它实现了一种全新的发光机制（Weisbuch, 2018）。在以前的发光机制中，燃烧是不完全的，它起到了两个作用：首先，产生煤烟（碳颗粒）；其次，将煤烟加热到黑体白炽状态。而在白炽灯罩的新发光机制中，燃烧是将预制在网格上的稀土掺杂氧化物加热到白炽状态。这个机制不需要煤烟，因此燃烧可以更加彻底。这种新的发光机制在此之前已被研究过，甚至包括韦尔斯巴赫本人在内。但由于无法大规模制造能可靠地加热到白炽状态的低热质网格，所以一直被认为不切实际而被放弃。后来的突破完全是个意外，在韦尔斯巴赫研究稀土实验时，一种稀土盐的溶液意外地被加热到沸腾并蒸发到用来支撑该溶液烧杯的石棉片边缘的纤维上。韦尔斯巴赫注意到，在石棉片周围游动的火焰燃烧使稀土盐发光，他立即意识到它的重要性——又一个机遇眷顾有准备的人的例子。随后经过无数次实验，最终发明了实用的燃气灯罩，彻底革新了燃气照明技术。

与油灯照明的情形一样，燃气照明的意外迅速提高了它的性能和效率，这些改进与随后的新范式巩固和延申过程中的性能和效率改进是相容的。随后的巩固和延申包括在气体燃烧器、为燃气灯提供燃料的气体、白炽灯罩等方面无数大大小小的改进。最终，由于灯罩与油灯照明和燃气照明都兼容，同时由于高蒸汽压力的油可以很容易地转化为气体，一种油气混合照明技术被开发出来。加压煤油灯（比如现在仍然很流行的科尔曼灯）依靠一个手动泵对液体燃料进行加压，将其从储油罐中强行推入燃气发生器中，产生的蒸汽进行燃烧，将白炽灯罩加热至白炽状态，同时将部分热量再生到燃气发生器中。

因此，与燃气照明技术相关的范式巩固和延申（尤其是发光成本的稳步下降）与范式变迁本身一样重要。而且随着发光成本的持续降低，多种照明新用途变得经济实惠，使该技术得以适应扩展到其他新用途。甚至早在白炽灯罩发明之前，燃气照明已实现了首次大规模使用——工厂照明。这是在工业革命的早期，当时需要照明的工厂大量涌现。特别是在煤炭和煤气丰富的英国，燃气照明变得无处不在（Schivelbusch, 1995）。没等太久，燃气照明在公共街道上被大量使用。到1816年，伦敦的大多数街道都被燃气灯照亮；到19世纪20年代中期，大多数大城市都用上了燃气照明；到19世纪40年代末，燃气照明成为城市的主要照明方式，并开始渗透到小城镇和乡村（Schivelbusch, 1995: 110）。

三、电力照明

尽管在19世纪燃气照明技术得到持续不断的进化，尤其是令人瞩目的燃气中央分配系统和白炽灯罩的发明，但它依然有很多缺点。燃气照明需要消耗氧气，这在封闭的室内空间是个大问题；它产生的热量远比产生的可见光多；燃烧不完全且残留的微量氨和硫会熏黑并损害天花板、物体表面和油画；燃气泵压很昂贵且有泄漏危险。这些缺点，叠加上照明的巨大用途，促使人们研发可同时取代燃气照明和当时仍在使用的油灯照明的新技术。燃气照明和油灯照明被电力照明技术替代的时机已成熟，这以两个意外的方式出现。

第一个意外是耐用的碳丝灯。这种新灯具的发明是经过了许多相互竞争和合作的努力和子努力。直到成功那一刻之前，人们对它是否能做到耐久实用一直存疑。但当原型灯最终演示成功时，人们立即认识到它优于同时代的所有人工光源。它比燃气照明明亮十倍，比蜡烛明亮一百倍，其巨大的效用立即显现出来。碳丝灯试图解决的问题是很清晰明确的：如何满足对更耐用、更明亮的光源的需求。但是，对这个问题的解决方案一直是不清晰的，直到碳丝灯成功的那一刻。

第二个意外是集中发电、输电和配电。事实上，爱迪生之所以成功，部分原因是他意识到他的终极目标不只是创造第一个可靠的灯泡，而是创造一个完整且实用的电力照明商业系统——可靠的电力生产、传输、分配，再加上电转换成光。而且，尽管照明是开发集中发电、输电和配电系统的最初理由，但由于电力对无数其他用途的普适性和易用性，其“适应扩展”的溢出效益非常巨大。

可以体会一下这里的大胆程度，因为这两个范式改变几乎是同时发生的，任何一个范式的成功都有赖于另一种范式的成功。这两个范式既不是在“现有可能性”，也不是在“邻近可能性”中，它们都是在“下一个邻近可能性”中共同发生的，这与第二章描述的 iPhone 的例子一样。

与油灯照明和燃气照明中的意外一样，电力照明中的这些意外也立刻提升了它的性能和效率，并与后续的范式巩固和延申中的性能和效率提升相兼容。后续范式巩固和延申中包括了在电灯和发电、传输、配电系统方面无数大大小小的改进。总的来说，就像上面讨论的油灯照明一样，这些改进利用了两个分开的“子模块”：电灯和发电输电配电系统，它们之间的接口协议很简单：第二个子模块（发电输电配电系统）必须为第一个子模块（电灯）提供动力。只要遵守该协议，每个子模块就可以单独进行改进。这种接口协议的一个典型实例是被称为“E26/27”的爱迪生插座，它约定了 26 或 27 毫米直径右旋插座机械标准和 120V（北美）或 230V（欧洲）交流电压标准。从 1909 年该协议诞生开始直到 100 多年后的今天（2021 年），这种插座一直占据着电灯的主导地位。爱迪生插座起到了第二章中讨论的沙漏的作用，它成为一个不变的接口协议，使得电灯和发电输电配电系统可以作为独立的子模块分别发展进化，只要它们都“遵守”该协议。

就如范式变迁推动的燃油照明、燃气照明和电力照明技术进步一样，随后的范式巩固和延申也同样重要。电灯和发电输电配电系统的无数次发展进化使得照明技术的发光成本持续稳定地下降。1883 年爱迪生在市场上销售第一盏电灯时，其价格与当时城镇的燃气照明价格相当，也接近于油灯照明的价格。在随后的一百多年里，发光成本下降到原来的百分之一（如图 3-6 所示）。而且，与油灯照明和燃气照明一样，随着发光成本下降到低于各类阈值时，人工照明的各种新用途得以实现，使得改进后的技术得以“适应扩展”到各种新用途，并且还带来了零污染物、无爆炸危险等额外好处。事后看来，电力照明渗透几乎所有应用领域是必然的：到 1925 年，就已有一半的美国家庭使用了电力和电灯（Bowers & Anastas, 1998）。

四、固态照明

尽管在 20 世纪上半叶电力照明得到持续不断的发展进化，电白炽灯仍然是相对低效且昂贵的，而它的同类放电灯则结构复杂、昂贵且显色性很差。这些缺点和其他不完善之处，叠加上光的巨大用途，促使人们研发能够取代电白炽灯和放电灯的替代技术。

巧合的是，20 世纪也见证了半导体科学和技术的进步。这些进步高度互动，既改变了我们对宏观世界的科学理解，也改变了我们日常生活所需要的技术。然而，虽然对硅和“传统”III–V 材料进行了多年的深入广泛研发，有一种半导体材料体系的研发一直难以成功，即“非传统”III–N半导体材料——这类材料具有足够宽的带隙，因此能够发出可见光，从而成为半导体固态照明的技术基础。从1965年到1970年，RCA实验室逐步确立了一个似乎可信的证据，从氮化镓（GaN）中可以“强制”发出一些蓝色光。但由于技术挑战是如此巨大，到20世纪80年代时大多数研究人员已经放弃了这个领域。正如很多年后天野浩和中村修二在他们的诺贝尔演讲中所感叹的那样，在当年的技术会议上参加氮化镓分会的人数常常只有个位数。关键性的意外出现在1994年——明亮的蓝色发光二极管（LED）。在那一年，中村修二开始发表效率创最高纪录的蓝光铟镓氮（InGaN）LED的论文，并开始进行当时被描述为“摇滚明星演讲”的演示，用他带上讲台的刺眼明亮的LED，让挤满了站立式会场的数千参会者为之沉醉（Tsao等，2015）。

这些演示震惊了科学与技术界——完全违背了当时主流的科学理解和传统智慧，是一个“否定怀疑”的极端例子。因为这些突破而共同获得2014年诺贝尔物理学奖的赤崎勇、天野浩和中村修二，更多的是受到他们自己对科学问题的直觉所引导，而不是主流科学理解的影响。他们这一技术突破背后真正的科学机理，在那之后还需要再花一二十年的时间才被人们艰难地揭示。

正如新的蓝光 LED 范式引发了寻找其科学解释的努力一样，这个范式也引发了对该技术的后续延申发展的努力。如前所述，尽管当时的主流科学与技术界对新范式的可能性持全盘否定态度，但一旦新范式得到证实，科学和技术界就开始准备对新范式进行巩固和延申。高质量、大直径蓝宝石衬底技术可以利用在硅集成电路和其他产业领域的大硅片衬底生长方面的三十年来的进展。受控的 InGaN LED 外延生长技术可以利用高精度外延设备和工艺方面的二十年进展。高效率器件和封装设计可以利用在几乎所有现代 III–V 族半导体器件中都使用的“带隙工程”和精密封装方面的三十年进展。用于将蓝光转换为白光的高量子效率荧光粉可以利用从 20 世纪 30 年代以来将荧光粉用于荧光灯的五十年进展。这些进展促成了发光成本迅速下降，其下降速度比以前的任何照明技术范式都要大（如图 3–6 所示）。

1994 年的蓝光 LED 虽然引人注目，但它诞生时尚处于一个原始状态——非常低效且非常昂贵。随着后来蓝光 LED 的成本逐渐降低，固态照明被适应扩展到一系列日新月异的照明新用途，这些用途成为产业增长的垫脚石和进身之阶，从中获得的收入可以支持进一步的 LED 研究，并进一步降低发光成本。这些新用途包括字母数字显示器和指示灯、交通信号灯、户外标牌和显示屏、手电筒和相机闪光灯、液晶显示器（LCD）的背光源、汽车灯、街道照明和建筑照明（Haitz & Tsao, 2011）。所有这些“专业”用途（现在被通称为“固态照明”，即SSL），比普通照明用途能够承担更高的发光成本，因此这些用途可以创造出比普通照明更多的收入，从而“保护”了这项新兴技术。这对最终将其成本降低到普通照明用途所能承担的价格点至关重要。

到十五年之后的2011年，SSL的生命周期成本已经下降到比电白炽灯照明更低。此外，SSL还具有对人类基础白光照明需求很重要的其他特征：高显色性和可调色温、极小闪烁或完全没有闪烁、长寿命，以及对环境和人体几乎没有毒性。现在，所有的照明用途都已开始向SSL大规模过渡——住宅、工厂、办公室和商业空间。

有趣的是，我们可以预见，这些新用途的使用不会像技术本身所允许的那样迅速进行。为什么呢？因为“锁死”。因旧照明技术而发展起来的使用照明的基础设施已被锁死，它阻止了SSL技术的自由发展。例如，用于标准灯泡的所谓E26/27爱迪生插座已无处不在。通过发挥类似于沙漏的作用，它使灯泡本身和发电输电配电系统这两部分可以各自独立创新发展。然而对于SSL而言，插座却扮演了一个有害的锁死角色。SSL是一种结构紧凑的技术，可以与更小的插座兼容，但第一波SSL产品几乎都是与较大的爱迪生插座向后兼容。只有当一个新的插座标准发展起来后，SSL才能自由地释放其全部能力。

第四节　本章回顾

本章阐述了知识的进化是如何以“间断平衡”的进化模式发展的。在这种模式中，相对平缓连续的进化平衡周期（即“巩固”时期），会意外地被相对突变性的重大进步（即“意外”）所间断。

介导这种间断平衡进化的是范式。范式指的是为促成“技术-科学”知识进化所用到的那些知识的整体组合——是有关如何使用知识模块来实现知识模块的动态改变与进步的元知识。可以做个形象的比喻：知识模块就像名词，包括具体名词或抽象名词，而范式就像是造句——使用知识模块来创建或延申其他知识模块。就像名称一般不能既是具体名词又是抽象名词一样，知识模块要么是科学的，要么是技术的，但不能既是科学的又是技术的。但利用了知识模块的范式则与知识模块不同，范式是机会主义者，根据其工作需要，它会利用其中一种或同时利用两种类型的知识模块。

当新的、始料不及的、令人意外的“问－答对”突变性地产生之时，新的范式也相伴诞生。如第一章所述，1944—1949 年对晶体管效应的科学新认识和制造晶体管器件的新技术，代表了半导体晶体管工程学的新范式。与“创造性破坏”过程类似，新范式的创建也伴随着对以前旧范式的破坏，并同时具有效用和意外。一个新的范式要被创造出来并具有持久价值，它必须具有效用。一个新范式要摧毁现有范式，它必须在某些方面与传统智慧不相容，所以必须要有意外。因此，我们可以把新范式创建看作是“看起来不可信的效用”。范式的创建还伴随着另一个重要方面，即我们将在第四章中讨论的“知情反叛”，深谙此道的人追求与传统智慧相反的方向，并有一定的机会推翻传统智慧。

范式也会被延申，这与巩固相关，即对现有的“问－答对”进行相对连续且可预测的改进。范式延申是至关重要的：半导体晶体管工程学范式在过去半个多世纪的连续延申，以及期间相伴诞生的许多新的从属“子范式”，对于充分发挥该范式的潜力至关重要。范式的延申伴随着相关传统智慧的巩固和加强。要使范式延申具有持久价值，它必须要有效用。为使范式延申能够加强现有范式，它必须对传统智慧来说是合理可信的，因此涉及较少的意外。因此我们可以把范式延申看作是“合理可信的效用”。

意外和巩固发生在一个统领性的反馈循环中。一方面，意外孵化了巩固：新范式必须先被创建出来，然后才能被延申；另一方面，巩固孵化了意外：范式必须不断延申才能实现其更多潜力，在此过程中，它为未来的新范式的诞生播下了种子。这有两种非常不同的播种方式。第一种方式，在试图回答现有问题的过程中，改进会积少成多，并最终积累到能被概括泛化或被适应扩展到有能力回答全新问题的程度。第二种方式，同样也是在试图回答现有问题过程中，改进空间已枯竭，或已出现枯竭的危险，从而为更强大的新范式取代现有范式创造了机会，或者为更强大的新的子范式取代现有范式之下已“江郎才尽”的子范式创造了机会。

从人工照明技术发展历史这个例子中，可以清晰地看到意外和巩固是如何循环发生的。人类文明见证了一系列新的照明范式的相继创建，这些新范式令传统智慧感到意外并被颠覆：从油灯照明，到燃气照明，到电力照明，到最新的固态照明。每个新范式都得到了延申并变得更加强大，从而巩固了新的传统智慧，直到最终被下一个新范式所取代。

第四章

如何培育卓越研究

在前三章中，我们阐述了对研究本质的反思：科学和技术的共生与协同进化、错综复杂的“问题－答案”发现之舞、意外和巩固组成的知识进化的“间断平衡”进化模式。在第四章，我们阐述对培育研究的反思。

虽然本章主要关注研究活动（R），即追求意外以及对传统智慧的颠覆，但这绝不意味着我们不重视开发活动（D），也就是对传统智慧的巩固和延申。开发对于发挥现有范式和传统智慧的全部潜力是至关重要且必不可少的。但是研究也至关重要，而且要比开发脆弱得多。在大多数 R&D 机构中，研究是“风险资本”项目，其预算远低于同机构内的开发活动，因此很容易被忽略。因为研究的结果无法预先安排或预测，因此没有成功之前，既没有人推崇，也没有人觉得会错过什么。而且即使有人推崇，研究也要比开发更难培育。不确定性是研究活动固有的特性，而想减少这种不确定性的倾向性很强烈，但这样做实质上会把研究活动变成开发活动（Narayanamurti & Tsao, 2018）。

尽管本章聚焦研究，但我们也认识到研究和开发之间存在协同性，开发活动本身对研究的成功至关重要。颠覆传统智慧是我们的聚焦点，但并不是说要不分青红皂白地颠覆一切传统智慧。正如第三章中所讨论的，人类知识被编织成一张无缝的网络，站在这张网的“肩膀上”通常会更有利。即使研究以意外的方式颠覆了这张无缝网络中的一部分，它一定也利用了这张无缝网络的其余部分。第二章中讨论的迈克尔逊－莫雷实验证明了在任何参照系中光速都是恒定的论断，这颠覆了人们认为空间中充满了“以太”的观念，但它并没有颠覆光学干涉测量技术。因此，在研究中自然包含了重要的开发。即使是半夜里一个最小的研究想法，第二天早上也可能启动一个更像开发性质的小项目，需要修改或扩展一些物理仪器或计算算法来测试这个想法。小项目甚至可能变成大项目，需要付出大量努力，甚至可能非常庞大（如高能粒子加速器），以至于需要整个机构来执行这个项目，比如世界上最大的粒子物理实验室欧洲核子中心（CERN）。没有机构内部的开发工作的支持，研究就不可能成功。但是，这里的关键点是，研究要取得成功，机构内部的开发活动必须以研究为导向，并对研究活动中机会主义式的迂回和曲折做出灵活反应。如果内部开发活动及其典型的保守文化变得过于强大，那么研究可能会变成开发部门做的事情或希望做的事情的附庸——变成尾巴摇狗，而不是狗摇尾巴。

本章将阐述若干旨在帮助研究机构更好地培育研究的指导原则（如图 4–1 所示）。虽然这些原则在一定程度上受到了贝尔实验室等企业研究实验室的启发，但这些原则是普适的，旨在可以应用到各种类型的研究机构，从企业工业实验室、政府研究机构到各类大学。这些研究机构的上级母机构各不相同，各自有不同的统领性使命（大学的使命是教育，企业的使命是生产和销售商品或服务，政府机构的使命是提供公共服务），这些使命可能会形成各种限制。不同的上级母机构也可能演变出特定的组织形式（大学研究人员有终身教职制度、企业受华尔街监督、政府机构受管理和预算办公室监督），这些也可能会形成各种限制。然而，无论何种类型的机构，如果希望从事和培育研究并且取得成功，都必须遵循类似的指导原则。

我们的第一个原则是，将组织、资金和治理三者与研究协调一致，认识到研究是一项高度专业化的活动，其成功需要将组织、资金和治理与该专业活动的特殊性质保持一致。我们的第二个原则是，拥抱“技术 – 科学”整体探索的文化，认识到“技术 – 科学”

探索是脆弱的，很容易受阻。因此，必须积极培育支持这种探索的文化。我们的第三个原则是，以关爱和责任培育人才，认识到人才是研究的核心——他们各自有各不相同的观点和个性，他们必须得到关心照顾，同时也必须要求他们为高标准的研究负责。

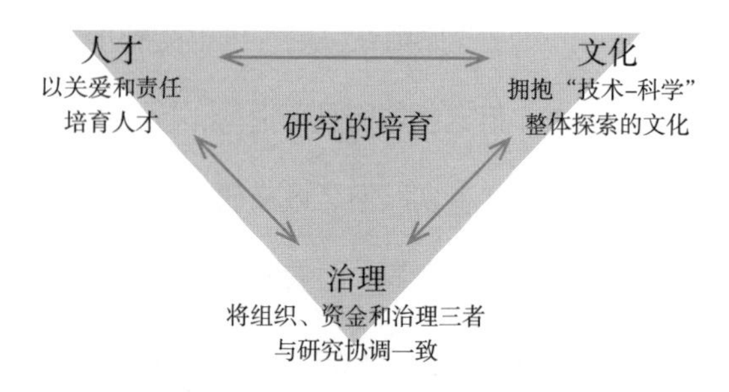

图 4–1　培育研究的三个指导原则：与治理、文化、人才相关

我们大量借鉴了在标志性的贝尔实验室观察到的关于研究文化的七个关键要素的讨论（Narayanamurti & Odumosu, 2016: 80–91）：失败的自由和成功的耐心、以合作为主要交流互动模式、以竞争力为个体主要抱负、与同行之间的密切互动、来自机构内部的研究领导者、平等且任人唯贤、卓越作为聘用晋升和评估的标准和品质。不过，我们并不认为这些要素只是关于一个独特研究机构的观察事实，我们认为它们是关于培育有效研究的指导原则中自然而然产生的必要特征。事实上，我们强调贝尔实验室并不是因为这些特征不适用于其他伟大的工业研究实验室（IBM、施乐 PARC、杜邦、通用电气等）和其他研究机构（卡文迪什实验室、分子生物学实验室，洛克菲勒大学，劳伦斯伯克利国家实验室，珍妮莉亚研究园区）——只是因为这些特征在贝尔实验室特别明显，同时我们其中一位作者（那拉亚那穆提）对贝尔实验室也非常熟悉。

需要说明的是，这些指导原则的聚焦点是机构如何最好地培育研究。但没有一个机构仅仅是培育研究，即使是致力于研究的机构，它还必须培育其他人类物质和社会需求，尤其是社区意识和共享价值观。我们假设我们关于培育研究的指导原则是在这样一个更大的人类培育的背景下发挥作用。

第一节　将组织、资金和治理与研究协调一致

尽管研究和开发是人类知识产生过程中同等重要的活动，但研究是一项高度专业化的活动，必须与开发活动区别对待。研究机构的组织形式、资金投入和治理模式必须与研究协调一致，因此我们这里首

先讨论如何实现协调一致，有四种重要方式。第一，研究资金不应该是一项随意的投资。由于研究结果既无法预测，也无法提前保证，因此研究机构只有在其研究目标能够包容意外的情况下，才可以对研究进行投资。第二，研究机构必须认识到，研究和开发两者之间在思维心态上存在着深刻的差异：研究活动追求意外和颠覆传统智慧，而开发活动旨在巩固和加强传统智慧。由于这一深刻的差异，因此必须在文化层面将研究与开发隔离开来，但在智力思想层面则不应该隔离。第三，为了能够应对无法预期的情况，研究人员和研究领导者必须能够灵活地机会主义式地做出反应，这就要求在组织层面将资源整块分配给研究领导者和研究人员，而不是分配给项目。第四，研究领导力至关重要。研究不只是将研究人员聚集在一起让他们自由探索这么简单。对研究必须要精心策划安排，在研究机构的重点聚焦方向和研究人员的个人自由探索之间保持微妙的平衡。

一、投资研究是为了实现元目标，而非仅仅是实现一般目标

我们先从下面问题开始讨论：为什么研究结果难以预料？答

案是，因为研究是由“终极”元目标定义的，较低级别的“临近目标”服从于该元目标。

就像范式中的元知识利用了知识，但又高于并超越知识一样，元目标利用了单个目标，但又超越单个研究目标。这就像在竞技运动中一个运动员的终极元目标是在他们的运动项目领域取得巅峰表现。运动员可能会设定各种临近目标，如控制饮食、以特定方式进行力量训练，或以特定方式实时应对竞争对手的行为。运动员会不断根据这些邻近目标是否会增强或削弱终极表现来重新评估它们。再如，在生物进化中生物的终极元目标是生存和繁殖。生物可能有各种各样的临近目标，如逃避掠食者、捕获猎物或吸引配偶等。但这些临近目标会不断地去适应由统领性的元目标施加的选择压力。

对于研究，终极元目标是第三章中讨论的意外，是改变我们思考和做事方式并导致创建新范式和毁灭旧范式的意外。在实现这个终极元目标的过程中，研究可以而且必须要有与手头的智力工作有关的临近目标。我们使用仪器以进行特定的实验观察，我们苦苦思考观察结果以寻找其科学解释，我们重新设计实验设备以改变其性能，我们对我们实际观察到的变化感到困惑。但是，当我们发现意外的事情时，当我们的行动和思想被引向一个不同的方向时（也许是因为我们为一个解决方案找到了一个意外的但更重要的问题，或者为现有问题找到了一个意外的答案），我们不能因为它与我们最初的目标不同就中断这个新方向。如果在实现其临近目标的途中，研究发现了具有更多惊喜和创造性破坏潜力的新的临近目标，那么研究必须将注意力转向这些新的临近目标。

正是由于不需要固守临近目标，因此研究活动的定向性比开发活动要弱。正如我们在第二章中所讨论的，研究利用了本质上不可预测的“相邻可能性”，尤其是“下一个相邻可能性”，因此研究需要灵活地适应邻近目标中出现的机会主义式的变化。能够做什么或能够想什么取决于一个人在知识领域中所处的位置。随着一个人获得更多知识并转移到知识领域中的另一个位置，新的行动和思考就会出现。从事定向性较弱的研究意味着对这些新的可能性持开放态度。

从问题与答案的角度看（第二章），我们认为新的可能性往往发生在“问题–发现”机制中；从“技术–科学”方法的角度看（第一章），我们认为新的可能性往往发生在概括泛化机制和适应扩展机制中。以图 4–2 为例，在科学领域，光速 c 的恒定性当时是个悬而未决的问题，爱因斯坦的狭义相对论回答了这个问题，然后这个答案以出人意料的方式被概括泛化，回答了核裂变和核聚变的能量释放问题。在技术领域，改进光谱工具当时是一个未解决的问题，其中一种答案是激光，它的窄线宽在确定原子和分子的能级时获得了前所未有的准确度，然后这个答案以一种完全出乎意料的方式被适应扩展到回答如何超越电信号和铜传输线的限制，实现更高带宽和更长距离的通信技术的问题。

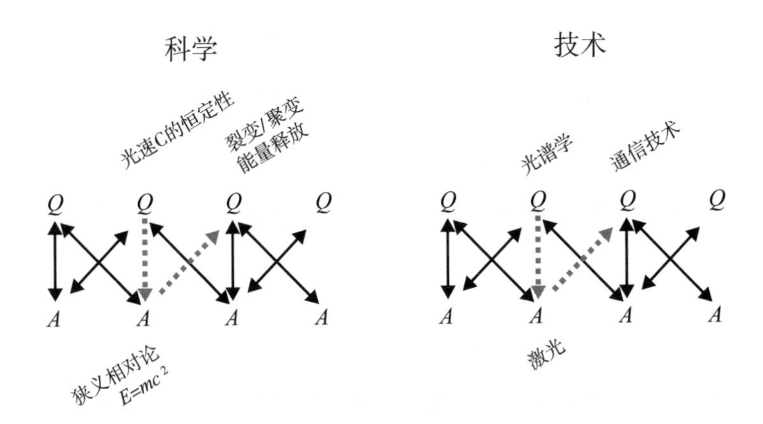

图 4-2　科学和技术领域中意想不到的研究成果的例子

就受影响的知识领域的广度而言，这两个都是“大”例子，但类似的在最初感兴趣的知识领域之外机会主义式地发现新问题的例子比比皆是。无论大小，只要进行很少几次的“问题－发现”迭代，研究的影响就会转移到最初感兴趣的知识领域之外。事实上，研究的知识影响力超越最初感兴趣的知识领域的可能性是极高的。正如2000年诺贝尔物理学奖的共同获得者，用于高速电子和光电子的半导体异质的发明者赫伯特·克勒默（Herb Kroemer）所阐述的（Kroemer, 2001: 787）：

当我提出开发DH（双异质结）激光器技术时，我没有获得科研资源，理由是“该器件不可能有任何实际应用”这一类的话。事后看来，这种评估的错误是显而易见的。这确实是一个经典案例，对于一项全新技术的判断不是根据它可能产生的新的应用，而只是根据它是否适合已有的应用。这是非常短视的，但这个问题普遍存在，与技术本身一样古老。……对历史的任何详细研究都会提供惊人的证据，支持我称之为……“新技术引理”：任何足够新颖和创新的技术的主要应用一直是——并将继续是——由该技术本身创造的新应用。

不可预期的结果即是研究活动中可能出现的结果，也是研究所追求的结果，但不可预期的结果对许多机构来说是难以从中获得商业优势的。

这种困难部分源于所有新知识都是难以产生商业优势的，无论新知识是来自最初感兴趣的知识领域之内还是之外。用经济学的语言来说，知识是一种非竞争性的物品——一种不会因消费而减少的物品，一个组织的使用并不会阻止另一个组织同时使用。这种公共性是知识最强大的优势之一，使它能够站在已有的共享知识的肩膀上不断累进增长，今天的开源软件社区就是一个典型例证，但这也是它的弱点之一。这就像“公地悲剧”一样，如果每个人都拥有知识，那么就等于谁也不拥有它。因此，经济学家长期以来一直认为，由于难以获取商业优势，公司对研究的投资不足（Arrow, 1962; Nelson, 1959）。

不可预期的新知识就更难以产生商业优势了。不可预期的新知识的影响会外溢到其他不可预期的知识领域（Stephan, 1996）。那些恰好在这些不可预期的知识领域中开展业务的公司可以很容易利用新知识，从而获得比生产这些新知识的原公司更大的收益。此外，随着旧知识和旧技术被新知识和新技术所淘汰，新知识甚至有可能造成研究部门所在的机构面临部分业务“被迫退出市场”。这就是研究的负外部性，会导致所在机构的其他部门不仅对研究活动不感兴趣，而且会积极反对研究活动。正如1988—1994年任“台湾工业技术研究院院长”的林垂宙（Otto Lin）所言（O. C. C. Lin, 2018: 62）：

> 管理颠覆性创新是一项棘手的工作，如果处理不当，将非常危险……正如许多现有业务部门所看到的，支持研发人员正在进行的颠覆性创新就是培养一股力量，一旦成功就将成为自身业务的终结者。想象一下那是一种什么样的场景！这些业务部门对支持新研发计划会有多热情呢?

因此，要想从初始兴趣领域之外的新知识中获益，将知识外溢视为成功，研究机构的使命必须超越直接的或当地的商业利益或经济利益；必须有一个“超越自我”的公共利益成分（Mazzucato, 2011）。

对于以“促进知识前沿”为使命的公立或私立研究型大学而言（Summers, 2002），其知识领域的范围是开放的，有益于更广泛人类社会的无法预测的新知识是履行大学使命的体现。

对于营利性公司而言，这样的使命可能只是源于创始人的理想。惠普实验室（HP）的联合创始人戴维·帕卡德（David

Packard）就是这种情况。他有一个利他主义的愿景，即惠普应该“将知识回馈给惠普长期从中汲取的基础科学之源”（Williams, 2008: 31）。AT&T 的创始人亚历山大·格雷厄姆·贝尔也是如此，他经常宣扬知识进步要服务于国家使命以改善整个人类社会。因此，在半个多世纪（1912—1984 年）的时间里，AT&T 一直是一家受监管的垄断企业，没有受商业欲望的影响而从其创造的知识中独家谋取利益。AT&T 的晶体管专利转让费金额非常少，而且短短几年后就免费向大众开放了（Braun et al., 1982）。

对于非营利性政府或慈善组织而言，这样的使命可能源自公共服务或慈善任务，例如桑迪亚国家实验室的元目标是“为国家利益提供卓越服务”，珍妮莉亚研究园区（Janelia Research Campus）的元目标是“开发短期成功的可能性也许很低、但潜在的影响很大的新技术，并将其应用于具有挑战性的生物医学难题”（Cech & Rubin, 2004: 1166）。

无论其源自哪里，机构的使命都必须能够为创造溢出到初始兴趣领域之外的新知识提供支配性动力。否则，正如引言中所讨论的，机构将面临无法满足华尔街提出的短期私有资本投资回报率指标的情况。事实上，到 20 世纪 80 年代，大公司（包括 AT&T、杜邦、通用电气和施乐 PARC）和一些政府资助的使命组织机构已经从根本上重新思考研究活动在其运营中的作用（Kingsley, 2004）。研究与公司短期业务目标更加紧密地联系在一起，本质上将研究转变成开发。我们并不是说研究的成果和影响与公司的短期业务目标一定是对立的。正如本章后面会讲到，这些研究的影响力是非常受欢迎的，并且应该在机构选择知识领域以构建研究临界质量方面发挥重要作用。但是，回归到研究的本质，不能去强迫这种研究影响力，它只能从属于创造意外的元目标。

与机构的使命密不可分的是其资金来源。由于前文所述的投资回报压力，源自企业的资金来源越来越难以顾及有益于长期和公共利益的知识进步的需求。而慈善资金可以支持这种知识进步，这也是为什么研究型大学和研究机构越来越成为研究领域主角的重要原因。美国政府经费原则上可以支持这种知识进步，但在现实中却越来越难以顾及。美国政府资金越来越多地将其对研究的支持进行分块（科学研究、工程研究，即所谓的“基础研究”与“应用研究”），并越来越追求在特定知识领域的效用目标，而不是能够产生意外的元目标以及必然外溢到更广泛的知识领域的意外。

最后，我们注意到，不可预期的新知识并不是具有“超越自我”使命的研究机构的唯一产出。研究人员本身也是机构投资研究的产出。从职业生涯初期一直到最具创造力的阶段，培育研究人员的成本很高。在此过程中的任何节点，甚至在他们职业生涯的巅峰时期，他们的生活状况都可能会发生变化，他们可能会决定离开——有时甚至会跳槽到完全不同的机构去。这种离开不能被视为原机构的失败。研究人员有机会离开以其他方式为社会做出贡献，这是原机构的一个重要贡献。事实上，这也是衡量该机构在培育研究人员方面成功与否的一种标尺。因此，这是研究机构的使命必须超越短期或当地的商业利益或经济利益的另一个原因。

二、研究与开发：隔离但不孤立

不可预期的结果不仅是研究活动最有可能出现的结果，也是研究活动所追求的结果。但不可预期的事情可能会令人感到不适，因此人类有一种强烈的本能倾向去避免和防止不可预期的结果（Narayanamurti & Tsao, 2018）。最常见的方法是将研究视为开发，并借用开发活动中的最有效工具——项目和项目计划里程碑，以及有可交付成果的管理机制。同时，很容易错误地认为研究与这样的计划里程碑及有可交付成果是兼容的。即使是研究人员本身在正式交流研究结果时，通常也会遵循传统惯例隐瞒他们研究过程中遇到的迂回和曲折，通常会将事实以最连贯一致的逻辑来描述研究结果，而不会讲述研究过程的曲折故事。正如恩斯特·马赫（Ernst Mach）（Merton & Barber, 2004: 274）所述：

> 欧几里得的系统因其逻辑的卓越而使思想家们着迷，人们在这种崇拜中忽略了它的缺点。即使是在近代，伟大的探索者也会受到误导，在展示他们的探索结果时效仿欧几里得，而实际上隐藏了他们的研究方法，这对科学造成了极大的损害。

事实上，研究的过程是无法提前安排或计划的。研究始于想法和计划，但一旦接触到自然，这些最初的想法和计划将不可避免地需要改变。正如那句耳熟能详的格言："没有计划能在与敌人的接触中幸存下来。"研究人员在他们探索、学习以及遇到偶然事件时，必须拥有自由可以做出机会主义式的反应。换句话说，研究绝不应该"项目化"。

那么如何避免将研究工作"项目化"？在大学和研究机构等没

有重大开发活动的机构中，“项目化”不是一个很大的问题。但在那些投入大量时间和精力致力于开发活动的机构中，如企业和特定使命的政府机构，“项目化”可能是个大问题。因此，必须注意在机构层面上将研究活动与开发活动隔离开来，使两者各自都能够创建和维护自己的组织文化——研究有研究文化，开发有开发文化。只有这样，两者才能专注于做自己最擅长的事情——就像侦察蚁专注于独立探索新的食物来源，而工蚁则专注于开发侦察蚁发现的资源一样。尽管如此，研究和开发组织的知识内容有可能是高度重合的。研究半导体器件中新奇现象，与开发下个月就要发货的半导体芯片的最终制造工艺，两者可能需要建立在类似的制造、表征和建模知识的基础上。因此，尽管文化不同而必须在文化层面相互隔离，但研究与开发通常在知识和智力层面是协同的，因此不应在知识和智力层面彼此隔离。事实上，当研究与开发之间的知识协同性很强时，领导者和管理者愿意先把两者知识协同组织起来，然后再考虑文化。为更好地说明这种倾向，图 4–3 显示了希望在两个知识领域同时进行研究和开发的机构可以采用的两种可能组织架构：以特种半导体材料 GaN 的合成和加工，以及这种材料的器件与器件物理这两个知识领域为例。

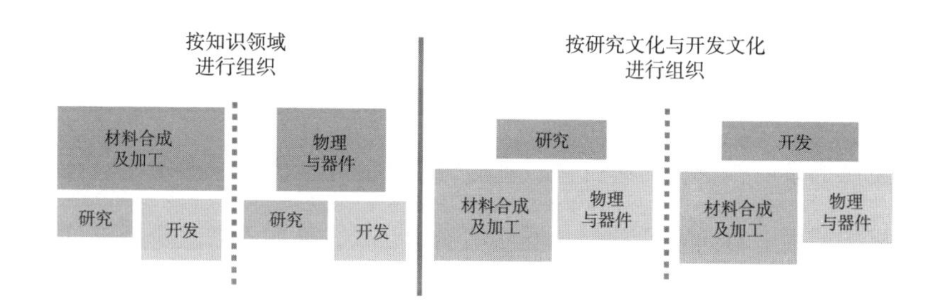

图 4-3　在特定知识领域进行研究与开发的两种假设的组织架构

图 4-3 中左侧的组织架构是按知识领域进行分组的，研究人员和开发人员在同一组中。研究人员和开发人员之间的交流密切，智力协同性很高。研究人员可以第一时间直接看到开发人员的问题，并可以在他们的研究中利用这些问题。开发人员可以第一时间直接看到新发现和新发明，并可以快速地进行开发。但这种结构会导致研究人员和开发人员之间固有的文化冲突。研究人员追求创造条件实现最大意外；开发人员追求创造条件尽可能减少意外。面对不寻常和偶然的条件下观察到的奇怪现象，研究人员可能想要重现这些条件以探索到底发生了什么，而开发人员可能想确保这些条件永远不会再次发生。

右侧的组织架构则以文化作为组织原则将研究和开发分成独立小组。由于组织架构上是分开的，研究人员和开发人员之间的交流可能不那么频繁。然而，在这种架构中可以创建和维持各自独特且内部统一的组织文化，以与各自的元目标协调一致：研究人员探索未知追求最大限度的意外，开发人员利用已知并最大限度地提高效用。

到目前为止，第二种架构比第一种好得多，原因是我们首先是人，其次才是智力。因为我们首先是人，所以我们首先会对社会信号、地方文化、同侪压力以及我们组织的价值观和奖励体系做出反应。我们只有在社会和文化层面上适应了我们的组织之后，我们才会运用我们的智力。因此，现在经常听到的“一家公司，一种文化”的口号，这是非常致命的。当研究和开发的文化边界太容易穿透时，开发文化不可避免地会扩散到研究中。开发活动在规模上超过研究，往往是研究的5—10倍。此外，与研究相比，开发更符合我们人类的偏好：尽量减少不确定性和意外，将我们的活动货币化。因此，当研究文化和开发文化发生冲突时，开发文化总会获胜。而且，一旦一个研究组织转向开发，就很难重新转回到研究。因此，最好的办法是重新建立一个新的机构——其领导层通过强大的力量塑造与研究本质一致的文化，而不是继承上级母机构的文化。

尽管如此，我们并不是说研究和开发是“敌对”的，不论在什么层面上。研究和开发对知识的进步都是必不可少的。我们既反对研究凌驾于开发的优先权，我们也反对开发凌驾于研究的优先权。

三、将整块资金分配给研究人员，而不是给项目

研究的成功仅仅依靠文化上与开发隔离是不够的，还需要以不同的方式为研究提供资金。因为很多开发活动的基本单位是项目，所以很自然地开发活动是按项目资助的，并根据参与的项目为人员提供报酬。但是，研究的基本单位不是项目，而是人——研究领导者和研究人员本身。在研究进程中，在问题和答案的机会主义式的复杂共同进化中，人才是稳定的实体（Narayanamurti & Tsao, 2018）。因此，在研究中，应该资助的是人，而不是项目。应该将整块资金分配给研究组织——在组织层面分配整块资源，由研究领导层自主地且有责任地进行管理，并以人为考量向研究人员分配资金，而不是仅以项目参与者为考量。以这种方式组织的研究，会获得四个重要的自由。

第一，研究机构获得培育和建立能力的自由，而不仅是收割和利用现有能力。研究领导者需要的自由包括：在组织层面招募和聘用研究人员，以在新领域建立临界质量；给予研究人员在新领域学习的机会；发展可能不会立即产生回报但随着时间的推移可能让研究人员拥有极具价值的新能力。就像运动员偶尔需要脱离比赛训练来提高新技能一样，研究人员也必须偶尔离开实验室来开发新的能力。但是，如果研究人员是按项目获得资助的，交易性的“承包商”心态就会成为主导，即项目只想资助与项目直接相关的工作，而不会资助能力的建设。正如哈佛大学前校长拉里·萨默斯（Larry Summers）所说：“在世界历史上，从未有人洗过租来的汽车。”

第二，研究机构拥有适应意外情况的自由。项目有具体明确的目标，包括里程碑、时间表和预算。而研究的结果本质上是无法预料的，因为研究的目标是元目标，而不是固定的目标。研究人员必须有自由能够机会主义式地去应对无法预料的情况，必要时可以从一条探索路径转向另一条探索路径，放弃原来的项目计划转向另一个完全不同的项目计划（Azoulay 等，2011）。计划和项目是很重要，但在研究中，它们必须是灵活的，并将首要地位让给研究人员，以便他们可以灵活地改变方向，为研究的总体元目标服务。

第三，研究人员可以免于编写详细的项目提案。编写项目提案是当今许多研究环境中获得项目经费的前提条件。项目提案过程与研究是对立的，原因有几个方面。首先，在当今的研究环境中，提案中有很多市场营销的成分，因此资金往往流向营销最好的提案，而不是最好的研究。其次，由于提案通常是基于同行评审的，即使只有一个负面评价也可能意味着没有通过，因此提案的编写常常是保守的——证实传统智慧而非否定传统智慧。此外，由于提案通常是为当前研究而编写的，而不是为未来研究建立能力，因此不利于希望进入新知识领域的研究人员——尚未在新领域花费大量时间的研究人员几乎没有机会写出可信的研究提案。最后，由于详细的提案需要花费大量的时间去撰写，因此浪费了科研人员大量的科研时间。

第四，科研人员获得更多自由去决定选择与其他人合作或不合作，视具体情况而定。当然，合作对于研究是至关重要的，使研究人员能够发挥他们的优势并弥补他们的弱点。但是合作也意味着大量的时间和精力投入，而且合作会因为知识、文化和人际关系方面的因素变得复杂，因此有时会失败。因为研究人员有最多的局部知识和“自身利益在其中”，他们必须拥有选择与谁合作或不合作的自由。想象一下，研究人员 A 和 B 最近发现他们之间存在着潜在的、极其有效的合作可能性。如果两人各自已经获得了项目经费，那么转换到这个合作的新想法就需要他们离开原有项目，并放弃他们当前的稳定资金来源。或者想象一下，研究人员 B 邀请研究人员 A 参与一个新兴项目。而这个项目在研究人员 A 看来并不是最好的研究，但更具有市场营销力。如果此时研究人员 A 的科研资金还不确定，没有“保障”，研究人员 A 极有可能会接受这个项目与研究人员 B 合作。当薪水和时间分配与项目挂钩时，研究人员就没有心理安全和激励来做出最好的分配他们合作时间和精力的选择。

请注意，资助人员而非项目，并不一定是非此即彼的选择——两者之间还存在着灰色中间地带的混合式选择。一种越来越流行的混合经费资助模式是横跨实体部门的项目矩阵式虚体组织，将多个不同的“垂直”实体部门中的相关人员组合成项目的虚体组织。这些项目可能是一个机构内部的“大挑战”项目，吸引了机构内部各部门的许多研究人员。甚至可能是全国性的项目，吸引了全国各地的机构合作伙伴，如美国国家科学基金会的工程研究中心、美国能源部的能源前沿研究中心、能源创新中心和量子信息科学中心。

这样的虚体组织确实有一些优点。它们可以相对容易地建立起来，并且可以迅速地在已知重要性的重大主题上达到临界质量和规模。它们可以战略性地利用遍布多个机构的交叉学科专业知识。它们的生命周期有限，通常为三至十二年，因此主题领域可以随着学习的进行而发展演变。但虚体组织无法替代“垂直”实体部门，包括虚体组织从中借用研究人员和基础设施的部门。虚拟组织重在收获而非培育。理论上来说当它们足够大时它们会拥有培育的资源，但实际上它们没有深度参与和指导研究人员职业生涯所需的永久性或动机。

因此，“垂直”研究部门至关重要。只有“垂直”部门及其领导层才有培育和发展全面人才的责任。只有“垂直”部门才知道谁刚刚经历了生活环境的重大变化，谁一直对某个其他的课题怀有兴趣并会抓住机会更深入地参与该课题，谁一直怀有从研究转到同样令人兴奋、同样重要的开发工作的转变愿望。只有“垂直”部门才能为其研究人员提供更深入、非交易性和非承包商式的培育——为其人员做如同资本重组时对基础设施所做的事情。大型公司和国家实验室等规模较大机构的“垂直”部门尤为重要，特别是对于被认为具有长期发现和发明机会的知识领域。这样的机构可以将临界质量和规模与长期培育结合起来，这对于生命周期较短的矩阵式虚体组织来说是困难的。

四、领导力

上文讨论了机构的目标、结构、资源，所有这些必须与研究工作协调一致。必须要有人来构建和监管这种协调一致性，这就是领导力的基本作用。只有领导者才能设定组织的目标，这个目标必须包含“超越自我”的使命。只有领导者才能调整组织架构，使研究在文化层面上与开发隔离，但又不能让两者在知识上、智力上隔离——从而使研究文化蓬勃发展，而不会成为开发文化的附庸。只有领导者才能确保资源分配给研究人员，而不是给项目，并且像收获人才的能力那样给予培育人才同等的重视程度。只有领导者才能确保机构的顺利运行，以实现其核心目标——研究。

因此，领导力对于一个研究机构来说至关重要。正如先后在贝尔实验室担任执行副总裁（1943—1951 年）和总裁（1951—1959 年）的默文·凯利所述（Pierce, 1975: 209）：

当领导者缺乏灵感或能力不足时，研究很容易偏离机构的总体目标。机构中的其他人很容易忽视研究。系统工程师很容易变得缺乏新意，一方面对研究的实际状态失去感觉，另一方面对开发、制造和运行的当前现实失去感觉。一个人员众多，关注建筑物、设施、车间、图书馆甚至计算机服务的大型机构很容易把组织秩序和预算规范性放在科学家和工程师的真正需求和问题之上。

人们常常错误地认为，研究只要聘用优秀的研究人员，然后让他们自由地进行研究就好了。这与事实相去甚远。研究人员当然对研究卓越性做出了至关重要的贡献，但是如果没有研究领导者，研究机构本身就无法保持活力。招聘、雇用或晋升研究领导者的决定是一项极其重要的组织任务，这比招聘和雇用研究人员更为重要。招聘到优秀的研究人员，但没有招聘到出色的研究领导者，是本末倒置。在任何组织层面上，研究领导力的表现不佳都会导致整个机构的表现不佳。

此外，杰出的研究领导者非常少见，他们的工作性质虽然与研究人员不同，但一样要求极高。成功的研究领导者首先必须拥有杰出研究人员的所有特质，尤其是技术深度和广度，否则他们的技术远见和判断力就不会准确。同时他们还需要具备除以上特质之外的第二种完全不同特质：人的维度，喜爱和培育研究人员的整体幸福和成功。正如本书作者之一（那拉亚那穆提）多年前阐述的（Narayanamurti, 1987: 6）：

> 人们不会自然而然地开始创新。人们需要一种氛围环境，创造力可以蓬勃发展、思想可以自由流动，个人发展得到鼓励。……我常常说没有人是为我工作的，是我为大家服务。这不是一句可爱的台词，而是作为我个人的警句，虽然环境不断变化，今天的管理者必须去培育创新，而不是管理创新。

研究领导者必须具备多重特质。他们必须能够直觉地根据人的情况灵活调整——必须对人有“感觉”。他们必须有令人兴奋的愿景，能激励部门内的人员。他们能肩负起领导大家和服务大家的双重责任。他们必须创造满足大家需求的环境，满足作为复杂人类的所有需求，职业只是其中的一个需求，尽管是很重要的一个。他们要为研究人员创造一个安全的基地——让大家在无处可去的时候有一个家。他们创建赋权的社区，平衡研究人员和研究领导者的自下而上和自上而下的角色和责任。他们创造开放和平等的环境，在这个环境中，人与人之间以及不同主题之间可以自由地建立社会和智力联系并得到鼓励；包容性、多样性和“不同思考”的价值都得到重视；行政管理既高效又服务好研究，而不是相反；研究领导者积极地以同理心进行指导，积极地促进联系。

机构的最高领导层（研究部门所在的机构的主管或监管者）必须设定组织的目标。只有在这个层面上，才能阐明、捍卫“超越自我”的使命，并赋予长期成功所需的持久性。只有在这个层面上，整个研究机构才能对其在国家和全球研究领域的竞争力负责。

中层领导层（大学里的学院院长，工业或政府实验室的部门管理者或中心主任）应在最高领导层指导下设定组织结构和资源。这些组织结构和资源有许多需要视具体情形而定的地方，取决于特定知识领域（生命科学和医学与物理科学和工程不同）、上级主管机构的政策（慈善研究机构与政府实验室或大学不同）或地理位置和规模（分布在多个不同地点的机构可能与单一地点的机构不同）。基于他们对实际情况的了解，这些中层领导者需要构建好组织结构和资源。他们既需要做出重要的战略性技术决策和人员决策，因为他们足够“接地气”，能够对研究方向和人员做出合理的判断；同时又需要能上升一步具备更广阔的视野去看待这些方向和人员是如何符合更大的组织战略的。这一层次的领导者还必须培养强大的管理技能。事实上，如果部门汇报人数太多，可能还需要引入执行级行政管理人员来支持对各式各样的组织行政工作的卓越管理。不过，在任何情况下，这种支持都必须是行政服务性质的，而不是监察性质的——在任何行政层级上这些行政管理人员都是为了支持研究领导层，而不是对领导者的监察。正如一位年轻的博士后针对珍妮莉亚研究园区为研究提供的卓越支持所做的描述（Narayanamurti & Odumosu, 2016: 122）：

重点是，他们建立的这个地方，让你真正感觉到这里的每个人，不仅仅是博士后或研究人员（PI），而是每一个人都是为了研究而努力。所以，他们有设施来进行细胞培养，照顾动物。即使是打扫房间或设置安全流程的人也会在这里让你的工作更容易，让研究工作更容易。例如，当我们为激光显微镜设立一个新房间时，安保人员来帮助我们检查东西并询问我们是否需要激光安全护目镜或其他设备，并为我们购买了这些设备。所以，你会觉得他们不是在试图让他们的工作更容易，而是来这里为了让研究更容易。

最低层级的领导层需要执行至关重要的机构日常运营管理工作，这些工作也涉及所有管理层。研究成果是研究人员和研究领导层的共同产品，就像一个体育团队的整体竞争力是运动员和教练的共同产品一样。在本章的剩余部分，我们将讨论机构运营的两个方面：拥抱“技术－科学”整体探索的文化，和以关爱和责任培育人才。在讨论这些之前，我们先讨论另外一个不同问题，一个与组织结构和资源更紧密相关的问题：如何建成临界质量。

正如我们之前观察到的，研究通常是一项合作活动，当个体研究人员被其他可以深入讨论广泛思路并且可以相互理解的人员包围时，研究活动的成果会大大地提高——这种交叉学科和超学科的思维会导致“下一个相邻可能性”的思想组合（第二章）。我们称这种情况为“临界质量”：在某一知识领域培育足够数量的研究人员，从而在知识的广度和深度上达到恰如其分的程度。

一方面，一个机构的研究方向必须足够广泛，以便拥有自由去探索、学习，并机会主义式地改变研究方向以追求最具影响力的问题和答案。另一方面，一个机构的研究方向又不能太广泛。如果研究方向不受限制地不断扩展，会发生三件事。

第一，所在研究方向上的组织层面知识缺乏深度，无法支持健康的智力竞争以及思想和结果的交叉核查。

第二，如果研究方向太广泛，相互之间的认知距离太宽，机构内的研究人员无法有效地跨越（Avina et al., 2018）。正如J. 罗杰斯·霍林斯沃思针对生物医学科学所阐述的（Hollingsworth, 2003: 221）：

> 在达到一定程度时，科学多样性和相互交流会增加机构内取得科研突破的可能性，但当一个机构过于多样化时，科学家们关注的问题过多，科研人员就不能有效地与其他领域的人员进行交流。在这种情况下，反而少有重大突破。

第三，如果因方向分散而使研究机构被拉伸得稀疏时，要保持竞争优势并为上级母机构带来利益就会变得更加困难。因此必须战略性地思考应该选择哪些研究方向——选择一个未被占据且与所在的上级母机构的使命重叠的利基，并将资源投入其中——这是高绩效研究机构的一个特征。例如，贝尔实验室很自然地选择通信作为其广泛的研究方向。一方面，这样做可以最大限度地提高对AT&T商业使命至关重要的研发突破的可能性，另一方面发挥了与AT&T

庞大的物理和知识基础设施的协同发展的优势。国家标准与测量物理实验室（National Institute of Standards and Measurements Physics Laboratory）很自然地选择测量科学，并做出了尽管艰难但却必要的终止其他领域的决定（Ott, 2013）。20世纪70年代末，加州大学圣芭芭拉分校工程学院选择专注于III–V化合物半导体，因为学院规模较小，无法与其他大学更大规模的工程学院在主流半导体材料领域（如硅）竞争（Narayanamurti & Odumosu, 2016）。成立于2006年的珍妮莉亚研究园区选择专注于生物科学与物理科学、计算机科学和工程学之间的交叉，这也是很有道理的，因为交叉学科的卓越合作是其独特的专门设计的机构优势（Narayanamurti & Odumosu, 2016; Rubin, 2006）。

因此，在所有层级的研究领导者——尤其是最低层级的领导者——的一个重要角色是园丁，即使研究人员扩展他们的兴趣从而自然地导致数百种花的盛开，研究领导者也必须清除干扰因素，以确保研究机构能够保持其临界质量、研究聚焦点，并比其他竞争关系的研究机构更具有战略优势。放弃一组研究总比进入其中却没有资源来发展到临界质量好。研究领导者必须给植物施肥并明智地除草，否则花朵在结果前就会枯死。

第二节　拥抱“技术－科学”整体探索的文化

仅仅将组织、资金和治理与研究协调一致（为实现元目标而非普通目标资助研究，将研究与开发相互隔离但不孤立，将整块资金分配给人员而非项目，以及拥有积极的领导者）并不意味着研究就会自动成功。组织、资金和治理的协调一致为研究工作的执行设置了背景，但并不能保证研究的结果一定会是意外和创造性破坏。

探索“技术－科学”未知领域还需要研究机构拥抱一种整体性的文化，即全面整体地重视“技术－科学”探索的所有途径：“技术－科学方法”中的所有机制，“问题－发现”和“答案－发现”机制，寻求意外和对传统智慧的颠覆。在任何一个时刻应该选择哪条路径？原则上应该选择在当时情境中能够提供最大机会的路径。然而在实践中，有些路径可能会被严重低估从而被排除在研究机构的工具箱之外。

在这里，我们将描述如何将经常被低估的各种路径重新纳入“技术－科学”整体探索的文化中，同时将它们放置到我们反思研究本质的第一至第三章上下文中的“合适”位置。在第一章中，我们看到 T

引领S和T跟随S这两种情况相当，因此不能把研究仅仅归结于S。在第二章中，我们看到发现问题与发现答案必须均衡。在第三章中，我们看到，对传统智慧的意外与传统智慧的巩固必须均衡——因此反叛者与传统主义者必须均衡。此外，由于意外既适用于研究的具体结果，也适用于研究的长期影响，因此由好奇心激发的研究和实际应用启发的研究（巴斯德象限）可以同样具有影响力，都应该予以支持。

一、T既引领S，也跟随S：超越布什

科学与技术紧密相连，共生共荣。因此，“技术－科学”整体探索文化必须包含所有的“技术－科学方法”。这个原则似乎很明确，但现实中，在盲目遵循所谓的线性创新模式（技术是在科学的基础上发展的）中，S和T，甚至是S和T的子集，往往是相互隔离的。虽然这个模式在过去几十年中已经多次被证明是不对的（Godin, 2006），但它仍然在许多研究政策制定者和资助机构中占据主导地位。

这种在“研究－开发”周期的前期阶段偏爱科学而非技术的倾向在第二次世界大战后的美国开始盛行，源于范内瓦·布什的著名报告《科学：无尽的前沿》。他的原话如下（Bush, 1945）：

科学进步在实际应用中意味着更多的工作机会、更高的工资、更短的工作时间、更丰富的农作物、更多的休闲娱乐、更多的学习时间、更多闲暇去了解如何生活而不用再像过去的人们那样枯燥而繁重地工作。科学进步也将带来更高的生活水平，将促进对疾病的预防或治疗，将促进对我们有限的国家资源的保护，将确保抵御侵略的手段。但为了实现这些目标——确保高水平就业，维持世界领先地位——就必须持续不断地获得大量的新科学知识。

由于上述报告，人们很自然地将科学（基础性科学）与研究混为一谈——研究旨在探索未知事物并创建新的知识范式，从这个意义说研究更具有真正的基础性。但并不是所有人都把科学与研究混为一谈，包括20世纪伟大的工业研究实验室，以及从工业研究实验室引入了领导者的一些研究资助机构，包括伊曼纽尔·皮奥雷（Emanuel Piore）领导下的海军研究办公室（Office of Naval Research）、埃里希·布洛赫（Erich Bloch）领导下的国家科学基金（National Science Foundation）。但这种混淆在以下这些重要的研究经费机构中却很普遍，甚至被固化为制度：美国国防部［他们的“6.1”“6.2”和“6.3”研究与开发（Sargent, 2018）］，美国国家航空航天局［他们的“技术成熟度水平”（Mankins, 1995）］和美国经济合作与发展组织（Organisation for Economic Cooperation and Development）［他们的弗拉斯卡蒂手册（OECD, 2015）］。

这种将研究与科学混为一谈、将开发与技术混为一谈的根源并不难理解。在第二次世界大战中最突出的单一进步是原子弹，它是一项起源于科学研究发现（狭义相对论）的技术开发。在这个极其重要的案例中，研究是科学性质的，而随后的开发则是技术性质的——在当时的原子时代，研究是科学，开发是技术。此外，这种混淆使科学家尤其是学术科学家受益，他们成为一个强大的利益集团，鼓吹他们在创建最基本的新知识方面的垄断地位（Pielke, 2012）——这让人想起20世纪早期，那些绅士科学家尤其是物理学家在工程师面前表现出的那种高高在上的傲慢。而且，随后收集到的研究与开发的统计数据，也被划分到与线性模式相符的类别中，从而进一步巩固了先有科学再有技术的线性模式，使之成为“社会事实”（Godin, 2006）。

但事实上，图1–2所描绘的“技术–科学方法”中的每一种机制在本质上都或多或少具有探索性，或多或少与研究相似。如图4–4所示，S和T独立于研究与开发的连续体，且与其正交（Narayanamurti & Tsao, 2018; Tsao et al., 2008）。一方面，不能简单地把研究等同于新科学：研究是范式创造，其结果无法提前安排或预测，这是一个贯穿科学和技术的定义。例如，在分子束外延（MBE）（一种逐层合成超洁净半导体材料的方法）和调制掺杂（一种在半导体中形成电子载流子而避免电子散射杂质的方法）等技术发明中的“研究”性质，与在分数量子霍尔效应的科学发现以及对具有新特性的新粒子的持续探索中的“研究”性质一样多。另一方面，也不能简单地把开发等同于新技术：开发是范式扩展，也是贯穿科学和技术的研究的一个层面。针对分数量子霍尔效应进行的后续更深入科学研究中的“开发”性质，与为产生更高电子迁移率的异质结构而进行的MBE技术改进中的“开发”性质一样多。因为人们普遍预测希格斯玻色子是存在的，因此对尚未观察到的希格斯玻色子的实验观察可以被认为是一种范式扩展的科学结果。但如果它没有被观察到，它就会颠覆人们的预期，成为一种范式创造的科学结果。

因此，我们反对将S与研究混为一谈，将T与开发混为一谈。在我们看来，科学没有独占研究，技术也没有独占开发。相反，S和T都同时包含了研究和开发。具有开发特征的S和T比比皆是，我们分别称之为“普通科学”（Kuhn, 1962）和“标准工程”（Arthur,

2009）（如图 4–4 所示）。同样地，$\dot{S}$ 和 $\dot{T}$ 也都可以具有研究特征，我们分别称之为“革命性科学”和“颠覆性的或激进性的工程”。

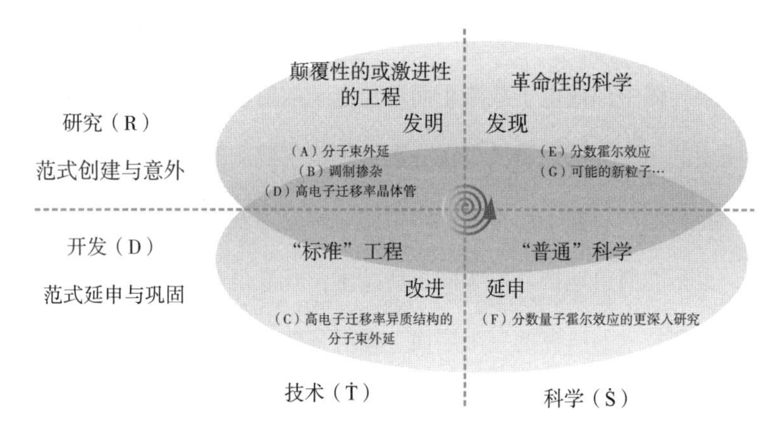

图 4–4　知识进化的四个象限（按其性质划分：研究与开发以及科学与技术）

我们特别关注具有研究特征的 $\dot{T}$，即工程研究，因为它异常强大，但又常常被低估。当一种新技术与现有科学理解不一致时，现有的科学可能成为一种保守的力量，把新技术看作是不可能的。但事实上，历史上经常有与当前科学相悖的新技术得到蓬勃发展，这提醒我们，大自然远比我们想象的更丰富，是新技术和新科学的丰富源泉。“材料发现”领域就是个典型例子（高温超导体、高效发光 GaN 半导体、量子霍尔效应异质结构、二维材料），所有这些材料的特性都是当时科学无法预测的。正如唐纳德·斯托克斯所阐述的那样，获得和使用技术专业知识通常先于获得和使用科学专业知识（Stokes, 1997: 95）：

> 布什声称“一个国家如果依赖于其他国家获取基础科学知识，它的工业发展将是缓慢的，在世界经济中的竞争力也会很弱”……但这个结论却受到本世纪（20世纪）早期的美国经验的质疑，当时美国主要从欧洲获得所需的科学与技术，进而发展成为世界工业技术的领导者，但在基础科学方面却依然落后。显然，日本的成功更多地归功于获取并改进世界上的技术，包括大量基于科学的技术，而不是建立一个基础科学的引擎从内部推动其工业进步。

工程研究将科学研究落实到现实世界和实际问题中，是大自然带给我们意外并迫使我们具备创造力的重要渠道；同时，工程研究也是对科学研究的关键交叉验证。

因此，培育研究就必须对 $\dot{S}$ 和 $\dot{T}$ 进行同等程度的培育。工程研究，即具有研究特征的 $\dot{T}$，常常是其他种类的知识进步（具有开发特征的 $\dot{T}$，具有研究特征的 $\dot{S}$，具有开发特征的 $\dot{S}$）的最初种子。围绕分数量子霍尔效应的一系列知识进展说明了这一点，如在图

4–4 象限中按时间顺序（A）到（G）分组显示：

A. 20 世纪 60 年代后期发明了分子束外延（MBE）（Cho, 1971）。

B. 1977 年发明了调制掺杂（Dingle et al., 1978）。

C. 这两项发明相结合，实现了越来越独特的（和高电子迁移率的）异质结构的 MBE 技术（Stӧrmer et al., 1981）。

D. 1979 年发明了高电子迁移率晶体管（Dingle et al., 1979; Mimura et al., 1980）。

E. 1981 年观察到分数量子霍尔效应（Tsui et al., 1982）。

F. 此类效应的更深入研究随后继续进行（Stormer, 1999）。

G. 继续探索低维材料中遵循分数统计的可能的新带电粒子（Bartolomei et al., 2020）。

在上述过程中，不是科学研究进展，而是两个开创性的工程研究进展——分子束外延（A）和调制掺杂（B），成为后续其他进展的最初种子。

二、启发类型不是影响力的有效指标：扩展巴斯德象限

给 S 和 T 分类的一种常用方式是基于启发它们的灵感来源是

什么：$\dot{S}$ 或 $\dot{T}$ 的行为是受好奇心启发还是受实际应用启发？这里我们采用类似于唐纳德·斯托克斯推广的“巴斯德象限”（Pasteur's quadrant）分类法来进行描述，我们对这种分类法做了扩展，纳入了上文讨论的研究与开发的区别（如图 4–5 所示）。图中前面一组四象限是“研究与意外”象限，后面一组四象限是“开发与巩固”象限。

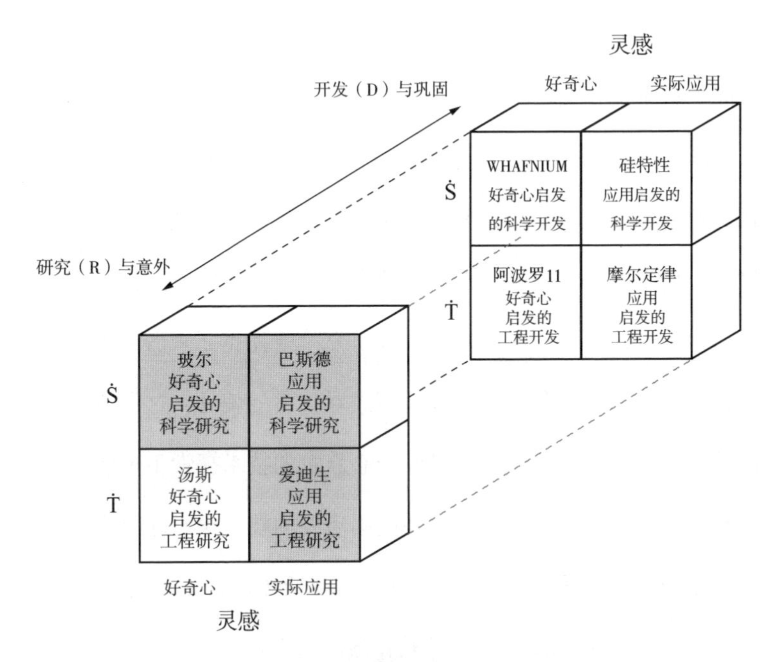

图 4–5 唐纳德·斯托克斯的四重“巴斯德象限”，进一步分成研究和开发两组

在这两组象限中，底部的横坐标代表知识进步是受什么启发的：受实际应用启发（如进食），还是受人类好奇心启发（如探索宇宙起源或发明激光只是想看看它能做什么）。用斯托克斯的话说，这些是“使用方面的考虑”。两组象限中左侧的纵坐标代表知识进步是科学S还是技术T性质——是属于总体“技术–科学方法”中的“科学方法”那一边还是“工程方法”那一边。用斯托克斯的话说，这是指知识进展是与“探索基本理解”（斯托克斯将此等同于科学）相关联，还是与非基本理解（等同于技术）相关联。

图4–5中前面的四个象限是关于研究的。其中三个象限以斯托克斯的原始范例命名，但我们添加了具体描述：玻尔象限，即受好奇心启发的科学研究；巴斯德象限，即受应用启发的科学研究；爱迪生象限，即受应用启发的工程研究。斯托克斯未命名第四个象限，即图中白色部分。由于线性模式对技术的偏见，这个象限有时被称为“集邮”象限，仿佛受好奇心启发的技术探索不可能产生任何有意义的成果，只有受到已知应用启发的技术探索才有意义。与这种偏见相反，我们将此象限命名为汤斯象限，即受好奇心启发的工程研究。正如查尔斯·汤斯和微波激射器/激光器的工程发明（第一章）的例子，受好奇心启发也能产生显著的技术进步，就如

受实际应用启发一样。制造一个比任何已知实际应用所需的光源更相干、更单向、光谱线宽更窄的发光器件——这与玻尔的原子内部结构的科学理解一样满足人类的好奇心，而且是同样令人意外、同样深刻的知识进步。但它没有满足任何当时已知的实际应用：查尔斯·汤斯在贝尔实验室的研究领导层就质疑微波激射器和激光器的实用性，这是促使汤斯从贝尔实验室搬到哥伦比亚大学继续这一研究的部分原因。即使在激光器发明之后的早期数年，它还被戏称为“寻找难题的解决方案”（Hecht, 2010: F104），这个短语今天仍然被用来取笑那些寻找问题的答案。

与研究象限类似，在图 4–5 的后部我们增加了四个关于开发的象限。Whafnium 元素象限，代表受好奇心驱使的科学开发，将一种材料（想象的 Whoofnium 元素）的知识扩展到另一种密切相关的材料（同样是想象的 Whafnium 元素）（Goudsmit, 1972）。硅特性象限，代表受应用启发的科学开发，是为了提高实际应用而进行的科学知识延伸，比如对硅材料的电学、热学、机械及化学特性进行科学研究，以优化硅基电子的性能。（硅是人类研究最多的无机材料元素）。摩尔定律象限，代表受应用启发的工程开发，对技术进行工程改进以提高其效用，比如摩尔定律所描述的对数字集成电路技术的持续改进。阿波罗 11 号象限代表受好奇心驱使的技术开发，是已知工程知识的延申以满足人类好奇心，比如意义深远的美国对技术的工程开发以实现载人登月太空飞船，该项目的目的不是为了实际效用，而是为了满足人类好奇心。

（一）象限术语的局限性：影响力并不跟随启发类型

前面列举的两组象限是对斯托克斯框架的逻辑延申，但我们一直很小心不去使用他的术语，因为他的术语有局限性，尽管这些术语很流行。斯托克斯将玻尔象限描述为“纯基础研究”（Pure Basic Research），将巴斯德象限描述为“受应用启发的基础研究”（Use-inspired Basic Research），将爱迪生象限描述为“纯应用研究”（Pure Applied Research），尽管按其内部逻辑更一致的描述应该是“受使用启发的应用研究”。斯托克斯没有命名第四象限，但内部逻辑上更一致的描述应该是“纯应用研究”。在斯托克斯的术语中，“基础”（Basic）和“纯”（Pure）意味着以下意思：“基础研究”是指具有科学性质的研究，因此它描述了图 4–5 中上面两个象限；“应用研究”是指具有技术性质的研究，因此它描述了下面两个象限。“纯研究”是指受好奇心而不是实际应用启发的研究，因此描述了左侧的两个象限；“受应用启发的研究”是指受实际应用而不是好奇心启发的研究，因此描述了右侧的两个象限。

这些术语有哪些局限性？它有两个方面的限制性。

第一个限制性是，“Basic”这个形容词带有“基础”的意思。因此，当它用于表示科学性质的研究时，它将科学研究与更基础的研究混为一谈。由于受到“技术 - 科学”发展进化的“线性”模型的支持，人们很容易得出一个错误的结论——科学研究是比技术研究（工程研究）更基础的研究，技术研究（工程研究）建立于科学研究之上。但事实是，范式创造和意外的程度，即知识进步的基础性程度，并不取决于它是科学性质的还是技术性质的。它仅仅取决于意外本身的程度，即它与传统智慧相矛盾并迫使研究人员和科学界改变方向的程度。爱迪生和汤斯颠覆传统智慧的程度与玻尔（Bohr）一样，他们的知识进步具有同样基础性。

第二个限制性源于“Pure”这个术语，它隐含了研究中不需要考虑实际情况的意思，因此无法影响实际应用。虽然在某些情况下这种结论对于开发活动可能是对的，但对于研究活动来说绝非如此。研究的特点是以意外为元目标。意外意味着知识进步是无法预测的，同样重要的是，对未来的后续影响力也是无法预测的。受好奇心启发的研究可能会对实际应用产生与受实际应用启发的研究同样显著的影响，正如当时英国财政大臣威廉·格拉德斯通（William Gladstone）对电力的实用价值提出疑问时，迈克尔·法拉第（Michael Faraday）的著名答复：

先生，总有一天您会对它（电力）征税的。

换言之，研究是受好奇心还是实际应用启发，这不是衡量其最终影响力的有效指标。此外，受一个实际应用启发的研究可能会对其他意想不到的实际应用产生重大影响，例如晶体管革命性地改变了计算技术，但至少最初并不知道它也会改变通信技术。如图 4–2 所示，由于概括泛化机制和适应扩展机制，外溢到最初预期知识领域之外产生影响力是非常常见的，而不是特例。此外，这种溢出的影响力不是因为绝望，只是在无法控制外溢的时候就不控制它外溢了。正如计算机科学家肯·斯坦利（Ken Stanley）和乔·莱曼（Joel Lehman）所述（Stanley & Lehman, 2015, Loc. 1450）：

这种情况听起来可能觉得毫无希望，但其结论其实更加微妙和深刻：我们可以可靠地找到一些惊人的东西，我们只是无法说清楚那是什么东西！对此的深刻认识是，如果留下未定义的空间，那么伟大的发现是可能的。

（二）象限术语的局限性：跨象限的机会主义式转移是常见的，而不是特例

启发灵感的来源不仅不是研究的最终影响力的有效指标，还是一个不断移动的目标。意外是研究的元目标，但随着知识空间的不断探索，最有机会发现意外的地方也在不断地改变。始于一个象限的研究可以轻松而有利地转移到其他象限。始于玻尔象限的量子力学，因它启发了半导体器件等重要的实际应用，而转移到了巴斯德和爱迪生象限。始于汤斯象限的激光器，因它启发了光和物质相互作用的新观察以及光纤通信等实际应用，而转移到了玻尔和爱迪生象限。始于巴斯德象限的分数量子霍尔效应，由于它作为强相关电子现象特征的重要性，因此转移到了玻尔象限。

研究是关于无法预测的事情，而其中一个无法预测的事情就是

在任何给定时间哪个象限是最有利于探索的。随着新知识的获得，我们需要支持机会主义式的跨象限转移。谷歌的研究部门 Google X 之所以潜力受限，就是缺少这种机会主义式的象限切换。他们决定进行哪些研究的筛选标准是“社会影响力提升 10 倍以上”（Thompson, 2017），这使他们自动排除了玻尔和汤斯象限。这也是强调巴斯德象限的所谓的 ABC（应用和基础相结合）研究原则所缺失的（Shneiderman, 2016）。“技术 – 科学”的进步有时可能是受实际应用的启发，而实际应用的启发有时可能会导致“技术 – 科学”的进步——但并非总是如此，因此不应强求。为了最大的研究影响力，我们必须预料到会有意想不到的事情，包括从一个象限转移到另一个象限。

另请注意，机会主义式的象限切换甚至可能发生在研究和开发之间。开始时可能关注的是一个开发的象限，然后注意到某种异常现象。此时如果是开发思维模式，这个异常现象可能会被忽略或将其归因于实验误差，而不会被看作是对于预期结果的理解的颠覆。然而，如果是研究思维模式，这个异常将被视为探索与传统智慧相左的异常行为的机会，并可能带来意想不到的发现。

三、拥抱“答案－发现”和“问题－发现”：超越海尔迈耶

正如第二章所述，以进化生物学作为类比，“答案－发现”是一种适应性、向下看和还原论的过程，而“问题－发现”是一种适应扩展性、向上看和整合性的过程。“答案－发现”的思维方式专注于已知问题，探索未知答案，并需要深入了解给定学科的解决方案空间。“问题－发现”的思维方式则专注于已知答案、探索未知问题，并需要深入了解给定使用者所遇到的问题空间。一种“技术－科学”整体探索的文化应该同时包括“问题－发现”和“答案－发现”。

尽管“问题－发现”和“答案－发现”对研究来说都是至关重要的，但通常“答案－发现”比“问题－发现”获得更多重视，就如国防高级研究计划局（DARPA）的“海尔迈耶要理之问”，项目提案撰写者被要求回答以下问题（Cheung & Howell, 2014: 12）：

你试图做什么？用没有任何行话的语言阐明你的目标。

当前是怎么做的，当前做法的局限是什么？

你的方法有什么新意，为什么你认为它会成功？

有谁关心吗？如果你成功了，会有什么不同？

有什么风险和回报？

它需要多少费用？需要多长时间？

用什么中期和最终“考核”来检查是否成功？

一个符合“海尔迈耶要理之问”的研究提案，应提出一个问题并提供一个提案来回答这个问题。在理想情况下，这样的研究方案是可以预测和提前计划的——知道需要完成哪些任务和里程碑，并制定计划来完成它们。

这样的提案因此缺失了“问题－答案－发现”协同进化之舞的另一半。共同进化可能始于一个引导研究的特定问题，但在试图回答这个问题的过程中，可能发现最终回答了另一个不同问题甚至是更重要问题的方法，此时研究人员应该灵活地改变方向去探索这个新问题。事实上，乔治·海尔迈耶（George Heilmeier）本人就以这种富有远见的“问题－发现”而闻名，尽管没有体现在他自己的要理之问中（这有些自相矛盾）。正如他的同事斯图·珀森尼克（Stu Personick）所述（Cheung & Howell, 2014: 13）：

乔治有能力识别出科学新发现的前瞻的、意义深远的影响，比如液晶中的铁电效应，为尚未满足的重要市场需求创造解决方案，继而进行将新发现转化为高影响力、可市场化的产品的应用研究和开发。

正如海尔迈耶知道“问题－发现”的重要性一样，巴斯德也知道。巴斯德以善于抓住偶然事件和观察而闻名，他能够意识到它们和与他原本想回答的问题不同的问题有关，然后他灵活地将研究方向转向新问题。在前面讨论的调制掺杂和分数量子霍尔效应的工作中，也有类似的问题和答案协同进化。知识创建工作是更像研究性质还是更像开发性质，这与该工作适应新发现的灵活性正相关，也与是否将工作局限在一个狭窄的“问题－答案”空间的程度正相关。

四、科学方法不仅仅是假设验证：超越波普尔

将科学方法等同于假设验证（一种“答案－发现”的方法）的想法越来越流行，说明人们普遍强调“答案－发现”而不是“问

题－发现”。虽然假设验证很快地成为科学研究提案中的必需品，但它只是科学方法中的一部分。正如第一章中所概述的，科学方法有三个机制。

第一个机制是“事实－发现”：利用技术或其前身——人类感官，来引出现象进行观察。“事实－发现”包括假设验证：有目的地寻找理论预测的现象；如果找到了这些现象，则该理论更为可信；如果未找到，则该理论不太可信。但它也包括以开放的方式寻找现象，希望能发现意想不到的现象。为此，通常人们会提议将某一项技术置于一种之前未曾接触过的环境或条件中。环境越“不同”或“极端”（高压、低温、高能），发现新现象的可能性就越大。然而，虽然可以创造条件以便更有可能看到意想不到的现象，但这些意想不到的现象是无法提前计划的。因此在大多数研究提案要求有计划表和里程碑的情况下，将意想不到的“事实－发现”作为研究提案的主要内容是相当困难的。

第二个机制是“解释－发现”：对现有事实的解释。与“事实－发现”和尤其是假设验证相比，“解释－发现”常常被低估、得不到足够支持。科学研究提案通常必须是观察性的，或者提议从观察中发现新的事实，或者包含一个假设并通过观察进行验证。如果提案只包含想要解释现有观察结果，该建议方案很可能不会获得资助，因为如何找到解释存在着巨大的不确定性。正如理查德·费曼所阐述的（Feynman, 2015: 291）：

当你思考一些你不理解的东西时，你会产生一种可怕的不舒服的感觉，称为“困惑”。这是非常困难和不愉快的。所以大多数时候，你实际上对这种困惑感到很不高兴。你无法克服这个问题。那么，这种困惑是因为我们都是一些愚蠢的猿猴，试图搞清楚如何把两根棍子绑在一起去够到香蕉，但总是做不到吗？我一直都有一种感觉，感觉自己就像是一只试图把两根棍子绑在一起的猿猴。所以我总是感到很愚蠢。不过偶尔，这两根棍子能够绑在一起，我终于够到香蕉了。

然而，由于“解释–发现”非常重要，科学家们无论如何都会做这项工作，即使没有正式的资助。正如赫伯特·西蒙所阐述的（Simon, 1977: xvi）：

多年来，科学哲学一直将核心关注点放在如何测试和验证科学理论是否正确以及如何在相互竞争的多个理论中做出选择。而如何首先发现理论却常常被严重忽视，有时甚至被否认属于科学哲学范畴。……在我看来，这种对验证而非发现的强调似乎是对科学实践中的真正重点的扭曲。……科学史和科学哲学过度着迷于不同理论之间竞争的戏剧性：光的波动理论与粒子理论、经典力学与相对论、燃素与氧气，等等。这种理论竞争只是偶尔发生。更常见的情况是，科学家们观察到一系列现象，但没有任何理论能够哪怕是以最低限度的可接受方式来解释它们。在这种更典型的情况下，科学任务不是验证或证伪理论，或在不同理论之间进行选择，而是发现可能有助于解释事实的新理论。

在当代物理学中，突出的例子包括分数量子霍尔效应、液氦–3的超流性以及非传统高温超导——所有这些观察都早于它们的解释。

科学方法的第三个机制是概括泛化：将原本用于解释一组事实的理论进行推广，以预测在它最初打算解释之外的新的可能事实。如果这些预测的可能事实是已经被观察到的，那么该理论立刻获得更多可信度。如果尚未被观察到，就会形成一个假设——一个潜在的科学事实，如果能够观察到，将会给该理论更高的可信度。例如，星光经过太阳附近时会因重力而发生特定角度偏转这一潜在科学事实是一个假设，后来亚瑟·爱丁顿在1919年证明了它的正确性，从而为爱因斯坦的广义相对论赋予了可信度。然而，尽管许多假设在被发现后看起来似乎很简单，但是要找到它们并非易事。就像所有的概括泛化一样，新问题的发现是很难提前预测和计划的，因此发现新假设的工作也是很难通过计划性的项目来支持的。

所有这些并不是要反对假设验证的重要性。假设验证对于科学方法的重要性是显而易见的。有两个经典格言显示了科学方法与其他获取知识方法之间的差异。培根格言“不要相信言语”（nullius in verba）是世界上最古老的独立科学院伦敦皇家学会（Royal Society of London）的座右铭。波普尔格言断言，一种理论是否有能力通过假设验证被证伪是判断该理论是否科学的唯一真正检验。如果没有假设验证，我们就只有迷信和“货物崇拜科学”（Feynman, 1974）。但假设验证很重要并不意味着它是全方位地重要，也不意味着它全面定义了科学方法。科学方法包括上面讨论的三种机制，而不仅仅是代表假设验证的“事实－发现”机制。

五、拥抱知情反叛：超越同行评议

“技术 – 科学”整体探索文化的另一个标志是拥抱知情反叛。这点很重要，因为最极端的意外和创造性破坏是发现“看起来不可信的效用”——意外的但却有用的知识进步，正如第三章所讨论的。

那么怎么才能发现意外呢？

在决定去哪里寻找时，人们可能会遵循传统智慧，但是却发现传统智慧没有预料到的东西。然后，尽管这一发现可能看起来不可信，但经过足够认真的培育之后它成为一项新的发明或发现。在图 4–4 中，当异质结构通过材料合成技术进步获得前所未有的电子迁移率时，寻找新的电子现象是“有意义的”，但显示出分数电荷而不是整数电荷的观察结果完全是出乎意料的。它们有可能会被视为观察错误或噪声而被忽视，好在事实上没有被忽略，这一结果成就了 1998 年的诺贝尔物理学奖，也成就了霍斯特 · 斯托尔默（Horst Stormer）、崔琦（Daniel Tsui）和罗伯特 · 劳夫林（Robert Laughlin）（Stormer, 1999）。

或者，在决定去哪里寻找时甚至可以与传统智慧背道而驰，在此基础上发现传统智慧没有预料到的东西。如前文所述，根据亚里士多德宣称的，天体是完美且不可变的球体，那么伽利略用望远镜去探究太空就是毫无“意义”的。但是，伽利略就是这样去做了并且发现了木星的卫星——这是完全出乎传统智慧意料的。托里切利（Torricelli）对空气进行称重也是没有“意义”的，更不用说发现空气其实有重量。

这两种方法有一个共同点，都愿意认真对待与传统智慧相矛盾的观察或想法。因为传统智慧是有限的，正是当研究人员的观察或想法超越传统智慧时（甚至是似乎不合情理时），看起来不可信的效用的潜力才是最大的。看起来不可信的效用要求研究人员放弃传统智慧的一部分信念，并认真对待反叛者的替代方案。比如地球的大陆漂移，不论是什么样的参照系光速都是恒定的，iPhone 可以实现人类所需的功能，或音频信号可以通过电线传输。

与合理可信的效用不同，看起来不可信的效用是一条孤独的道路。任何观察或想法，如果其效用是可以被传统智慧事先预测到的（$u_{ConvWis}$），那么根据定义它就不是看起来不可信的效用（如图 4-6 的右侧所示）。正是因为在传统智慧看来是合理可信的，所以对于成功的研究成果来说它是“见光死”。只有图 4-6 中左侧的观察或想法，即那些反叛者，才有可能成为看起来不可信的效用。然而，反叛，这是大多数研究人员和研究机构难以接受的。反叛，这需要有能力能够承受来自同行的批评，甚至是轻视。实际上，同行的轻视经常是正确的，因为历史上充满了当时被轻视并最终被证实确实没有效用的观察和想法。比如1989年对冷聚变报道的轻视最终被证实了。但反过来，那些成功的反叛者的观察和想法则可能是变革性的：历史上也同样充满了当时被忽视但最终证明非常有成效的观察和想法。

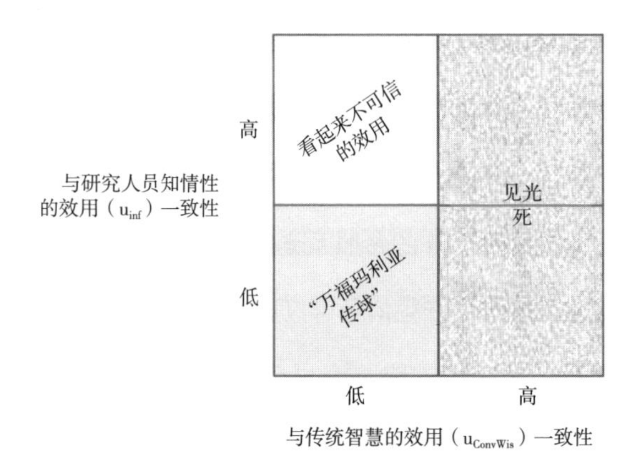

图4-6　通往“看起来不可信的效用”的途径

因此，那些旨在“改变人们思维或行为方式”的研究人员和研究机构必须拥有自由，不仅是成为反叛者的自由，而且也要有犯错的自由。在1899年那个时代背景下，爱迪生错误地认为电动汽车将优于汽油或蒸汽动力汽车，在1902年他又错误地认为一次充电可以行驶100英里以上的电池将被发明。但正是因为他有成为反叛者的自由和犯错的自由，他才有自由去尝试并最终成功地实现其他一些改变世界的发明，包括第三章讨论的电灯泡和发电和配电系统。反叛有时会导致失败，但从失败中学习，从学习中经常会产生看起来不可信的效用，意外的但有用的效用。

然而，反叛不是研究人员获得看起来不可信的效用的唯一条件。还有一个要求是知情。传统智慧和现有范式是“有效”的——这是我们最初接纳它们的原因，也是强烈抵制推翻它们的原因。因此如果一个研究人员想要认真对待与传统智慧相悖的观察和想法时，他最好有充分的理由这样做——以及形成这些充分理由的学科知识。我们把这些理由称为“知情”——该研究人员拥有他的同行们尚未掌握的“内部”知识或能力。这些内部知识使得该研究人员认为他是对的，而传统智慧是错的。这个研究人员是一个“知情的反叛者”，他与传统智慧背道而驰，但是以一种知情的方式，以减少违背传统智慧的巨大风险。

就像金融套利者利用关于资产真实价值的更多“知情”来购

买当前被传统智慧低估的资产一样，“知情反叛”的研究人员是研究的套利者，他们利用自己对研究观察或想法的价值的更多“知情”来认真对待那些当前被传统智慧低估的想法。为了研究套利最大化，我们希望尽可能靠近图 4–6 的左上角。研究人员寻找那些知情价值高但是传统智慧认为价值低的观察或想法。可以与风险资本家选择支持哪些初创企业进行类比。正如著名风险投资家彼得·泰尔（Peter Thiel）对他可能要投资的创业者们所说的那样，“告诉我一些几乎没有人同意，但却是真实的情况”（Hof, 2014: 1）。如果玩味地引用巴斯德的名言，可以说“反叛偏爱知情的头脑”。

因此，我们在研究人员中寻找的要点是知情的反叛。知情的反叛并不能保证成功；研究人员仍然可能失败。但是不知情的反叛情况更糟糕。这相当于在图 4–6 的左下象限，在那里没有任何知情的信心，但却希望反叛会得到好回报，也许出于绝望——就像美式足球中的成功率极低的长距离“万福玛利亚传球”。

在研究人员层面，知情的反叛需要能够平衡不同的性格极端：既具有“不同寻常地思考”的倾向，又能对“不同的思考”进行严格检验；既有探索未知的热情，又有对已知的尊重；既能适应必要的风险和不确定性，又对不必要的风险和不确定性感到不安；既对未知痴迷和好奇，又尊重已知（或应该知道的）；既自信地相信自己的观点，又能够自我批评地质疑自己的观点；既具有质疑和推翻传统智慧所必需的个人雄心，即所谓的抱负，又具有尊重真理并在必要时改变自己观点的诚实和正直。

在研究机构层面，知情的反叛也需要类似地平衡不同极端。一方面，研究机构必须鼓励新的想法和反叛者的想法，即使这些想法与其信仰相悖，而且必须保护那些经常提出这些想法的奇特古怪的研究人员。另一方面，研究机构必须鼓励对这些想法的质疑，以淘汰那些没有意义的想法，或至少当时没有价值去追求的想法。尤其是一个人反叛时，需要是知情的，而要做到知情，就必须能从他人的认识和质疑中受益。在这个过程中，它会产生一定的压力，但人们不会期望精英研究人员在没有压力的情况下达到最佳表现，就像人们对精英运动员的期望一样。事实上，这种真理文化的对立面是共识文化，它是社会和谐、避免冲突、群体思维和降低压力的处方，而不是面对反叛时的知情（Avina et al., 2018）。

第三节　以关爱与责任培育人才

如前文所述，将组织、资金和治理与研究协调一致，以及拥抱“技术－科学”整体探索的文化——这两方面对任何研究机构的成功至关重要。尽管如此，研究归根结底是一项人类事业，要在这个事业上取得高水平的成功，就需要进行高水平的人才培育。在这里我们强调人才培育的三个关键：（1）招募、聘用和指导；（2）对研究负责；（3）问责制的实施、绩效评估。这三方面共同代表了对人才的真正关爱和对研究结果的高标准专业责任的结合。在招募、聘用和指导过程中，在共同培育研究人员和研究方向的过程中，在为更成功的研究成果奖励的过程中，要充满同理心和关爱。而在决定不雇用某个人才时，在淘汰不再是研究前沿或远离机构统领性使命的研究方向时，在要求研究人员对研究结果承担高标准的责任时，则要体现出选择性和问责制。

一、招募、聘用和指导

培育研究人员的前端工作是招募、聘用和指导。确保对研究人员的招募、聘用和指导——给予研究人员长期支持和研究自由，这是一项重要的工作。每个高效的研究机构都必须极其重视招募、聘用和指导。

（一）招募与聘用：专业素养、热情和多样性

顶尖的研究人员是稀有而珍贵的，在招募他们时，必须尽一切努力从人和知识分子两个角度去了解他们。个人关系导向的招聘过程至关重要：亲自访问大学校园并和学生及教师进行非正式交谈，对技术会议上的重要演讲或技术期刊上的重要论文表现出个人兴趣，在实地访问或面试候选人之前或期间进行深入的智力探问。机构中各个层级的领导层的参与是至关重要的：候选人可能会由于各种各样的原因而不适合，而领导力最重要的能力之一就是评估候选人是否适合。正如阿特·高萨德（Art Gossard）（他对本章前面讨论的分数量子霍尔效应工作做出了开创性贡献）回顾他在 20 世纪

60年代被贝尔实验室招募的经历（Narayanmurti & Odumosu, 2016: 90–91）：

对我个人而言，我当时在伯克利读研究生，在那里我经历了贝尔实验室的招聘，非常特别。贝尔实验室的招聘人员每年都会来伯克利，他们会跟踪伯克利学生的进展情况，他们在很多很多其他大学也是这样。这对实验室来说是一个非常有效的招聘手段。这对我也有好处。面试我的招聘者是比尔·博伊尔（Bill Boyle），当时他是招聘者和部门主管，后来因电荷耦合器件（CCD）而获得诺贝尔奖。他安排我去贝尔实验室访问两天，访问了我有兴趣做博士后的研究领域以及许多其他领域。

即使是采用“发布和投简历”的方式来扩大招聘范围并实现比通过个人和专业联系更多样化的招聘池，这种基于深入的个人关系的招聘方式也必须坚持。了解职位申请背后的人，并真正理解他的研究兴趣和能力是至关重要的。最初印象不一定是未来业绩的有效预测指标。最初印象愚笨迟钝的人实际上可能是有深刻见地的人。为了搞清楚这些，我们必须花时间去了解工作申请者作为人的一面，包括为申请者写推荐信的那些人并分析他们的推荐信有多大程度值得信任。

当然，招募和聘用的标准是个很难回答的问题，可以这样说，还没有人能找到确切的公式。埃隆·马斯克（Elon Musk）所说的标准“杰出能力的明确证据”，引发了“是什么能力？”的反问。不过，杰出能力的有些维度似乎是明确的。

第一个维度是要有技术深度，在一个或多个技术领域的知识深度。这个维度比较容易评估，因为它与学术表现相对应——对相关领域的现有范式的理解。请注意，对于具体哪个技术领域不应太有倾向性。但实际上，不能保持无倾向性是研究机构在招聘时最容易犯的错误之一。研究机构“需要”一个了解 X 领域的人，因为 X 似乎对于探索一个特定研究方向至关重要。但研究结果无法预料，随着研究的深入，可能很快发现 Y 或 Z 其实更重要。因此，能够深刻理解 X 的重要性并不是因为 X 本身很重要，而是因为能够深刻理解 X 的能力，是当研究发生曲折变化时有能力去深刻理解 Y 和 Z 的先导指标。不要低估伟大的研究人员在兴趣和需要的引导下从一个领域转移到另一个领域的能力。

第二个维度是要有技术广度和探索超越自己专业领域的天生

好奇心。当然，在招聘年轻员工时这点更难评估，他们往往有机会在单一学科内证明自己能力，但还未跨越多个学科。通常，我们需要评估他们的一些无形特质——当提到一个他们以前可能没有想到过的新类比时，他们眼中是否表现出惊喜和闪光；是否愿意去实时探索新想法；当做一些完全不同的事情的展望被提出来时，他们是否感到兴奋（即使同时会有一些恐惧）。贝尔实验室的著名“空实验室”问题（如果预算没有任何限制，你会在空实验室里展开什么样的研究？），其部分目的就是为了评估探索未知的好奇心。

第三个维度是要有激情，这在生活中的每一项创造性活动中都是重要的，研究同样如此。探索未知的激情；做出影响力的激情；驱使自己去学习、去成就的激情；想让自己被那些在有更多自由和更少框架限制时热爱学习、热爱成就并更加努力工作的人包围的激情。这个维度通常被低估，但却极其重要。对成就的渴望是真正取得成就的关键。

第四个维度是多样性，这个维度与研究机构作为一个整体的成功有关，而不仅仅是研究人员个人的成功。我们在这里所说的多样性是指最广义的多样性：性格的多样性、技术专长领域的多样性、包括性别和文化起源在内的经验背景的多样性。这种多样性是通过交叉学科合作发现新的和意外的问题和答案的关键，也是创造性地解决未来人类和社会重大挑战的关键。杰出的研究领导者必须避免为了统一性而招聘清一色的“老男孩”，而应该组建一个具有人员多样性和技术视角多样性的组织，以激发不同的思维和创造力——这通常包括女性研究人员和其他少数群体、聪明绝顶的怪人和特立独行者。然而，这样的组织很容易分崩离析，因此杰出的研究领导者必须以同理心和关爱来管理这种多样性——不是所有怪僻的人都具有好的社交情商和团队合作技能。我们必须认识到不同个人和智力的异质性，并重视他们的价值。

在这四个维度中，技术深度和广度似乎看起来比较容易评估，而激情和多样性似乎很难评估。但事实上所有四个维度的评估都不是那么简单的。我们可以收集并分析那些用于评估的量化指标（也应该如此），但最终决定招募和聘用哪些人是基于我们的个人判断（也应该如此），尽管这种个人判断随后还应该在更高层次被严格审查。不能用一个公式来决定招聘。跟踪研究人员的早期职业生涯，甚至他们的学生时期；评估哪些人的推荐信更值得信任；了解哪些人的动机、兴趣和能力最符合研究机构的研究大方向和卓越研究的潜力——所有这些都是研究领导者才能做出的多维度的精准判断。当然研究领导者也会失误，人的个人判断也会出错。尽管如此，研究领导者仍然必须运用他们的个人判断力，那些更擅长此道的研究领导者应该被赋予更多的责任来行使这种判断力，即使没有人能够阐明他们为什么更擅长。

决定招募和聘用谁是一回事，而吸引他们真正融入研究机构是另一回事。候选人是人，人有各种偏好，对工作地点地理位置的偏好；对不同的组织机构总体使命的偏好；对很多不受机构控制的因素的偏好。当这些因素对某个人才来说不合适时，过度鼓动他融入机构反而起到反作用。这是一个配对的过程，双方都要互相评估。但有一个因素是普适性的：最优秀的研究人员会被最优秀的研究人员和最好的研究机构吸引一起工作，因此一个机构的研究人员和研究领导者的研究质量和声誉至关重要。

（二）指导

一旦被聘用，研究人员就开始了极其艰巨的任务：探索未知，选择有前途的领域进行深入研究；选择合作者，并最终以某种方式颠覆传统智慧。当他们着手这些任务时，精明而有爱心的研究领导者需要给予他们人文培育和指导。研究领导者的很多作用都是不可取代的：积极指导研究人员；了解他们的优势、劣势和独特的激情；以包容的方式帮助他们建立与潜在合作者和新兴研究方向的联系；鼓励他们追求新的未知领域；为研究人员尤其是新员工、女性和少数族裔排除障碍使工作环境更公平；带头鼓励研究成功和人生成功；最重要的是，推动对未知的探索。正如后人对 1951 年至 1959 年间贝尔实验室总裁默文·凯利是如何指导研究人员的评论（Gertner, 2013: 109）：

皮尔斯后来评论说，他的前任老板凯利做的一件事情让他印象最深刻：这与贝尔实验室技术人员被要求探索新领域时凯利如何指导他们有关。无论是为军事用途研发的雷达技术，还是为电话公司研发的固态半导体技术，凯利都不想从已知的事物开始一个项目的研究。他希望首先聚焦于未知的事物。皮尔斯解释说，这种方法既困难又违背直觉。更普遍的做法是从现有技术开始往前推进，然后逐步填补空白，至少在军事领域是如此。而凯利的策略相反，这就好比在玩拼图游戏时说：先去确定那些找不到的图块的位置，然后再去拼已知的图块。

研究领导者的任务不仅仅是培育研究人员，尽管这项任务已经非常复杂。研究领导者有责任同时培育研究人员和研究方向，这项任务要复杂得多，培育研究人员和培育研究方向有时是协调一致的，有时则不是。

从研究方向的角度，研究领导者需要问以下问题："当前的各个研究方向中，哪些是最有趣的，并且条件已经成熟临近突破？"有时，新的研究方向只是现有研究方向的变种，因此只需要通过很小程度的重组，研究机构中现有研究人员的才能、专业知识、兴趣和职业发展轨迹就已适合去研究该方向。但有时新的研究方向与现有方向没有共同点，却对研究机构极为重要。在这种情况下，研究领导者需要做出艰难的选择：是否应该招募和聘用了具有相关才能、专业知识、兴趣和职业发展轨迹的新的研究人员？是否应该鼓励现有的研究人员从他们目前的工作方向转移到新的方向？

而从研究人员的角度，研究领导者需要问以下问题："我们的研究人员的才能、专业知识、兴趣和职业发展轨迹是什么？这些如何既与本机构的研究方向匹配，同时又使研究人员在与其个人和职业目标一致的研究方向上去学习和接受挑战？”在很多情况下，研究人员会自行地组成适合他们去挑战且可以有效探索的合作团队和研究方向。特别是当研究人员已具有在他们所追求的研究方向上做出明智决定的经历时，应该给予他们很大的自由权。如果研究人员正在研究一个他们认为很重要的领域，即使该研究方向的影响看起来不是那么可信，也需要给予他们自由选择权。人类社会中最闻名于世的那些研究人员经常重复地述说着同一个现象：他们做出的最杰出的研究成果，往往是事前同行们认为看起来不可信的。研究领导者可以而且也应该去启发新的研究方向，大多数研究人员会以开放的心态考虑这些方向，但对于最杰出的研究人员，强行要求他们选择某些方向通常是不明智的。

不过，有些情况下研究人员自行组织达不到最优解。研究人员并非无所不知，尤其是处于社会主流之外或处于职业生涯初期的研究人员。有时他们没有意识到一些潜在的合作关系可能可以解锁新视角和新方法。有时他们的工作被困在一个已经发展到完全成熟水平的领域，因此不太可能会有更多成果，但因为受困于他们的声誉或害怕不确定性和新挑战而没有换赛道到新的领域。在这种情况下，研究领导者的重要职责是鼓励，有时甚至是坚决要求这些研究人员去寻找新的合作伙伴或转移到新的研究方向去。正如 1951—1955 年任贝尔实验室研究副总裁的拉尔夫·鲍恩所阐述的（Bown, 1953: 4）：

研究人员，尤其是研究主管和实验室主任最难做的决定是，放弃一个他们正对其应用方式感到兴奋的新事物，转而去摸索下一个好的研究想法。如果他们不能执行这种自制力和选择智慧，而让自己进入与开发工程师竞争的应用开发中，那么他们作为关键性研究工作的主体，其终结也就在眼前了。放弃旧的、把握新的，这是要求研究人员群体应该做出的最艰难但也是最重要的决定。

二、对研究负责

对于研究，存在一种普遍的误解——将研究工作类比为游乐场，是一个好玩的而非工作的地方，是一个不需要评判的有趣的游戏。当然，这个类比中有一些元素是正确的：研究强调好奇心、学习和探索。但如果研究人员真把它看作游乐场的话，他们很快会引起所在研究机构中其他人的不满：凭什么那些人貌似拥有不劳而获的特权可以在沙盘中玩耍？因此，游乐场的类比事实上是有缺失的。一个更完善的类比是将研究比作竞技体育。这里我们并不是指“赢者通吃”心态那种意义上的竞技体育。我们是指渴望表现出自己的最高水平，并受到其他人高水平表现激励的竞技体育。正如皮埃尔·德·顾拜旦（Pierre de Coubertin）的现代奥林匹克运动会口号所设定的标准：

奥运会中最重要的不是胜出，而是参与，就如人生中最重要的不是胜利，而是拼搏。最关键的不是征服，而是努力奋战。

像竞技体育一样，研究是令人振奋和充满趣味的，也应该如此；研究会涉及友谊和合作，也应该如此；但同时研究也必须有竞争。正如本书作者之一（那拉亚那穆提）阐述他自己的经历时所说的那样（Narayanamurti & Odumosu, 2016: 83–84）：

贝尔实验室是……一个竞争非常激烈的环境。最显著的例子就是在每年的年度评估过程中可以清晰地看出这种竞争环境是如何培育出来的。在初期，实验室的每一位成员都会被排名，以确定最好的10%和最差的10%。我们的一位受访者说起出现在最差10%名单时感受，“如果你连续两年都出现在那个名单，你就有大麻烦了，通常会最终导致你离开实验室去其他地方工作。我想强调的是，这是一个每年持续进行的过程，所以每年你都要面对它，无论如何每年都会有一些人处于最差名单中。”另一位受访者说：“每个人都知道这就是一种竞争性的情形，适者生存。你很清楚你必须面对它，不能懈怠。”这种竞争在一定程度上是由贝尔实验室研究团队所代表的卓越研究水平所驱动的。正如一位受访者说的：“我可以在大楼走廊上找到任何领域的专家。我可以找到能够帮助我做任何事情的合作者。这几乎是能够想象的最好情况了。”在机构中，偶尔会有多个小组在探索相同或相似的问题，但他们采用不同的方法。这种冗余产生了一种不同的竞争——团队之间的竞争。贝尔实验室一项了不起的成就是它在竞争与合作之间做到了良好的平衡。我们的一位受访者很好地捕捉到了这一点：“我想你可以把它想象成一个大家庭，有很多兄弟姐妹之间的竞争，一个非常成功的大家庭……有非常特殊的紧密关系……我认为它来自这样的概念，就像在一个大家庭中一样。兄弟姐妹之间有竞争，但每个人都做得非常好。”

竞争的关键是要有一套绩效评估的方法，以让大家知道与同事相比自己的绩效如何，甚至与自己过去的绩效相比——从而促使大家对研究负责。这与匿名制度相反，匿名会导致糟糕的业绩被流程掩盖起来，研究领导层看不到。而研究问责制则会带来诸多好处。

第一个好处是因为不断进行评估，研究绩效会持续得到提高，而差的业绩会不断被淘汰。基于这种思路，关键一点是要把研究成果公开发表，以便与全球最高水平研究进行比较。如果只是在内部交流研究成果，会很容易变成“自斟自饮自陶醉”，但却不会意识到外面正在进行着许多出色的研究，也不会意识到他人已发现的错误你却没有发现。这一点对于研究而言尤其重要，因为在探索未知的过程中，错误在所难免。阳光（公之于众）是最好的消毒剂。要让研究具有竞争力，必须首先面向外界，然后才是面向内部。

第二个好处是可以启动针对问责制流程的试验。培育研究的过程不必是静态的，可以是动态的，这个动态的过程可以成为试验的对象。尽管本章提出了一些培育研究的指导原则，但这些原则肯定还需要随着我们不断学习而动态地持续进化发展下去。例如，更好地了解研究人员的特性与他们做出的研究成果之间的相关性，会有助于我们持续改进招募、聘用和留住人才的流程。

第三个好处是科研合作、跨学科交叉、对不同观点的欣赏等都会自然而然地出现，无需强迫。竞争会激励合作，因为合作和跨学科交叉是研究成功的关键途径。那些不合作、不寻求多元化观点的人在追求卓越研究方面处于劣势。

第四个好处是研究问责制能产生一种紧迫感。没有问责制，会很容易变得自满。相反，我们认为研究人员必须通过承担追求研究卓越的责任来获得从事研究工作的特殊资格。研究工作不是免费的午餐，不是一种权利，它是一种特殊资格。请注意，这对于研究尤其重要——相比之下，自满对开发来说通常不是问题，因为开发工作总是能够基于准确量化的效用指标执行很明确的问责制，这比研究工作中的意外的指标要清晰明确得多。

我们应该让研究人员和研究领导者负责些什么？在每次绩效评估流程结束时我们可以向他们提出以下简单问题：“在过去这次绩效评估周期中，你在获得有用学问和发现意外方面做出了哪些实际的或未来潜在进步的贡献？”当然，研究机构中不同层级的人对应的贡献会有所不同，但所有层级都必须“参与其中”，所有层级都必须承担责任。

（一）研究人员

对于研究人员而言，承担责任意味着为发现意外和有用学问做出贡献，可以通过“技术－科学方法”中的任何一种机制或所有机制。在这里“有用”指的是第一章中讨论的广义定义——无论是哪种人类欲望，无论是满足人类更直接需求的现实欲望还是满足人类好奇心的欲望。请注意，我们不会要求研究人员对招聘时可能用于筛选应聘者的各种人员特征负责。我们主要是要求研究人员必须对研究结果负责，其次才是对可能是也可能不是预测研究成果潜力的先导指标负责。评估通常必须在研究工作完成后进行，而不是基于只是工作计划的研究提案进行。不过话虽如此，基于先导指标的次要评估也还是需要给予一定权重的，因为研究结果包含了太多的历史偶然性和运气。正如 1951—1955 年任贝尔实验室研究副总裁的拉尔夫·鲍恩所述（Bown, 1953: 4）：

员工坚信卓越的表现会得到诚实的评估和充分的奖励，这是他们对机构忠诚的必要成分。为了公平和令人信服，评估必须基于个人的表现和能力，而不是完全基于其研究结果的直接价值。只奖励运气足够好提出的想法获得了丰厚回报的员工的体系，将无法获得让整个机构充满活力所需的同心协力的团队合作。

评估必须考虑那些不是立刻成功、初期表现不佳，但有潜力产生长期重大影响的路径。不仅评估最终的成绩，还要评估其实现路径。有些路径可能涉及反复失败，但也学到了新东西。事实上，失败的自由以及成功的耐心都植根在贝尔实验室的文化中。正如本书作者之一（那拉亚那穆提）所述（Narayanamurti & Odumosu, 2016: 81–82）：

贝尔实验室的研究信念与其他地方的研究文化之间的最大区别也许是失败的自由。研究人员完全享有这种自由。……同时这也意味着机构层面需要有很大的耐心去对待那些最初虽然失败了，但如果能够证明成功将有望获得非凡回报的项目。正如我们的一位受访者所说“（贝尔实验室）给予他们研究自由、经费和鼓励让他们在该项目上探索了六年。今天你找不到这种地方。发明分子束外延技术的卓以和（Al Cho），我相信他花了十多年时间才研究出高质量的晶体。同样，这是一个非常花钱的科研项目。”有时，失败的自由意味着为了成功必须拥有耐心。

最重要的是，评估必须公平。它绝不能偏袒已功成名就的研究人员而轻视年轻的研究人员——应该始终培育年轻人。评估人员担负着很大的责任。必须防范隐性偏袒，必须包含数据和多种不同的意见，评估人员的个人判断始终必须经过仔细的审核，虽然最终我们必须依赖于评估人员的个人判断。

（二）研究领导层

对于研究领导层而言，承担责任意味着对所有三个总体指导原则的实施做出贡献：将组织、资金和治理三者与研究协调一致；拥抱“技术－科学”整体探索的文化；以关爱和责任培育人才。但不要低估了在实践中实施这些指导原则的难度。因为研究是一项非常人性化的工作：仅仅依赖抽象的指导原则是不够的；它需要在特定的研究领导者、特定的研究人员，以及特定的研究方向之间建立人性化的联系和智力上的交流。

例如，如前所述，研究领导者肩负着同时培育研究人员和研究方向以达到临界质量的重要责任，而两者都不断地以新的方式发展演化。对比而言，允许研究人员在任何他们感兴趣的研究方向上各自进行探索，对收到的任何研究提案都进行回应，这样做要容易得多。但是，为了进行必要的研究人员和研究方向两方面的联合培育，研究领导者必须具备技术远见、判断力、能力和同理心。这并不意味着研究领导者需要和研究人员一样了解研究人员的特定专业知识——这当然是不可能的。但这确实意味着研究领导者应该在技术上足够精通，能够理解他们的研究人员的工作及其重要性。以下特质都是研究领导者“必须具备”的，不只是“有更好，没有也没关系”：是从研究人员排名层级结构中成长起来的研究领导者，他们自己在早期职业生涯中为研究做出了重大贡献，对研究有着发自内心的有直觉力的感受，并且在技术上受到其他研究人员的尊重。本书作者之一（那拉亚那穆提）基于他在贝尔实验室的工作经历指出（Narayanamurti & Odumosu, 2016: 87–88）：

研究机构的管理层应由非常有成就的研究人员组成，他们足够灵活允许新型的合作组织的出现，能够理解研究团队工作的技术和科学价值。他们的总体定位是帮助、服务和支持他们的团队成员获得必要的资源，以使他们取得最大的成功。最后，管理者还需要有能力讨论各种项目的技术优点并测定它们的价值。因为这样的测定并不总能正确地做出，因此有时功成名就的研究人员并不总能成为优秀的管理者。（在贝尔实验室）很多研究管理者都做得非常出色，他们的成功在很大程度上促成了贝尔实验室的良好研究环境。

（三）绩效评估

对于研究人员和研究领导层来说，问责制的实际执行方式是通过绩效评估。绩效评估过程传递出研究机构价值观的最重要信息。通常，你希望人们知道这个机构是一个为发现意外而进行冒险且可以获得回报的地方，而不仅仅是容忍冒险的地方；是一个探索“你不知道的”可以获得回报的地方，而不是利用“你已知道的”；是一个公开和分享知识可以获得回报的地方，而不是秘藏知识。在研究中，你不能总是等待所有的 i 都被打钩，所有 t 都被打叉，等待所有的工作都计划好。通过绩效评估，研究人员承担起为发现意外和创造性破坏的元目标做贡献的责任，研究领导层承担起为通过三个指导原则培育研究做贡献的责任。此外，研究人员和研究领导层之间的关系是双向的，研究领导者自己的绩效评估与研究人员的绩效评估同等重要。事实上，一个研究人员的一次不良绩效评估在一定程度上反映了领导者在多大程度上培育了该研究人员。

请注意，我们这里所说的“贡献”是最广泛意义上的贡献，不仅仅是个人的研究贡献。研究工作和研究领导工作有时是“独奏”性质的工作，这种情况下一个人对研究成果的贡献是比较容易评估的。但更普遍的情况是，研究工作和研究领导工作是一种团队合作，其中任何一个人对研究成果的贡献都不太容易确定和评估。因此，必须尽一切努力对任何贡献进行慷慨且公平的评估，以鼓励团队合作。值得注意的是，这样的评估程序与典型学术机构的评估程序是非常不同的。在典型的学术机构评估中，年轻教师受激励驱使往往更强调个人贡献而非与他人的合作，以强化他们独特的工作成果。

这并不是要贬低有“独奏”性质的工作：一项工作最好是由一个人单独完成还是由团队合作完成，这取决于具体情况，取决于课题领域、研究的成熟度、是否存在合适的合作者等。但是，平均而言，恰当的团队合作所产生的影响力往往比每个人单独努力所产生的影响力的总和要大得多。因此，针对高影响力研究成果的贡献的问责制，会激励研究人员组成具有影响力的团队合作，只要在绩效评估中能够公平和慷慨地评估对合作的贡献。在这种合作文化中工作的研究人员和研究领导者会认为寻求同事帮助是很自然的事情，不论同事们的正式工作职责中是否包括提供帮助这一条。在这种文化中，研究人员和研究领导者不需要在工作的每一个方面都同样出色。有些研究人员更善于表达和撰写论文；有些研究人员更适合解决实验室里的问题。有些研究领导者更善于物色那些有潜力成为优秀研究人员的人，让这些管理者优先在大机构的招募和聘用工作中负更多责任是合理的。伟大研究机构的一个标志是，不仅可以容纳极端人才、专业知识和兴趣，而且还能使之蓬勃发展。

但也不能向另一个极端倾斜：纯粹委员会形式的团队工作。这种做法很容易演变成只有合作没有问责制——委员会成员“躲”在委员会后面，由委员会集体做决策。正确的做法是，个人始终必须做出个人判断，委员会可以提出好的建议，但不能代替个人做出最终决定。

因为研究工作和研究领导工作都是复杂的人类活动，它们必须由人来评估判断。必须建立能够确保尽可能公平和客观的评估流程，包括使用各种多元化的定量和定性指标作为输入信息。会议、受邀演讲、受到追捧以及其他形式的外界认可，这些都是研究卓越性的重要指标。参考文献数据（如 h-index）和同行评议也很有价值。参考文献数据更多地反映了被同行“快速追随”的程度，而同行评议更多地反映了传统智慧，但不是知情的反叛。研究领导者需要考虑这些定量指标和同行评议，但同时也必须根据研究人员对发现意外所做的贡献做出自己的个人判断和智力评估，以上两方面需要相互权衡。研究领导者应该参加重要的技术会议，应该了解研究前沿，应该了解该领域最优秀的人，并且清楚他们和自己机构的研究人员相比水平如何。如果一个研究领导者没有能力做出有效的评估，其解决方案不是替换量化指标或简化评估，而应该物色新的研究领导者取而代之。如果一个研究领导者的行政工作变得过于繁忙，其解决办法不是停止参加会议或停止与研究人员接触，而应该减少研究领导者的行政工作或者增加更多的行政助理支持，但这些行政助理支持工作必须始终处于研究领导者的深度互动监督之下。

有一点非常重要，绩效评估必须同时包括正反馈和负反馈机制。

正反馈方面，有很多选项可以选择。

对于卓越的研究工作或研究领导工作的第一个正反馈奖励是研究环境方面的：增加开展和领导研究的自由度和资源。其具体形式依具体情境而定，也取决于研究人员或研究领导者如何才能做出最佳表现。它可以是从伴随着成功的研究或研究领导工作的行政事务性职责中解脱出来的形式；它可以是增加对实验室设备的支持的形式；它可以是增加对博士后和学生的支持的形式；它可以是允许探索离机构的统领性研究方向更远的研究方向的形式。对于许多甚至是大多数研究人员和研究领导者来说，一个能为个体和团队的研究工作效率创造出最佳环境的机构是最重要的奖励回报。

第二个正反馈奖励是金钱方面的：增加工资。这个奖励虽然没有第一个重要，但也绝非不重要。研究人员和研究领导者不仅有职业生活，也有个人生活，当他们的个人生活变得更加丰富和令人满意时，他们的职业生活也将变得更加轻松和令人满意。薪水不是金钱回报的唯一方式，但它起到很重要的作用。什么样的工资级别差异可以既平衡个人生活和职业生活的丰富性但又不至于破坏团队合作的平等精神，这需要做出个人判断。两种极端情况都是不可取的。如果需要支付过高的薪水才能阻止一个研究人员或研究领导者离职，那么最好让他离职。但另一方面，不具竞争力的薪资水平将无法吸引到最优秀的研究人员或研究领导者。最重要的一点是，工资和工资级别差异必须由发现意外和创造性破坏的实际贡献来确定，而不是由被选中的工作提案、一个人研究“帝国”的规模大小或对整个机构使命的近期影响贡献等因素确定。研究人员和研究领导者必须始终关注长期的（而非短期的）全局的（而非局部的）“技术－科学”影响力。

第三个正反馈奖励是声誉性的。多数情况下声誉奖励是一种外部奖励——研究工作或研究领导工作的卓越成果得到本机构之外的更大的研究人员或研究领导者社群的认可。这种外部声誉奖励部分是研究机构为研究人员和研究领导者提供的研究大环境的一个结果，但机构也可以在鼓励外部协会团体的学术奖金或奖项方面发挥影响力，并感谢那些花精力提名同事的机构。不过，必须注意要公平地做这件事情，不要过度推销自己的同事员工，不要夸大他们的实际贡献。声誉奖励也可以是机构内部的——在内部工作岗位级别上得到晋升。但是，此类内部声誉奖励必须谨慎考虑。因为它们是如此明显可见，它们很容易变成机构内不满情绪的来源，并对合作与团队精神及至关重要的平等主义意识产生反作用。事实上，工作岗位级别设置过多可能是个危险迹象，可能是因为机构不能提供有利于从事或领导令人满意的研究工作的研究环境而尝试做出的补偿。如果人们觉得他们的工作已给予他们个人和专业的满足感和意义时，就像许多研究人员和研究领导者能够实际从事或领导研究时感受到的那样，他们不太会觉得需要加薪、晋升或其他福利作为补偿。但是当他们的工作不能给予他们更高的意义时，也许是因为他们的研究工作或研究领导工作受到阻挠，他们就会需要那些其他类型的补偿。做自己喜欢的事情是最重要的，对于研究人员和研究领导者来说，研究是他们热爱的。

在负反馈方面，研究领导层可选择的选项比较少，而且大多数选项是很困难和痛苦的。事实上这些选项是如此痛苦以至于各层级研究管理者有时会为了避免痛苦而走极端。尽管如此，虽然负反馈既困难又痛苦，但绩效评估中还是需要有负反馈机制。正如那拉亚那穆提和欧度茂苏（Odumosu）针对研究人员（对研究领导者也同样适用）所阐述的（Narayanamurti & Odumosu, 2016: 91）：

贝尔实验室的晋升和绩效评估是每年一次，主要注重质量而不是数量。每个研究人员填写一页纸的自我评估，提交给部门负责人。然后各部门负责人汇集一起讨论对每个人进行排名。提拔研究人员和对他们的工作进行解释是部门负责人的责任，因此他们必须非常了解下属研究人员的工作。这个评估过程最终区分出排名处于上游、中游和下游的人员。采用一个大致五年的动态窗口期，处于下游的人会感到压力，除非他们的工作绩效得到改善，否则几年内会被要求离开贝尔实验室。这种持续的排名分级和淘汰制度造就了贝尔实验室普遍性的卓越。正如我们的一位受访者所说："贝尔实验室里平均水平的科学家通常都比外面的人优秀得多。这听起来很自大，但我可以告诉你，实际情况就是如此。"

最终的负反馈是当个人和机构不匹配时，组织变动是必要的。并非每个人在其职业生涯的所有阶段都适合做研究工作或研究领导工作。不过，必须始终以关爱、尊重和优雅的方式去执行这种负反馈变动，以及对待其产生的后果。而在执行负反馈很早之前，研究管理者应该先尽一切努力去指导研究人员、认真分析他们的研究先导指标、提出反馈建议给他们，并帮助提高他们的研究绩效。如果最终还是必须进行组织变动，则应尽一切努力在本机构内的其他部门或者其他机构中为他们寻找更匹配的工作岗位。如果研究人员或研究领导者曾经做出过有影响力的贡献，毫无疑问这说明他们已具备一些能力是可以满足其他一些机构需求的，因此应该尽一切努力促成他们找到与他们能力相匹配的工作岗位。

总之，基于卓越竞争的绩效评估至关重要，必须基于研究工作或研究领导工作的实际表现。卓越的研究与各行各业的卓越表现没有什么不同——它来之不易，不是免费午餐——这意味着绩效评估必须要有“牙齿”。应该鼓励杰出的研究人员和研究领导者留下来，给予他们越来越多的工作自由，类似于终身职位制度。但对于那些在研究工作或研究领导工作不太成功的人，应该鼓励他们离开，否则研究机构将受到低标准和低士气的打击。当然，那些在研究工作或研究领导工作不太成功的人很有可能在其他事业中非常成功。

最后请注意，当研究人员或研究领导者出于自己的意愿离开时，通常是由于个人和专业考量以及职业选择的变化不定，这并不意味着是研究机构有弱点。相反这表明机构有实力，其研究人员和研究领导者有机会去其他机构工作，尤其是去世界研究舞台上担任职位。而当研究人员和研究领导者没有这样的机会时，反而说明研究机构没有实力。重要的一点是，研究机构要能够吸引到顶尖的年轻研究人员来填补人才梯队，以取代那些离职的人。

第四节　本章回顾

在第四章中，我们围绕若干指导原则阐述了对培育研究的反思。这些原则旨在足够普适以适用于各类研究机构，但又足够具体以具有可操作性。

第一个原则，将组织、资金和治理与研究协调一致，认识到研究是一项高度专业化的活动，一项寻求新学问和意外的活动，其结果无法提前预测。出于这个原因，研究必须与开发区别对待，尽管研究与开发在知识生产活动中同等重要。必须在组织、资金和治理的背景下其目的、结构、资源和领导力等要素都与研究协调一致的情况下进行研究。

认识到仅仅将组织、资金和治理与研究协调一致并不能保证研究的结果一定是意外或创造性破坏，还需要拥抱“技术－科学”整体探索的文化，这是第二个原则。成功的研究文化应该拥抱我们前三章讨论的“技术－科学”探索方法中的所有不同的机制：第一章中的所有“技术－科学方法”，第二章中的“问题－发现”和“答案－发现”机制，以及第三章中新的令人意外的知情反叛者。

第三个原则，以关爱和责任培育人才，认识到人是研究活动中“跳动着的心脏”——他们必须得到关爱，但他们也必须对高标准研究负责。在招募、聘用人才过程中，在共同培育研究人员和研究方向的过程中，在为更成功的研究成果奖励的过程中，要充满同理心和关爱。而在决定不雇用某个人才时，在淘汰不再是研究前沿或远离机构总体使命的研究方向时，在要求研究人员对研究结果承担最高标准的责任时，则要体现出选择性和问责制。

后　记

科技革命重塑人类社会

我们只需片刻的回顾就会惊叹地发现，仅在过去的一个半世纪时间里，“技术－科学”革命已重塑了人类社会。本书讨论了其中一些物理科学和工程学方面的例子：狭义相对论、晶体管效应、灯泡、晶体管、激光器、蓝光 LED 和 iPhone。生命科学和信息科学等领域也有很多例子（未在本书中讨论），比如 DNA、聚合酶链式反应方法、CRISPR-Cas9 基因编辑工具、深度学习等。谁能猜到哪些未来“技术－科学”革命会再次重塑人类社会呢？它们可能处于第二章讨论的“多者异也”的无缝知识网络中的任何层级中：物理科学与工程学、生命科学与医学、社会科学与人类事务。我们当然清楚“技术－科学”进步的积极影响和消极后果，因此人类对管理这些后果负有集体责任。正如科学技术学学者希拉·贾桑诺夫

（Sheila Jasanoff）所阐述的（Jasanoff, 2020: 9）：

如果工程学已经成为21世纪进步的动力，那么伴随这个动力而来的是责任。

但是我们对未来无限的而且最终有益的变革性“技术－科学”充满信心，它们有待于我们去创造。

正如“技术－科学”塑造社会一样，社会也在塑造并且必须塑造研究活动——“技术－科学”革命的起源是“研究－开发”周期，而研究是这一周期中的前端和先导。社会如何塑造研究？通过“社会性组织”来塑造，研究在社会性组织中完成。第一个正式的研究机构成立于1876年的托马斯·爱迪生的门洛·帕克实验室（Menlo Park Laboratory），这就是一个社会性组织。20世纪伟大的工业研究实验室——包括贝尔实验室、IBM、施乐PARC、杜邦、和通用电气实验室——它们都是社会性组织。今天的研究型大学、研究机构以及国家和国际实验室都是社会性组织。

随着社会及其价值观的演变进化，这些社会性组织也在演变进化，相应地研究也在演变进化。在第二次世界大战之后的20世纪后半叶，现代社会持续加速了对研究的支持，因为相信“技术－科学”作为公共和集体利益的力量，特别是在国防安全、经济繁荣和人类健康领域。但那之后的20世纪最后25年一直持续到21世纪的第一个25年，现代社会逐步转变为强调短期的、也更狭隘的资本投资回报率的衡量指标，以“对我有什么好处”的交易式方式来衡量研究。其结果是，大型工业研究实验室将其重心从研究转向开发，甚至有些机构完全取消了研究活动。今天我们即将进入21世纪的第二个25年时，我们希望现代社会能够不再将研究视为短期私人利益的交易创造者，而将研究视为长期公共和集体利益的创造者，去解决当今人类社会最重大的挑战，并推动实现我们今天只能模糊梦想的未来社会变革性进步。

在贝尔实验室正门入口的门厅里，伟大的发明家亚历山大·格雷厄姆·贝尔的半身像下面镌刻着这句名言：

偶尔离开常走的路，潜入树林中，每一次你都会发现你从未见过的东西。

在贝尔实验室工作的许多人，包括本书作者之一（那拉亚那穆提），都有一个传统：带来访者来这里向这座半身像及这句名言致敬（Narayanamurti, 1987）。然而，研究机构如何才能最有效地离开常规道路去发现新的和意外的东西，这并不是那么简单的事情，即使有“意愿”去释放研究及“技术－科学”革命的全部力量，也很少有人能找到正确的方法。在本书中，我们尝试强调正确的方法需要培育研究，而不只是简单地管理研究活动，而且针对这种培育有一些经得住时间考验的统领性指导原则。

我们希望这些指导原则能够赋能新一代的“研究实验室 2.0”，使其超越我们现有的“研究实验室 1.0”。新一代的“研究实验室 2.0”可以有迥然不同的形式和规模。它们可以有不同的组织治理结构、资助模式、“技术－科学”知识领域聚焦点、规模大小——有些像欧洲核子研究中心（CERN）那样大规模，有些像大机构中的一个研究组织那样中等规模，有些是小规模的公益性研究机构。但他们都应该意识到这些针对研究培育的经得住时间考验的统领性指导原则。

新一代实验室应该意识到研究的培育必须与培育的内容保持一致。它必须与研究的本质及它的所有反馈循环和放大机制协调一致——不仅是物理学的还原论，尽管这很重要，还包括基于整合性的“多者异也”态度的复杂性科学和多学科融合（American Academy of Arts & Sciences, 2013; National Research Council, 2014）。如果不理解科学与技术之间的共生关系，那么就不会去拥抱“技术－科学”整体循环及其集合的力量。如果不了解“问题－发现”和“答案－发现”之间的共生关系，那么“问题－发现”机制将尤其脆弱而得不到足够支持。如果不理解意外和颠覆传统智慧的重要性，那么那些总是质疑、总是超越传统智慧舒适区的知情反叛者将被机构淘汰。

新一代实验室还应该意识到，培育研究需要重视研究作为一项深入的人类努力、团队合作努力、社会努力的价值。像所有社会努力一样，它需要积极的社会建设：与研究协调一致的组织、资金和治理；支持“技术－科学”整体探索的人类文化；以关爱和责任培育人才。像所有团队合作努力一样，它会受益于所处环境的丰富多样性和包容性，它也将为之做出贡献。像所有人类努力尤其是那些追求卓越表现的人类努力一样，它需要将人才作为一个完整的个人和精神来培育。我们在本书中多次借用了贝尔实验室研究副总拉尔夫·鲍文的真知灼见，我们禁不住在这里再借用一次，将他的话转述如下（Narayanamurti & Odumosu, 2016: 76），研究环境反映了人际关系和群体精神。简而言之，成功的研究机构永远不应该忘记他们是人的机构，应该将人置于结构之上。

我们还希望，在更遥远的未来，会出现越来越有效的更新一代研究实验室——研究实验室 3.0。它将建立在改进后的指导原则之上，超越甚至可能推翻或取代本书所阐述的指导原则。为了超越我们今天所处的水平，我们必须持续“学习如何去学习”（Odumosu et al., 2015）。我们认识到学习有两种来源。第一个来源是通过真实试验学习：随着我们更加深思熟虑地设计研究机构并观察它们的运行情况，我们必须将这些机构当作是试验，从中更深入地理解研究的本质和培育。研究的培育是一项“身体接触的体育运动项目”，需要直接的人类经验。第二个来源是通过人工智能学习：随着人工智能的进步并开始学会如何学习，我们期待将人工智能学习的本质映射到人类学习的本质上。自从范内瓦·布什向美国罗斯福总统提交那份具有开创性意义的报告并创建国家科学基金会以来的 75 年里，社会性研究组织已发生了非常多的变化。我们相信，在下一个 75 年的未来至少会有同样多的变化。

致 谢

虽然我们在开始写作时并没有意识到，但本书的创作过程体现出与本书所讨论的研究的本质与培育一样的所有特征。本书既对关于研究的科学做了深入的探讨，也对关于研究的工程以及研究机构做了同样深入的分析。我们试图解答的那些问题，以及我们找到的那些答案，它们都在错综复杂的舞蹈中“变体”了无数次。对于我们在本书写作过程中获得的许多见解，甚至连我们自己都感到意外——我们经历了我们自身知识进化中的“间断平衡”。

本书的创作过程远非顺利。我们从2016年秋季开始认真的研究和撰写，一直持续到2021年春季写作完成。我们发现，在科技研究的政策、管理和实践等层面，我们两位作者之前有许多观点一致的共同经验，但引起我们更大兴趣的是两人观点相左的地方，其中很多不同观点源于，那拉亚那穆提（Venkatesh Narayanamurti，简称Venky）更擅长于整体性思维，而杰夫里（Jeffrey Y. Tsao，简称Jeff）更擅长于还原论思维。其结果是我们两人之间有许多激烈辩论，以及充满挑战性的协商。但也正因如此，才使我们的最终论述得到了极大的改善和提高。尽管我们知道本书不可避免地一定还存在着一些不一致或者没有讲清楚的地方，但我们希望它将有益于与我们相关的研究机构。我们更加希望，本书将为我们共同珍视的全世界研究领域提供更广泛的公共裨益。

本书在许多方面都反映了我们两位作者的职业顶峰经历：Venky 先后任职于贝尔实验室、桑迪亚国家实验室、加州大学圣芭芭拉分校、哈佛大学工程与应用科学学院、哈佛大学肯尼迪政府学院；Jeff 主要在桑迪亚国家实验室工作，期间曾短暂地涉足教学、创新公司以及担任能源部基础能源科学办公室和能源效率及可再生能源办公室固态照明项目的咨询顾问角色。对于我们两人来说，2008 年都是一个关键的转折年：Venky 将其职业重点从大学管理工作和凝聚态物理与材料物理研究工作，转到在科学、技术和公共政策的交叉领域开展教学和研究工作，成为哈佛大学保尔森工程与应用科学学院和哈佛大学肯尼迪政府学院的联合教授；而 Jeff 则开始涉足科学学领域的研究，并与凯文·博亚克（Kevin Boyack）、迈克尔·科尔特林（Mike Coltrin）、威尔·高斯特（Wil Gauster）和杰西卡·特恩利（Jessica Turnley）合作共同发表了题为“伽利略知识流”（Galileo’ s Stream）的论文。随后在 2013 年，Venky 和 Jeff 与圣何塞州立大学的格雷格·费斯特（Greg Feist）合作，在桑迪亚国家实验室共同组织举办了“科学与技术之艺术和科学研讨会”；在2016年，Venky和图鲁瓦洛戈·欧度茂苏（Toluwalogo Odumosu）合作共同研究并撰写了一本有关发明和发现循环的书籍《发明与发现：反思无止境的前沿》，而Jeff则于同年开始了他在哈佛大学肯尼迪政府学院的Belfer Fellowship研究职位。

我们感谢很多朋友和同事，他们在我们写作过程中给予的鼓励为本书铺平了道路。

Venky特别感谢格雷厄姆·艾利森（Graham Allison），他在2009年招聘Venky接替约翰·霍尔德伦（John Holdren）担任哈佛大学肯尼迪政府学院贝尔弗科学与国际事务中心（Belfer Center of Science and International Affairs）的“科学、技术与公共政策项目”负责人，并将一群在能源技术创新领域工作的才华横溢的年轻学者留给了Venky。也特别感谢希拉·贾萨诺夫（Sheila Jasanoff），她是Venky的早期教学合作者之一，她将科学技术学领域的年轻学者和该领域的文献著述介绍给Venky。Venky也非常感谢与图鲁瓦洛戈·欧度茂苏、劳拉·迪亚兹·阿纳登（Laura Diaz Anadon）和阿布伊·萨加尔（Ambuj Sagar）的持续合作。Venky也从他近年来参与的多个专家小组中受益良多，包括美国艺术与科学院的

“促进科学和工程领域的研究”（Advancing Research in Science and Engineering）和“重建基础”（Restoring the Foundation）。他在科学和技术政策方面的思考受到了这些专家小组中很多成员的影响，尤其是 Nancy Andrews、Dan Mote、Cherry Murray 和 Neal Lane。

Jeff 特别感谢在他并不容易的研究转型关键时期给予他富有价值的合作和精神支持的同事们：Sarah Allendorf、Glory (Emmanuel) Avina、Kevin Boyack、Tom Brennan、Mike Coltrin、Mike Descour、Greg Frye-Mason、Wil Gauster、Diane Gaylord、Bob Hwang、Curtis Johnson、Billie Kazmierczak、Rob Leland、Jeff Nelson、Julie Phillips、Steve Rottler、Rick Schneider、Andy Schwartz、Susan Seestrom、Austin Silva、Jerry Simmons、Rickson Sun、Christina Ting、Jessica Turnley、Karen Waldrip 和 Rieko Yajima。他也十分感谢在他职业生涯的不同阶段给予他独特灵感，以及对他如何看待研究产生重大影响的几位朋友：Roland Haitz、Harriet Kung、Paul Peercy、Tom Picraux 和 Eli Yablonovitch。Jeff 还深深感激他在桑迪亚国家实验室的长期工作。这是一个由好莱坞国际公司（Honeywell International Inc.）的全资子公司桑迪亚国家技术与工程解决方案公司（National Technology and Engineering Solutions of Sandia，LLC），根据编号为 DE-NA0003525

合同约定，为美国能源部国家核安全局管理和运行的多任务实验室。需要说明的一点是，本书中表达的任何个人主观观点和意见并不代表美国能源部或美国政府的立场。

我们两人同时也感谢那些对本书各个章节和初稿提出修改建议的朋友：Laura Diaz Anadon、Mike Coltrin、Mike Descour、Anna Goldstein、Bob Hwang、Curtis Johnson、Dan Krupka、Ambuj Sagar、Jerry Simmons、Mike Smith、Jessica Turnley、Claude Weisbuch，以及两位优秀的匿名审稿人和哈佛大学出版社的编委会。我们非常感谢本书的哈佛大学出版社主编贾妮斯·阿德（Janice Audet），她为本书做出了很多努力并提供了宝贵的意见，以及哈佛大学出版社的 Stephanie Vyce 和 Emeralde Jensen-Roberts，他们在不同阶段帮助推动了本书的出版。我们也受益于哈佛大学肯尼迪政府学院贝尔弗科学与国际事务中心和哈佛大学工程与应用科学学院全体行政人员的卓越服务与支持，特别是 Karin van der Schaaf、Sarah Lefebvre 和已故的 Patricia McLaughlin。我们非常感谢 Andi M. Penner 的细心编辑，不仅使本书更易读，而且还催化了我们更深层次的思考。

我们认为研究人员必须有一个安全的基地和“家”，在其中研究人员可以去承担智力上和情感上的风险，这个观点是由我们两人各自的家庭给予我们安全基地和家所塑造的。对于 Venky 来说，他的妻子 Jaya 一直是他六十余年来的灯塔和永恒的支持者，还有他的三个孩子（Arjun、Ranjini 和 Krishna）和七个孙儿、孙女。对于 Jeff 来说，他的妻子 Sylvia，他的孩子 Evan、Emil 和 Eugene 以及他的父母 Ching 和 Matilda 是他生命中最大的喜悦。我们感谢你们所有家人让我们这项热爱的工作成为可能。

术语表

A/B 测试（A/B Testing）：一种基于用户体验的研究方法，该方法向用户（尤其是互联网用户）展示两种变体，并根据用户的回答来推断他们喜欢哪种变体——用户希望哪些“问题”得到“回答”。

溯因推理，又称反绎推理（Abductive Reasoning）：根据已知的模式猜测出可能的因果解释。[参见：演绎推理（Deductive Reasoning）、归纳推理（Inductive Reasoning）]

邻近可能性（Adjacent Possible）：在本书的定义中，指通过将“现有可能性”（Possible）中已存在的问题（Question）和答案（Answer）进行组合而产生的潜在的问题和答案所在的范围。[参见：下一个邻近可能性（Next Adjacent Possible）]

“假设”（Ansatz）：在物理学和数学中，指对某些潜在假设的有根据的猜测或启发性的猜测，它有助于回答一个问题（解释某个事实）或解决一个难题（找到满足某种功能的形式）。

“答案－发现”机制（Answer-Finding）：指为现有问题或难题寻找到新的答案或解决方法。与“问题－发现“机制（Question-Finding）相对。[参见：问－答对（Question-and-Answer Pairs）]

“应用”研究（“Applied” Research）：人们通常用这个术语表示技术方面的研究，与“基础”研究（“Basic” Research）相对。在我们看来，这两个术语都有局限性，都应该弃用。“applied”这个形容词带有“非根本性”的意思，因此“应用”研究这个短语将技术研究与非根本性研究混为一谈。实际上，技术研究（工程研究）与科学研究一样都可以是根本性的。知识进步的根本性程度并不取决于它是科学性质还是技术性质。它仅仅取决于其“意外”（Surprise）的程度——它颠覆传统智慧的程度。

理论的阐释（Articulation of Theory）：托马斯·库恩（Thomas Kuhn）于1962年提出的概念。一种理论被阐释得越充分，就会有越多的科学家有兴趣采用它；理论的概括泛化程度越高，它的适用范围越广，越能概括之前看似不相干的多个现象，该理论就越强大，它产生的结果就越多。[参见：“概括泛化”机制（Generalization）]

工件（Artifact）：在本书的定义中，“形式”（Form）由“工件”（Artifact）和“工艺”（Process）组成。工件是“硬件”，是器物；工艺是“软件”，是制造和使用工件的操作流程。

辅助问题（Auxiliary Problem）：与主要问题相对。辅助问题如果得以解决，就可以解决利益更切身的主要问题。

“基础”研究（“Basic”Research）：人们通常用这个术语表示科学方面的研究，与“应用”研究（“Applied”Research）相对。在我们看来，这两个术语都有局限性，都应该弃用。“basic”这个形容词带有“更根本”的意思，因此“基础”研究这个术语将科学研究与更根本的研究混为一谈。实际上，技术研究（工程研究）与科学研究一样都可以是根本性的。知识进步的根本性程度并不取决于它是科学性质还是技术性质。它仅仅取决于其“意外”（Surprise）的程度——它颠覆传统智慧的程度。

货物崇拜科学，又称“草包族科学”（Cargo Cult Science）：出自理查·费曼（Richard Feynman）于1974年在加州理工学院的一场毕业典礼演说，指一些原始部落为了吸引运输机补给，而试图建造一座外表看似机场、实际上却没有机场功能的设施，以吸引飞机降落。费曼以这个比喻描述某些事物貌似科学，却遗漏了“科学的品德，也就是进行科学思考时必须遵守的诚实原则”。

Chemcor® 超硬玻璃（Chemcor®）：美国康宁公司（Corning）开发的 Ultrahard Glass Chemcor® 超硬玻璃的注册商标。[参见：大猩猩玻璃®（Gorilla Glass®）]

复杂自适应系统（Complex Adaptive Systems）：复杂自适应

系统的内部结构会改变以在其环境中取得成功，其层级化和模块化的结构有助于适应性，其目标导向的适应性会产生非随机的子结构。其环境可以是生物的也可以是工程的。人类“技术–科学”（Technoscience）知识是典型的复杂自适应系统。

证实相信（Confirm Belief）：在本书的定义中，潜在新知识的“效用”和该效用是否令人意外的四种可能组合之一。传统智慧“相信”一个潜在新知识将会是有用的，并且经过进一步实践后证实它确实有用。

证实怀疑（Confirm Disbelief）：在本书的定义中，潜在新知识的“效用”和该效用是否令人意外的四种可能组合之一。传统智慧“怀疑”一个潜在新知识，不相信它会有用；经过进一步实践后证实它确实没用。

巩固（Consolidation）：在本书的定义中，“巩固”是指对传统智慧知识的强化与延申，是研发（R&D）周期中的开发活动（Development）的主要目标。与研究活动（Research）的元目标“意外”（Surprise），（即对传统智慧的颠覆和否定）相对。“意外”与“巩固”是知识“间断平衡”（Punctuated Equilibria）进化模式中的两种状态，“巩固”是“间断平衡”模式中相对平缓连续的进化周期，“意外”是“间断平衡”模式中的突变性进步。“巩固”是现有“社会－文化技术－科学范式”的延申，“意外”是新范式的创建。[参见：从意外与巩固中学习（Learning by Surprise and Consolidation）]

建构论（Constructivist）：一种解释人类如何获得新知识的理论，源自皮亚杰（Jean Piaget），认为知识是将经验内化在人类头脑中的结果，学习本身是一种社会实践过程，人类在实践中获取知识。与还原论（Reductionist）相对。

反叛者（Contrarian）：在本书语境中，指一个研究人员或研究团队，他们提出的知识进步与传统智慧相悖。[参见：知情反叛者（Informed Contrarian）]

传统智慧（Conventional Wisdom）：指已经被接受的“社会－文化”“技术－科学”范式（Paradigm）体系和这些范式体系所依赖的“技术－科学”（Technoscience）知识。

创造性破坏（Creative Destruction）：经济学家约瑟夫·熊彼特在1912年出版的《经济发展理论》一书中指出，“实现生产要素的重新组合”的创新，其作用在于创造性地破坏市场的均衡，称之为“创造性破坏”。通过创造性地打破市场均衡，才会出现获取超额市场利润的机会。在本书语境中，指知识的意外进步会创建出新的范式，但由于它们是意外的，也会摧毁先前的范式，颠覆传统智慧。

文化（Culture）：在本书语境中，指社会或者研究机构在选择投资哪些科学（$\dot{S}$）和技术（$\dot{T}$）以及如何实现科学（$\dot{S}$）与技术（$\dot{T}$）时所依赖的人类价值观、欲望、兴趣、规范和行为。简化来说，技术对应“知道怎么做”的知识，科学对应“知道为什么”的知识，而文化对应“知道做什么”的知识”。

演绎推理（Deductive Reasoning）：从认为是正确的公理或第一性原则推断出下一步。与归纳推理（Inductive Reasoning）相对，与溯因推理（Abductive Reasoning）相对。

精深工艺（Deep Craft）：精深工艺不只是静态知识，它是一整套静态知识和动态知识的认知组合。

开发（Development）：开发是旨在推动知识进步的“研究与开发”（R&D）活动中的后段，与研究（Research）相对。成功开发的“产出”是以“巩固”（Consolidation）为特征的——巩固传统智慧并扩展和延申现有“社会 - 文化技术 - 科学”范式。开发可以是科学性质的也可以是技术性质的。[参见：知识进化的四个象限（Four Quadrants of Knowledge Evolution）]

否定相信（Disconfirm Belief）：在本书的定义中，潜在新知识的“效用”和该效用是否令人意外的四种可能组合之一。传统智慧“相信”一个潜在新知识将会是有用的，但经过进一步实践后发现它其实没用。

否定怀疑（Disconfirm Disbelief）：在本书的定义中，潜在新知识的“效用”和该效用是否令人意外的四种可能组合之一。传统智慧“怀疑”一个潜在新知识，不相信它是有用的，但经过进一步实践后发现它其实是有用的。[参见：“有用的学习”（Useful Learning）、“看起来不可信的效用”（Implausible Utility）]

发现（Discovery），革命性的科学（Revolutionary Science）：科学领域研究活动的典型结果——一个意外发现的新事实，或者对现有科学事实的一个意外的新解释。发现是知识进化的四个象限之一，是研究性质的 $\dot{S}$，即“革命性的科学”，是对传统智慧的颠覆和“意外”（Surprise）；导致新范式的创建。与技术，工程领域的“发明”（Invention）相对。[参见：知识进化的四个象限（Four Quadrants of Knowledge Evolution）]

“发现”研究（“Discovery”Research）：在本书的定义中，“发现”研究等同于科学领域的研究——它是由探索”意外”（Surprise）这一元目标驱动的研究——是研究与开发（R&D）周期中的探索性前端与先导。

涌现（Emergence）：菲利普·安德森（Philip W Anderson）在《多者异也》（More is Different）论文中提出的新概念，指由许多小实体相互作用后形成的大实体，其展现出小实体所不具有的新的特性和行为的现象。当从低层级向高层级跨越时，新的性质和行为会“涌现”，这些新性质不是低层级元素的简单叠加，而是由于元素间的复杂相互作用而产生的新的“涌现”现象。当系统变大时，复杂度增加。“涌现”现象极大地影响了众多学科，凝聚态物理学、化学、生理学、“宏观”生物学、经济学等。[参见：“多者异也”（More is different）]

工程方法（Engineering Method）：“工程方法”与“科学方法”（Science Method）合称为“技术－科学方法”（Technoscientific Method）。工程方法包括以下三种机制：“功能－发现”机制，“形式－发现”机制和“适应扩展”机制。三种机制相互反馈循环以推动技术知识的不断发展。这些工程方法有时被称作“工程科学”（Engineering Sciences）和“设计思维”（Design Thinking）方法。工程科学强调还原论的思维方式，通过创造形式来实现功能，属于一种“答案－发现”机制。设计思维强调整合性的思维方式，寻找新功能并将现有形式重新利用以实现这些新功能的过程，属于一种“问题－发现”机制。

工程研究（Engineering Research）：针对技术方面的研究，与科学研究相对应。

“适应扩展”机制（Exapting）：从现有“形式”中发现新功能，即对现有“形式”进行功能的重新定位或再利用，从而将该“形式”扩展到实现新的功能，这常常是机遇性和偶然性的。这是“技术－科学方法”（Technoscientific Method）的六种机制之一，是一种“工程方法”（Engineering Method）。

解释（Explanation）：指在科学知识（Science）中，对那些科学事实（Fact）的最浅显层次的科学解释，以及对浅显解释的更深层次的解释。

“解释－发现”机制（Explanation-Finding）：为客观世界的事实（Fact）寻找解释，即对事实进行因果解释，或者为事实的浅层次解释寻找更深层次的解释。这是“技术－科学方法”（Technoscientific Method）的六种机制之一，是一种“科学方法”（Science Method）。

延申（Extension）：现有范式（Paradigm）的延申是指对传统智慧的巩固（Consolidation）和加强。与新范式的创建相对，与“意外”（Surprise）相对。

事实（Fact）：指在科学知识（Science）中，被传统智慧认可的

经验观察的抽象概括。[参见：解释（Explanation）]

“事实 - 发现”机制（Fact-Finding）：发现世界上可观察到的稳定模式，而且是关乎人类利益的、有可能找到解释的模式。这是“技术 - 科学方法”（Technoscientific Method）的六种机制之一，是一种科学方法（Science Method）。

形式（Form）：在本书的定义中，指能够实现人类需要或期望的功能（Function）的“工件”（Artifact）以及制造和使用这些工件的“工艺”（Process）。

“形式 - 发现”机制（Form-Finding）：寻找能够实现人类所需或期望的功能（Function）的形式（包括“工件”以及制造和使用这些工件的“工艺”）。这是“技术 - 科学方法（Technoscientific Method）”的六种机制之一，是一种工程方法（Engineering Method）。[参见：“功能 - 发现”机制（Function-Finding）]

知识进化的四个象限（Four Quadrants of Knowledge Evolution）：根据知识的性质——是研究（以“意外”（Surprise）和新范式创建为元目标）还是开发（以巩固（Consolidation）和现有范式延申为目的），是科学还是技术——将知识进化分为四个象限：（1）研究性质的 Ṫ：又称为“颠覆性的或激进性的工程”（Disruptive or Radical Engineering)，对应工程或技术发明（Invention）；（2）研究性质的 $\dot{S}$：又称为“革命性的科学”（Revolutionary Science），对应科学发现（Discovery）；（3）开发性质的 $\dot{T}$：称为“标准”工程（“Standard” Engineering），对应技术改进；（4）开发性质的 $\dot{S}$：又称为“普通”科学（“Normal” Science），对应延申（Extension）。

“根本性的”研究（“Foundational” Research）：在本书的定义中，“根本性”研究就是研究，它是由探寻“意外”这一元目标驱动的，是研究开发周期（R&D）中的探索性前端与先导。我们称之为“根本性的”，是因为它有可能导致新范式的创建，这些新范式反过来又成为后续扩展这些范式以及巩固和加强相关新的传统智慧的“根基”。

功能（Function）：人类需要的或期望实现的功能。与“形式”（Form）对应。

“功能－发现”机制（Function-Finding）：寻找人类需要或期望的功能。这是“技术－科学方法（Technoscientific Method）”的六种机制之一，是一种工程方法（Engineering Method）。[参见：“形式－发现”机制（Form-Finding）]

“概括泛化”机制（Generalizing）：将针对一组事实或浅层次

解释而创建的解释，调整其目的，进行概括泛化，推广到解释更多其他事实或其他浅层次解释，包括对解释进行“假设－验证”。这是“技术－科学方法”（Technoscientific Method）的六种机制之一，是一种科学方法（Science Method）。

格式塔（Gestalt）：被视为与其各部分之和不同的整体。一个经典的例子是老妇人/年轻女人的格式塔图像，你要么看到一个老妇人，要么看到一个年轻女人，但不可能同时看到两者。

大猩猩玻璃®（Gorilla Glass®）：美国康宁公司（Corning）开发的超硬玻璃的注册商标。[参见：超硬玻璃 Chemcor®]

扎根理论（Grounded theory）：社会科学领域的概念，从最基础的经验资料出发，提取概念并整合范畴的方法论。该方法认为理论推理不应该影响实验数据的独立性。

万福玛利亚传球（Hail Mary）：源自美式橄榄球的“Hail Mary”传球，指一种仅有极小成功可能性的拼命尝试。在本书语境中，指一种未知的（非“知情”的）反叛观念，其潜在“效用”与传统智慧相悖，但并非源于深思熟虑或有根据的理由，因此其成功主要依赖于运气。[参见：知情反叛者（Informed Contrarian）]

模块化层级网络（Hierarchically Modular Networks）：

"技术－科学"（Technoscience）知识库被组织成由众多"问－答对"（Question-and-Answer Pairs）构成的宽松的模块化层级网络，它既是模块结构的也是层级结构的。层级结构是因为科学知识（事实及其解释）和技术知识（功能及其实现形式）都是嵌套的，而且通常嵌套很深。模块化是因为密切相关的问题和答案会在网络中聚集在一起，形成不同的学科知识领域和技术组件。在网络的层级结构中向上或向下移动时，不同层级间有些特征是相似的，有些特征则不同的。[参见：知识的无缝网络（"Seamless Web" of Knowledge）]

沙漏（Hourglass）：在本书语境中，指一种固定的协议，以促进协议两侧知识模块的丰富演变。一个例子是爱迪生插座：只要遵守爱迪生插座的机械和电器规格，就可以容纳丰富的电力生成技术（天然气发电、核能、光伏）以供给插座电力，也可以容纳丰富的光－产生技术（白炽灯、卤素灯、固态照明）。[参见：接口协议（Protocol）]

"假设－发现"机制（Hypothesis-Finding）：一种特定类型的"概括泛化"机制，寻找现有理论能够预测的新事实。其中有些事实可能以前已经被观察到，这使得该理论更加合理。有些事实可能以前尚未观察到，这种情况就是"假设－发现"机制——找到一种假设，该假设有待于通过实验观察来验证其真伪。假设又分为科学假设和工程假设两类。

“假设－验证”机制（Hypothesis-Testing）：针对假设的验证——尝试去观察那些可被预测但尚未被观察到的事实。如果该事实观察不到，则该假设所基于的理论被证明为虚假的或至少变得不合理。如果该事实能够被观察到，则该假设所基于的理论变得更为合理。

看起来不可信的效用（Implausible Utility）：在本书语境中，指一种被提出的知识进步，其“效用”（Utility）最初在传统智慧看来是不可信的，但最终被证明是“有用的”。[参见：有用的学习（Useful Learning）]

归纳推理（Inductive Reasoning）：从有限几个观察中推断出普适的模式。与演绎推理（Deductive Reasoning）相对。与溯因推理（Abductive Reasoning）相对。

工业研究实验室（Industrial Research Laboratory）：由美国私营大企业设立的研究机构。活跃于20世纪美国的代表性工业研究实验室包括著名的贝尔实验室、IBM实验室、施乐PARC实验室、杜邦实验室、通用电气实验室等。他们对人类公共利益做出了巨大贡献，包括信息论、2.7K宇宙微波背景、电子衍射、高温超导、电荷的分数量子化等科学贡献，晶体管、半导体激光器、太阳能电池、UNIX 操作系统、C 编程、聚合物化学、合成橡胶等技术贡献。

知情（Informedness），知情反叛者（Informed Contrarian）： 研究人员基于有根据的理由提出与传统智慧相矛盾的观察或想法，并最终得到证实——因为他们拥有其他同行们尚未掌握的“内部”知识或能力，使得他们认为这是对的，而传统智慧是错的。这些有根据的理由称为“知情”，这些研究人员是“知情的反叛者”。因为“知情”，因此减少了因违背传统智慧而可能受到的巨大风险。[参见：万福玛利亚传球（Hail Mary）]

整合性的（Integrative）： 与还原论（Reductionist）对应。在本书语境中，描述不同知识类别和不同机制之间的强有力的相互促进和反馈关系，“技术－科学”（Technoscience）知识及其总体进步作为一个统一的整体远大于其各部分的总和。[参见：建构论（Constructivist）]

交叉学科（Interdisciplinary），超学科（Transdisciplinary）： 将来自不同知识领域的知识模块组合起来，这些知识模块无法“严丝合缝”地直接组合在一起，因此需要对它们进行内部调整和细化，以使它们能够相互协同，这对知识的广度和深度都有要求。与多学科（Multidisciplinary）相对。

发明（Invention），颠覆性的或激进性的工程（Disruptive or Radical Engineering）：工程、技术领域研究活动（Research）的典型“产出”——一个意外的新功能，或者一个可以满足现有功能的意外的新形式。它是创新链条中的第一步，最终以广泛的社会应用为目标。发明是知识进化的四个象限之一，是研究性质的 $\dot{T}$，即“颠覆性的或激进性的工程”，是对传统智慧的颠覆和“意外”（Surprise），往往导致新范式的创建。与科学领域的“发明”（Discovery）相对。[参见：知识进化的四个象限（Four Quadrants of Knowledge Evolution）]

知识模块与子模块（Knowledge Modules and Submodules）：知识模块是一组密切相关的“问–答对”（Question-and-Answer Pairs），它们“契合”在一起。它可能以层级化的方式由知识子模块或“问–答对”的子集组成，这些子模块本身也“契合”在一起，并整合到更大的知识模块中。科学知识模块可能是由越来越深的解释组成的解释模块。技术知识模块可能是由子组件构成的组件，这些子组件本身又由子–子组件构建而成。[参见：模块化层级网络（Hierarchically Modular Networks）]

知识外溢（Knowledge Spillover）：由一方以某种成本获得的知识，使未支付该成本的另一方受益。知识很容易发生外溢，因为它是一种“非竞争性”的物品——一方对该知识的消费不会影响其他方获得该知识。

学习（l）（Learning），通过“巩固”或“意外”的学习（Learning by Surprise and Consolidation）：在本书语境中，“学习”（l）是文化在选择追求哪种科学进步（$\dot{S}$）或者技术进步（$\dot{T}$）时所依据的第二个特征。学习起源于所有生物在适应新环境时所面临的探索－利用之间的权衡，生物体必须探索和学习环境以便更好地延续其生命。学习既适用于科学，也适用于技术——在科学方面，通过寻找新的事实和解释来学习；在技术方面，通过寻找新的功能和形式来学习。可通过“意外”（Surprise）进行学习，即对传统智慧的颠覆；也可通过“巩固”（Consolidation）进行学习，即对传统智慧的巩固和加强。[参见：“效用”（u）（Utility）]

新技术引理（Lemma of New Technology）：这一概念出自赫伯特·克勒默（Herb Kroemer），指任何足够新颖和创新的技术，其主要应用一直是——并将继续是——由该技术本身创造的未来的新应用。

线性模式（“Linear” Model）：描述”技术－科学”（Technoscience）知识演进规律的一种模式，该模式认为科学是技术的先导，科学引领技术，然后再转化为实际应用。这种简化的线性模式显然是不正确的，因为科学和技术两者没有先后主次之分，它们往往同时进化，相互循环相互促进。

“介导”（Mediator）：范式“介导”了知识的进化发展。在实现科学的动态进步（$\dot{S}$），或技术的动态进步（$\dot{T}$）的“实践过程”中，往往同时需要用到科学知识和技术知识，需要依赖于科学、技术、文化三者的整体组合。在上述过程中那些起作用的“社会－文化”知识和“技术－科学”知识的整体组合就是范式（Paradigm），它将“技术－科学”群体紧密的联系在一起，在如何推动相关“技术－科学”知识发展方面达成共识。这一过程就是范式“介导”知识“间断平衡”发展进化的过程。[参见：范式（Paradigm）、间断平衡（Punctuated Equilibria）]

元目标（Metagoal），“终极”目标（“Ultimate”Metagoal）：研究（Research）是由元目标或“终极”目标定义的，较低级别的“临近目标”服从于该元目标。研究的终极元目标是“意外”（Surprise）：改变人类思考和做事方式，创建新范式、毁灭旧范式。在实现终极元目标的过程中，可能需要首先实现一些临近目标。[参见：临近目标（Proximate Goal）]

多者异也（More is Different）：1972年菲利普·安德森（Philip

W Anderson）发表了一篇题为“多者异也：破缺的对称性与科学层级结构的本质”（More is different: Broken symmetry and the nature of the hierarchical structure of science）的文章，旗帜鲜明地驳斥了物理学界长期存在的一种还原论的错误观点，驳斥了多粒子系统的复杂行为可以直接从简单粒子的属性推导出来的观点。“多者异也”认为，自然在不同尺度上，从基本粒子到宇宙，每一个层级都有其独特的基本规律、法则和现象。当从低层级向高层级跨越时，新的性质和行为会“涌现”，这些新性质不是低层级元素的简单叠加，而是由于元素间的复杂相互作用而产生的新的“涌现”现象。因此科学的每一层级并非是下一层级概念和原理的简单延伸和叠加。[参见：涌现（Emergence）]

多学科（Multidisciplinary）：多学科指将不同知识领域的知识模块组合在一起——直接拼装（bricolage）在一起进行使用，没有对这些模块进行内部修改和优化以提高它们在知识组合整体中的契合性。这种组合和拼装需要广度的知识，但不一定需要深度的知识。与交叉学科（Interdisciplinary）相对。

下一个邻近可能性（Next-Adjacent Possible）：在本书定义中，指通过将“邻近可能性”（Adjacent Possible）中的潜在问题和答案进行进一步组合，从而获得的新的潜在问题和答案所在的范围。而

“邻近可能性”中的潜在问题和答案本身又是通过将“现有可能性”（Possible）中的问题和答案进行组合而获得的。

利基市场（Niche），特定生态环境（生态位）（Environmental Niche）： 源于法语。在经济学中指大市场中的缝隙市场。在生物学中指一个特定的生物族群所处的特定生态环境，又称“生态位”。

“普通”科学（“Normal”Science）： 知识进化的四个象限之一，指科学领域的开发（Development），即开发性质的 Ṡ，是对传统智慧的巩固（Consolidation），是现有范式的延申（Extension）和加强。与技术领域的开发（即“标准”工程）对应。[参见：知识进化的四个象限 (Four Quadrants of Knowledge Evolution）]

目标函数，又称评价函数（Objective Function）： 在数学和优化领域，目标函数是指一个数学模型中需要优化的函数。在优化问题中，目标函数式是用来衡量优化结果的指标，通过目标函数的最大或最小化实现优化。

奥卡姆剃刀定律（Ockham’s Razor）： 14 世纪英格兰方济会（Franciscan）修士，出生于英国奥卡姆的威廉（William of Occam）提出的概念。该原理为：“如无必要，勿增实体”，即凡事都要遵从“简单有效”的原则，因此也称为“简单有效原理”。在本书语境中，指对观察的模式解释越简单和越简洁，该解释越有可能是真实的。简洁的解释越能被“概括泛化”用以预测其他模式，因此当相关预测不成立时它就越容易被证伪；而如果未被证伪，那么该解释也就越有可能是正确的。

开放式现象引出（Open-ended Phenomena Elicitation）： 指利用技术引出有关现象的观察，但对于可能会发现什么没有科学预设。这是一种开放性强而定向性弱的“事实－发现”机制（Fact-Funding），往往是那些出乎意料的全新发现的来源。[参见：“事实－发现”机制（Fact-Funding）]

范式（Paradigm）： 范式是为实现知识进步所需的全部知识的整体组合，是一种如何使用知识模块以实现知识动态进化的元知识。静态的科学知识库（S）和技术知识库（T）可以看作是相互独立、性质不同的两类知识。但在实现科学知识进步（$\dot{S}$），或者技术进步（$\dot{T}$）的动态“实践过程”中，往往同时需要用到科学知识和技术知识，两者不再相互独立，常常相互深度依存，需要依赖分布在科学和技术多个层面的多种知识，需要依赖科学、技术、文化三者的整体组合。在上述“实践过程”中，那些起作用的“社会－文化”（Sociocultural）知识和“技术－科学”（Technoscientific）知识所建构的特定组合体就是“范式”，它将“技术－科学”群体紧密的联系在一起，在如何推动相关“技术－科学”知识进步方面达成共识。[参见：介导（Mediator）、间断平衡（Punctuated Equilibria）]

范式创建（Paradigm Creation，Paradigm Shift）：这是研究活动（Research）最精华的“产出”：创建新的范式，即对传统智慧和旧范式的颠覆，是“意外”（Surprise）。

范式延申（Paradigm Extension）：这是研发（R&D）周期中开发活动（Development）最精华的“产出”：扩展现有的范式，对传统智慧的巩固（Consolidation）。

巴斯德象限（Pasteur's Quadrant）：1997年由唐纳德·斯托克斯（Donald Stokes）提出的关于知识进化的分类法，包括：（1）玻尔象限，即受好奇心启发的科学研究，以玻尔的原子研究为代表性案例；（2）巴斯德象限，即受应用启发的科学研究；（3）爱迪生象限，即受应用启发的工程研究；（4）斯托克斯本人未对第四个象限进行命名，而由于“线性模式”对技术的偏见，第四个象限有时被戏称为“集邮”象限。本书纠正了这种偏见，并将第四象限命名为汤斯象限，即受好奇心启发的工程研究，以查尔斯·汤斯（Charles Townes）的微波激射器/激光器工程发明为代表性案例。[参见：知识进化的四个象限（Four

Quadrants of Knowledge Evolution）、“线性”模式（“Linear”Model）]

现有可能性（Possible）：在本书定义中，指已存在的现有“技术－科学”问题和答案所在的范围。[参见：邻近可能性（Adjacent Possible）、下一个邻近可能性（Next Adjacent Possible）]

“难题－发现”机制（Problem-Finding）：在技术知识领域的“难题－发现”机制，类比与科学知识领域的“问题－发现”机制（Question-Finding）。为了简化起见，本书中的“问题－发现”机制同时包括“问题－发现”机制和“难题－发现”机制。与“解决方案法－发现”机制对应。[参见：“答案－发现”机制（Answer-Finding）]

工艺（Process）：在本书定义中，“形式”（Form）由“工件”（Artifact）和“工艺”（Process）组成。其中工件是“硬件”，是器物；工艺是“软件”，是制造和使用工件的操作流程。

接口协议（Protocol）：指连接两者关系的协议，它定义了两者之间是如何相互连接的。[参见：沙漏（Hourglass）]

临近目标（Proximate Goal）：研究（Research）是由元目标（Metagoal）或“终极”目标（“Ultimate”Goal）定义的，较低级别的“临近目标”服从于该元目标。研究的终极元目标是“意外”（Surprise），是改变人类思考和做事方式，是创建新范式、毁灭旧范式的“意外”。在实现这个终极元目标的过程中，可能需要首先实现一些临近目标。

间断平衡（Punctuated Equilibria），间断事件（Punctuated Event）：借鉴进化生物学的术语：在本书语境中是指在知识进化的过程中，连续性进步和对传统智慧的“巩固”（Consolidation）周期，会被不连续的突变性进步即对传统智慧的“意外”（Surprise）（即“间断事件”）打断。这种“意外”导致一种新范式的创建，类似于经济学中的“创造性破坏”。而“间断平衡”中相对连续性的进步则是现有范式的延申。[参见：创造性破坏（Creative Destruction）、通过意外或巩固的学习（Learning by Surprise and Consolidation）]

“纯”研究（“Pure”Research）：指“受人类好奇心启发”的研究，与“受实际应用启发”的研究对应。在我们看来，“纯”研究这个短语有局限性，应该弃用。“Pure”这个形容词不仅意味着该研究不是受实际应用启发的，还意味着对实际应用不会产生影响力。在某些情况下这个结论对于开发活动来说也许是的，但对于研究活动来说绝非如此。研究的元目标是“意外”。“意外”意味着相关知识进步是无法预测的，而且更重要的是，该知识进步的后续影响力也无法预测。研究灵感来源的启发类型不是衡量研究的最终影响力的有效指

标。[参见：巴斯德象限（Pasteur’s Quadrant）]

“问题－答案对”（简称“问－答对”）（Question-and-Answer Pairs）：“技术－科学”知识集合是被组织成由众多“问－答对”构成的无缝网络，其中发现新问题和发现新答案都是创造新的“问－答对”的复杂演进过程中的重要部分。[参见：知识的无缝网络（“Seamless Web”of Knowledge）]

“问题－发现”机制（Question-Finding）：发现新的人类感兴趣的问题或难题，以期解答或解决。与“答案－发现”机制（Answer-Finding）相对。

还原论（Reductionist）：还原论认为多粒子系统的复杂行为可以直接从简单粒子的属性推导出来。但很多时候还原论并不适用，将万物还原为简单基本定律的能力，并不蕴含从这些定律出发重建整个宇宙的能力。与“建构论”（Constructionist）相对。与整合性（Integrative）相对。

研究（Research）：是研究与开发（R&D）活动周期中的前段和先导。在本书的定义中，成功研究的“产出”是以“意外”（Surprise）为特征的：是对传统智慧的颠覆和“意外”，创造新的“社会－文化技术－科学”范式。研究可以是科学层面的也可以是技术层面的。与开发

（Development）活动相对。[参见：巴斯德象限（Pasteur's Quadrant）、知识进化的四个象限（Four Quadrants of Knowledge Evolution）]

研究与开发（Research & Development），简称“研发”（R&D）：研究（Research）与开发（Development）是旨在推动知识进步的两类活动，共同组成研究与开发过程，简称“研发”（R&D）。[参见：巴斯德象限（Pasteur's Quadrant）、知识进化的四个象限（Four Quadrants of Knowledge Evolution）]

涟漪效应，又称模仿效应（Ripple Effect）：出自美国教育心理学家杰考白·库宁（Jacob Kounit），描述一个事物造成的影响渐渐扩散的情形，类似于一个物体掉到水面上，所产生的涟漪渐渐扩大的情形。

知识的无缝网络（“Seamless Web” of Knowledge）：对人类知识库的描述。人类知识库是高度交叉连接的众多“问－答对”（Question-and-Answer Pairs）的无缝网络，其中的问题有多种不同方式的答案，而答案被重复使用重新调整用途以回答多个不同问题。[参见：模块化层级网络（Hierarchically Modular Network）]

科学——静态知识库（S）[Science（S）]：指科学事实（Fact）和针对这些事实的解释（Explanation）的静态知识库，在本书中以字母

S代表，泛指人类对世界的理解——此处的“世界”包罗万象，包括自然物理世界、自然生物世界、人工合成的世界，以及人类社会世界等。科学对应“知道为什么”的知识，技术对应“知道怎么做”的知识，而文化对应“知道做什么”的知识。这一静态概念容易与旨在推动科学进步的研究与开发（R&D）过程的“做”科学（$\dot{S}$），即科学的动态增长，相混淆。与技术（Technology）相对。{参见：科学知识的动态增长（$\dot{S}$）[Science Growth （$\dot{S}$）]}

科学知识的动态增长（$\dot{S}$）[Science Growth，“doing” of Science（$\dot{S}$）]：在本书的定义中，指推动科学进步的研究与开发（R&D）过程的“做”科学（$\dot{S}$）。这里借用了数学中变量符号上面的小点来象征性地（非定量）表示科学随时间变化的动态进化。与工程技术知识的增长（$\dot{T}$）相对。与静态的科学知识库（S）相对。

科学技术学（Science and Technology Studies）：研究科学与技术本身及其运动规律的学问。[参见：科学学（Science of Science）]

科学学，又称“科学的科学”（Science of Science）：研究科学本身及其运动规律的学问。[参见：科学技术学（Science and Technology Studies）]

科学方法（Scientific Method）：“科学方法”（Scientific Method）

与“工程方法”（Engineering Method）合称为“技术－科学方法”（Technoscientific Method）。科学方法包括以下三种机制：“事实－发现”机制、“解释－发现”机制和“概括泛化”机制。三种机制相互反馈相互循环以推动科学知识的不断进步。

“小世界”网络（“Small World”Networks）：小世界网络的特点是，紧密交叉联接的节点既聚集成模块，又与远处的其他节点“弱联接”。

社会－文化（Sociocultural）：在本书语境中，指社会与文化层面。[参见：“社会－文化技术－科学范式”（Sociocultural Technoscientific Paradigm）]

社会－文化技术－科学范式（Sociocultural Technoscientific Paradigm）：指一个范式所涉及的所有社会、文化、“技术－科学”相关知识组成的整体。[参见：技术－科学（Technoscience）]

“解决方案－发现”机制（Solution-Finding）：在技术知识中的“解决方法－发现”机制相当于科学知识中的“答案－发现”机制（Answer-Funding）。为了简洁起见，本书中的“答案－发现”机制同时包括“答案－发现”和“解决方案－发现”机制。与“难题－发现”机制（Problem-Funding）相对。

“标准”工程（“Standard” Engineering）：知识进化的四个象限之一，指技术领域的开发（Development）活动，即开发性质的Ṫ，是对技术领域传统智慧的巩固（Consolidation），是现有范式的延申。与科学领域的开发，即“普通”科学（“Normal” Science）对应。［参见：知识进化的四个象限（Four Quadrants of Knowledge Evolution）］

特征事实（Stylized Fact）：借用社会科学的术语，指真实的、普遍的且重要的经验性观察，因此被认为是可以接受为真的事实（Fact），且值得进行“解释 - 发现”（Explanation–Funding）。

意外（Surprise）：在本书定义中，“意外”是指与传统智慧相悖，甚至颠覆传统智慧的新科学或技术知识，是无法事先预测的出乎意料的“意外”。“意外”导致新范式的创建。研发（R&D）周期中的研究活动的元目标（Metagoal）是追求“意外”。与“巩固（Consolidation）”相对，后者是开发活动的主要目标。“意外”与“巩固”是知识“间断平衡”进化模式中的两种状态，“巩固”是“间断平衡”模式中相对平缓连续的进化周期，“意外”是“间断平衡”模式中的突变性进步。“巩固”对应现有范式的延申，“意外”对应新范式的创建。［参见：通过巩固或意外的学习方式（Learning by Surprise and Consolidation）、间断平衡（Punctuated Equilibria）］

T型研究/T型研究人员（T-Shaped Research / Researcher）： 同时拥有深度和广度知识的研究机构或研究人员，他们具备进行交叉学科研究的能力。

技术——静态知识库（T）[Technology（T）]： 指承载着人类需要或者期望的功能（Function）和实现这些功能的形式（Form）的静态知识库，在本书中以字母T代表，泛指人类与世界交互的手段，包括人类运用自然物理现象，自然生命现象，增强的人体机能现象等进行与世界交互的手段。技术对应“知道怎么做”的知识，科学对应“知道为什么”的知识，而文化对应“知道做什么”的知识。这一静态概念容易与旨在推动技术进步的研究与开发（R&D）过程的“做”技术（$\dot{T}$），即技术的动态增长，相混淆。与科学（Science）相对。{参见：技术知识的动态增长（$\dot{T}$）[Technology Growth（$\dot{T}$）]}

技术知识的动态增长，“做”技术（$\dot{T}$）[Technology Growth，“doing” of Technology（$\dot{T}$）]： 在本书的定义中，指推动技术进步的工程研究与开发（R&D）过程的“做”技术（$\dot{T}$）。这里借用了数学中变量符号上面的小点来象征性地（非定量）表示技术随时间变化的动态进化。与科学知识的增长（$\dot{S}$）相对。与静态的技术知识库（T）相对。

技术－科学知识集合，简称“技术－科学”（Technoscience）：在本书定义中，指人类所有科学和技术知识集合以及两者“共生”动态发展的总和。静态的科学知识库（S）和技术知识库（T）可以看作是相互独立、性质不同的两类知识。但在实现科学知识的动态进步（$\dot{S}$），或者技术的动态进步（$\dot{T}$）的“实践过程”中，往往同时需要用到科学知识和技术知识，两者不再相互独立，常常相互深度依存，需要依赖分布在科学和技术多个层面的多种知识。因此科学与技术是相互促进的，它们在一个强有力的反馈循环中深度互动，“共生”发展，协同进化。由于科学和技术之间这种紧密的关系，我们更应该把科学与技术（包括静态与动态的知识）视为一个不可分割的整体，在本书中称之为“技术－科学知识集合”（简称“技术－科学”）。

技术－科学方法（Technoscientific Method）：在本书的定义中，指“科学方法”（Scientific Method）和“工程方法”（Engineering Method）以及它们之间协同作用的集合。新技术是通过“工程方法”的以下三种机制创造的：“功能－发现”机制；“形式－发现”机制；“适应扩展”机制。新科学是通过“科学方法”的以下三种机制创造的：“事实－发现”机制；”解释－发现”机制；“概括泛化”机制。

三体问题（Three-body Problem）：天体力学中的基本力学模

型，指三个质量、初始位置和初始速度都是任意的天体，在相互之间万有引力的作用下的运动规律问题，它们的运动规律复杂到用分析数学也无法解决。

公地悲剧（Tragedy of the Commons）：指当资源或财产有许多拥有者，每一个人都有权使用资源，但没有人有权阻止他人使用时，导致的资源过度使用和枯竭的现象。在本书语境中，指如果每个人都拥有知识，那么就等于谁也不拥有它。

有用的学习（Useful Learning）：在本书语境中，是指一个知识进步同时带来的“效用”（u）和“学习”（l）的程度。通常开发活动更重视“效用”，而研究活动更重视“学习”。“意外”越大，“有用的学习”的程度越高，知识进步越大。当达到“效用”程度和“学习”程度的极大时，就是创造力的极致。[参见：看起来不可信的效用（Implausible Utility）]

效用（u）（Utility），“终极”效用（“Ultimate”Utility），“邻近”效用（“Proximate”Utility）：在本书语境中，“效用”（u）是文化在选择追求哪种科学进步（$\dot{S}$）或者技术进步（$\dot{T}$）时所依据的第一个特征。如果一种科学或技术知识的进步能够满足或影响人类的兴趣或需求，该知识进步具有”效用”，在本书中用字母 u 代表。人类兴趣或需求即包括人类的好奇心（Curiosity）——例如发现人类意识的意义或发明更快的自行车只是为了看看它能骑多快，也包括实际应用（Practical Application）——例如吃喝。有一些是“终极”效用，与人类进化出来的基本需求相关联——例如探索、生存和繁衍等需求。有一些是“邻近”效用，它们与间接需求相关联，间接需求使终极基本需求成为可能。本书中的“效用”，是指所有这些效用的集合，既包括“终极”效用也包括“邻近”效用，既包括科学性质的效用也包括技术性质的效用。[参见：学习（1）（Learning）]

“寻求验证”机制（Verification-Finding），包括“寻找验证”（Verification Seeking）和“验证探索”（Verification Discovery）：“寻求验证”机制分为两种类型——定向性的”验证探索”是指对计算技术的开放式探索，但并没有任何特定的解释需要去验证，不过未来可能会有一天用来验证某些解释。

参考文献

［1］Adner, R., & Levinthal, D. A.(2002). The emergence of emerging technologies.*California Management Review, 45*(1), 50–66.

［2］American Academy of Arts & Sciences.(2013). ARISE II: dvancing research in science and engineering: Uneashing America's research and innovationenterprise.

［3］American Academy of Arts and Sciences.(2014). Restoring the foundation: The vital role of research in preserving the American dream. https://www.amacad.org/publication/restoring-foundation-vital-role-research-preserving-american-dream.

［4］Anderson, P. W.(1972). More is different. *Science, 177*(4047), 393–396.

［5］Anderson, P. W.(2001). Science: A "dappled world" or a "seamless web"? *Studies in History and Philosophy of Modern Physics, 32*(3), 487–494.

［6］Anderson, P. W.(2011). *More and different: Notes from a thoughtful curmudgeon:*World Scientific.

［7］Andriani, P., & Cattani, G.(2016). Exaptation as source of creativity, innova-tion, and diversity: Introduction to the special section. *Industrial and Corporate Change, 25*(1), 115–131.

[8] Arrow, K.(1962). Economic welfare and the allocation of resources for inven-tion. In Committee on Economic Growth of the Social Science Research Council Universities–National Bureau Committee for Economic Research(Ed.), *The rate and direction of inventive activity: Economic and social factors(* pp. 609–626). Princeton University Press.

[9] Arthur, W. B.(2009). *The nature of technology: What it is and how it evolves:* Simon and Schuster.

[10] Avina, G. E., Schunn, C. D., Odumoso, T., Silva, A. R., Bauer, T. L., Crabtree,G. W., Johnson, C. M., Picraux, S. T., Sawyer, R. K., Schneider, R. P., Sun, R.,Feist, G. J., Narayanamurti, V., & Tsao, J. Y.(2018). The Art of research: A divergent / convergent thinking framework and opportunities for science-based approaches. In Eswaran Subramanian, J. Y. Tsao, & Toluwalogo Odumoso(Eds.), *Engineering a Better Future.* Springer, Chapter 14.

[11] Azoulay, P., Graff Zivin, J. S., & Manso, G.(2011). Incentives and

creativity: Evi-dence from the academic life sciences. *The RAND Journal of Economics, 42*(3), 527–554.

［12］Bardeen, J.(1957). Research leading to point-contact transistor. *Science, 126*(3264), 105–112.

［13］Bartolomei, H., Kumar, M., Bisognin, R., Marguerite, A., Berroir, J.-M., Boc-quillon, E., Plaçais, B., Cavanna, A., Dong, Q., & Gennser, U.(2020). Frac-tional statistics in anyon collisions. *Science, 368*(6487), 173–177.

［14］Basalla, G.(1988). *The evolution of technology:* Cambridge University Press.

［15］Basov, N., & Prokhorov, A.(1955). About possible methods for obtaining active molecules for a molecular oscillator. *Начало лазерной эры в СССР*, 28.

［16］Biden, J. R., Jr.(2021, January 15). Letter to Eric S. Lander, incoming director of the Office of Science and Technology Policy. https://www.whitehouse.gov/briefing-room/statements-releases/2021/01/20/a-letter-to-dr-eric-s-lander-the-presidents-science-advisor-and-nominee-as-director-of-the-office-of-science-and-technology-policy/.

[17] Birks, J. B., & Rutherford, E.(1962). Rutherford at Manchester. In John Bettely Birks(Ed.), *An account of the Rutherford Jubilee International Conference at Manchester, Sept. 1961. With articles by Rutherford and others.* Heywood and Company.

[18] Bloembergen, N.(1956). Proposal for a new type solid state maser. *Physical Review, 104*(2), 324.

[19] Bowers, B., & Anastas, P.(1998). *Lengthening the day: A history of lighting technology.* Oxford University Press.

[20] Bown, R.(1953). *Vitality of a research institution and how to maintain it.* Paper presented at the 1952 Conference on Administration of Research. Georgia Institute of Technology.

[21] Braun, A., Braun, E., & MacDonald, S.(1982). *Revolution in miniature: The history and impact of semiconductor electronics.* Cambridge University Press.

[22] Brinkman, W. F., Haggan, D. E., & Troutman, W. W.(1997). A history of the invention of the transistor and where it will lead us. *IEEE Journal of Solid-State Circuits, 32*(12), 1858–1865.

[23] Brooks, Jr., F. P.(1996). The computer scientist as toolsmith II.

Communications of the ACM, 39(3), 61–68.

[24] Buchanan, M.(2003). *Nexus: Small worlds and the groundbreaking theory of networks:* WW Norton and Company.

[25] Bush, V.(1945). Science, the endless frontier. A report to the president by Van-nevar Bush, director of the Office of Scientific Research and Development, July 1945.

[26] Campbell, D. T.(1960). Blind variation and selective retentions in creative thought as in other knowledge processes. *Psychological Review, 67*(6), 380.

[27] Carter, J.(1981). State of the union address. https://www.jimmycarterlibrary. gov/assets/documents/speeches/su81jec. phtml#:~:text=January%2016%2C% 201981,peace%20for%20four%20 uninterrupted%20years.

[28] Cech, T. R., & Rubin, G. M.(2004). Nurturing interdisciplinary research. *Na-ture Structural and Molecular Biology, 11*(12), 1166–1169.

[29] Cheung, N., & Howell, J.(2014). Tribute to George Heilmeier, inventor of liquid crystal display, former DARPA director, and industry technology leader. *IEEE Communications Magazine, 52*(6), 12–13.

[30] Cho, A. Y.(1971). Film deposition by molecular-beam techniques. *Journal of Vacuum Science and Technology, 8*(5), S31–S38.

[31] Christensen, C., & Raynor, M.(2013). *The innovator's solution: Creating and sustain-ing successful growth.* Harvard Business Review Press.

[32] Close, F.(2014). *Too hot to handle: The race for cold fusion.* Princeton University Press.

[33] Darwin, C.(1859). *On the origin of species by means of natural selection.* John Murray. Dasgupta, P., & David, P. A.(1994). Toward a new economics of science. *Research Policy, 23*(5), 487–521.

[34] Dew, N., Sarasvathy, S. D., & Venkataraman, S.(2004). The economic implica-tions of exaptation. *Journal of Evolutionary Economics, 14*(1), 69–84.

[35] Dingle, R., Gossard, A. C., & Stormer, H. L.(1979). USA Patent No. 4,163,237. High mobility multilayered heterojunction devices employing modulated doping. https://patft.uspto.gov/netacgi/nph-Parser?Sect1=PTO1&Sect2= HITOFF&d=PALL&p=1&u=%2Fnetahtml%2FPTO%2Fsrchnum.htm&r=1 &f=G&l=50&s1=4,163,237.PN.&OS=PN/4,163,237&RS=PN/4,163,237.

[36] Dingle, R., Störmer, H., Gossard, A., & Wiegmann, W.(1978). Electron mobili-ties in modulation-doped semiconductor heterojunction superlattices. *Applied Physics Letters, 33*(7), 665–667.

[37] Einstein, A.(1917). Zur quantentheorie der strahlung. *Zeitschrift für Physik, 18,* 121–128.

[38] Einstein, A.(1934). On the method of theoretical physics. *Philosophy of Science, 1*(2), 163–169.

[39] Einstein, A., & Infeld, L.(1971). *The evolution of physics.* Cambridge University Press Archive(first published 1938).

[40] Farmer, J. D., & Lafond, F.(2016). How predictable is technological progress? *Research Policy, 45*(3), 647–665.

[41] Feynman, R.(1974). Cargo cult science: CalTech 1974 Commencement Ad-dress. https://calteches.library.caltech.edu/51/2/CargoCult.htm.

[42] Feynman, R. P.(2015). *The quotable Feynman.* Princeton University Press. Feynman, R. P., Leighton, R. B., & Sands, M.(2011). *Six not-so-easy pieces: Einstein's relativity, symmetry, and space-time.* Basic Books(originally published 1963).

[43] Franklin, B.(1791). *The autobiography of Benjamin Franklin*. Yale University Press(2003 Edition).

[44] Funk, J. L.(2013). *Technology change and the rise of new industries*. Stanford University Press.

[45] Galison, P.(1997). *Image and logic: A material culture of microphysics*. University of Chicago Press.

[46] Garud, R.(1997). On the distinction between know-how, know-what, and know-why. *Advances in Strategic Management, 14,* 81–102.

[47] Gertner, J.(2013). *The idea factory: Bell Labs and the great age of American innovation.* Penguin.

[48] Godin, B.(2006). The linear model of innovation: The historical construction of an analytical framework. *Science, Technology and Human Values, 31*(6),639–667. Goudsmit, S.(1972). Editorial: Criticism, acceptance criteria, and refereeing. *Physical Review Letters, 28*(6), 331–332.

[49] Gould, S. J.(1991). Exaptation: A crucial tool for an evolutionary psychology. *Journal of Social Issues, 47*(3), 43–65.

[50] Gould, S. J., & Eldredge, N.(1993). Punctuated equilibrium comes of age. *Nature, 366*(6452), 223–227.

[51] Gould, S. J., & Vrba, E. S.(1982). Exaptation—a missing term in the science of form. *Paleobiology, 8*(01), 4–15.

[52] Graham, L.(2013, November 13). How we barely beat Soviet Russia to inventing the laser. *Gizmodo.*

[53] Haitz, R., & Tsao, J. Y.(2011). Solid-state lighting: 'The case' 10 years after and future prospects. *Physica Status Solidi(a), 208*(1), 17–29.

[54] Hammack, W. S., & DeCoste, D. J.(2016). *Michael Farady's the chemical history of acandle.* Articulate Noise Books(after original 1865 publication).

[55] Harvey, J. E., & Forgham, J. L.(1984). The spot of Arago: New relevance for anold phenomenon. *American Journal of Physics, 52*(3), 243–247.

[56] Hecht, J.(2010). A short history of laser development. *Applied Optics, 49*(25), F99–F122.

[57] Hills, T. T., Todd, P. M., Lazer, D., Redish, A. D., Couzin, I. D., & Group, C. S. R.(2015). Exploration versus exploitation in space, mind, and society. *Trends in Cognitive Sciences, 19*(1), 46–54.

[58] Hof, R.(2014, February 27). Peter Thiel's advice to

entrepreneurs: Tell me something that's true but nobody agrees with. *Forbes.*

[59] Hollingsworth, J. R.(2003). Major discoveries and excellence in research orga-nizations. *Max-Planck Forum,* 215–228.

[60] Hooker, S.(2020). The hardware lottery. *arXiv preprint arXiv:2009.06489.*

[61] Hughes, T. P.(1987). The evolution of large technological systems. In Wiebe E. Bijker, Thomas P. Hughes, & Trevor J. Pinch(Eds.), *The social construction of technological systems: New directions in the sociology and history of technology.* MIT Press.

[62] Hughes, T. P.(1993). *Networks of power: Electrification in Western society, 1880–1930.* Johns Hopkins University Press.

[63] Jacob, F.(1977). Evolution and tinkering. *Science, 196*(4295), 1161–1166. Jasanoff, S.(2020). Temptations of technocracy in the century of engineering. *The Bridge(National Academy of Engineering),* 8–11.

[64] Johnson, S.(2011). *Where good ideas come from: The natural history of innovation.* Penguin UK.

[65] Kauffman, S. A.(1996). *At home in the universe: The search for*

the laws of self-organization and complexity. Oxford University Press.

［66］Kauffman, S. A.(2019). *A world beyond physics: The emergence and evolution of life.* Oxford University Press.

［67］Kingsley, G.(2004). On becoming just another contractor: Contract competi-tion and the management of science at Sandia National Laboratories. *Public Performance and Management Review, 28*(2), 186–213.

［68］Kocienda, K.(2018). *Creative selection: Inside Apple's design process during the golden age of Steve Jobs.* St. Martin's Press.

［69］Köster, M., Langeloh, M., & Hoehl, S.(2019). Visually entrained theta oscillations increase for unexpected events in the infant brain. *Psychological Science, 30*(11), 1656–1663.

［70］Kroemer, H.(2001). Nobel Lecture: Quasielectric fields and band offsets: Teaching electrons new tricks. *Reviews of Modern Physics, 73*(3), 783.

［71］Kuhn, T. S.(1974). Second thoughts on paradigms. *The Structure of Scientific Theories, 2,* 459–482.

［72］Kuhn, T. S.(2012). *The structure of scientific revolutions*(4th ed.). University of Chicago Press(original edition published in 1962).

［73］Laughlin, R. B., & Pines, D.(2000). The theory of everything.

Proceedings of the National Academy of Sciences, 97(1), 28–31.

[74] Layton, E. T., Jr.(1974). Technology as knowledge. *Technology and Culture,* 31–41. Lewin, K.(1952). *Field theory in social science: Selected theoretical papers by Kurt Lewin.* Tavistock.

[75] Lin, A. C.(2002). *Reform in the making: The implementation of social policy in prison.* Princeton University Press.

[76] Lin, O. C. C.(2018). *Innovation and entrepreneurship: Choice and challenge.* World Scientific.

[77] Mankins, J. C.(1995). Technology readiness levels. White paper, April 6, 1995. https://aiaa.kavi.com/apps/group_public/download.php/2212/TRLs_MankinsPaper_1995.pdf.

[78] Marcus, G.(2018). Deep learning: A critical appraisal. *arXiv preprint arXiv: 1801.00631.*

[79] Marx, M. R. S. L.(1994). *Does technology drive history?: The dilemma of technological determinism.* MIT Press.

[80] Mazzucato, M.(2011). The entrepreneurial state. *Soundings, 49*(49), 131–142.

[81] Merchant, B.(2017). *The one device: The secret history of the*

iPhone. Random House.

［82］Merton, R. K.(1973). *The sociology of science: Theoretical and empirical investigations.* University of Chicago Press.

［83］Mimura, T., Hiyamizu, S., Fujii, T., & Nanbu, K.(1980). A new field-effect transistor with selectively doped GaAs / n-AlxGa1-xAs heterojunctions. *Japanese Journal of Applied Physics, 19*(5), L225.

［84］Narayanamurti, V.(1987). On nurturing the novel neocortex: New VP shares views. *Sandia Lab News, 39.*

［85］Narayanamurti, V., Anadon, L. D., & Sagar, A. D.(2009). Transforming energy innovation. *Issues in Science and Technology, National Academies, 26*(1), 57–64.

［86］Narayanamurti, V., & Odumosu, T.(2016). *Cycles of invention and discovery.* Harvard University Press.

［87］Narayanamurti, V., & Tsao, J. Y.(2018). Nurturing transformative US energy research: Two guiding principles. *MRS Energy and Sustainability, 5,* E10.

［88］Natelson, D.(2018). Commentary: Condensed matter's image problem. *Physics Today, Vol. 71, Issue 12.* DOI:10.1063/pt.6.3.20181219a.

https://physicstoday .scitation.org/do/10.1063/PT.6.3.20181219a/full/.

[89] National Academies of Sciences, Engineering, and Medicine. (2019). *Frontiers of materials research: A decadal survey.* The National Academies Press.

[90] National Research Council.(2014). Convergence: Facilitating transdisciplinary integration of life sciences, physical science, engineering, and beyond.

[91] Nelson, R. R.(1959). The simple economics of basic scientific research. *Journal of Political Economy, 67*(3), 297–306.

[92] Niaz, M.(2000). The oil drop experiment: A rational reconstruction of the Millikan–Ehrenhaft controversy and its implications for chemistry textbooks. *Journal of Research in Science Teaching, 37*(5), 480–508.

[93] Nordhaus, W. D.(1996). Do real-output and real-wage measures capture reality? The history of lighting suggests not. In T. F. Bresnahan & R. J. Gordon(Eds.), *The economics of new goods*(pp. 27–70). University of Chicago Press.

[94] Odumosu, T., Tsao, J. Y., & Narayanamurti, V.(2015).

Commentary: The social science of creativity and research practice: Physical scientists, take notice. *Physics Today, 68*(11), 8–9.

[95] OECD.(2015). Frascati manual 2015: Guidelines for collecting and reporting data on research and experimental development. https://www.oecd.org/publications/frascati-manual-2015-9789264239012-en.htm.

[96] Ott, W.(2016, August 25). Katharine Gebbie's leadership and lasting im-pact. NIST Physical Measurement Laboratory. https://www.nist.gov/pml/katharine-gebbies-leadership-and-lasting-impact.

[97] Pearl, J., & Mackenzie, D.(2018). *The book of why: The new science of cause and effect.* Basic Books.

[98] Perrin, Jean(1970). *Les atomes*. Gallimard(original edition published in 1913).

[99] Pielke, R. A., Jr.(2012). Basic research as a political symbol. *Minerva, 50*(3), 339–361.

[100] Pierce, J. R.(1975). *Mervin Joe Kelly: A biographical memoir.* National Academy of Sciences.

[101] Pigliucci, M.(2008). Is evolvability evolvable? *Nature Reviews*

Genetics, 9(1), 75.

[102] Planck, M.(1950). *Scientific autobiography: And other papers.* Open Road Media(2014 edition).

[103] Plévert, L.(2011). *Pierre-Gilles de Gennes: A life in science.* World Scientific.

[104] Polya, G.(2014). *How to solve it: A new aspect of mathematical method(*2nd ed.). Princeton University Press.

[105] Popper, K.(2005). *The logic of scientific discovery.* Routledge.

[106] Price, D. D.(1984). The science / technology relationship, the craft of experimental science, and policy for the improvement of high technology innovation. *Research Policy, 13*(1), 3–20.

[107] Price, D. J.(1986). *Little science, big science . . . and beyond.* Columbia University Press.

[108] Riordan, M., & Hoddeson, L.(1998). *Crystal fire: The invention of the transistor and the birth of the information age.* WW Norton and Company.

[109] Rosenberg, N.(1974). Science, invention and economic growth. *The Economic Journal, 84*(333), 90–108.

[110] Rosenberg, N.(1982). *Inside the black box: Technology and*

economics. Cambridge University Press.

[111] Rubin, G. M.(2006). Janelia Farm: An experiment in scientific culture. *Cell, 125*(2), 209–212.

[112] Rybaczyk, P.(2005). *Expert network time protocol: An experience in time with NTP*. Apress.

[113] Saltzer, J. H., Reed, D. P., & Clark, D. D.(1984). End-to-end arguments in sys-tem design. *ACM Transactions on Computer Systems, 2*(4), 277–288.

[114] Sargent, J. F., Jr.(2018). Defense science and technology funding. *Congressional Research Service, R45110.*

[115] Schawlow, A. L., & Townes, C. H.(1958). Infrared and optical masers. *Physical Review, 112*(6), 1940.

[116] Schivelbusch, W.(1995). *Disenchanted night: The industrialization of light in the nineteenth century.* University of California Press.

[117] Schmookler, J.(1966). *Invention and economic growth:* Harvard University Press. Schumpeter, J. A.(1942). *Capitalism, socialism and democracy:* Harper and Brothers. Scovil, H., Feher, G., & Seidel, H.(1957). Operation of a solid state maser. *Physical Review, 105*(2), 762.

[118] Shakespeare, W.(2017). *Hamlet.* Folger Digital Library (original edition published 1603).

[119] Shneiderman, B.(2016). *The new ABCs of research.* Oxford University Press. Shockley, W.(1950). *Electrons and holes in semiconductors: With applications to transistor electronics.* van Nostrand.

[120] Shockley, W.(1956). Transistor technology evokes new physics. *Nobel Lectures, Physics 1942–1962*, Elsevier Publishing Company, Amsterdam(1964).

[121] Simon, H. A.(1962). The architecture of complexity. *Proceedings of the American Philosophical Society, 106*(6), 467–482.

[122] Simon, H. A.(1977). *Models of discovery: And other topics in the methods ofscience.* Reidel.

[123] Simon, H. A.(2001). Science seeks parsimony, not simplicity: Searching for pat-tern in phenomena. In A. Zellner, H. A. Keuzenkamp, & M. McAleer(Eds.), *Simplicity, inference and modelling: Keeping it sophisticatedly simple(*pp. 32–72). Cambridge University Press.

[124] Simonton, D. K.(2004). *Creativity in science: Chance, logic, genius and zeitgeist.* Cambridge University Press.

[125] Simonton, D. K.(2018). Defining creativity: Don't we also need to define what is not creative? *The Journal of Creative Behavior, 52*(1), 80–90.

[126] Stanley, K. O., & Lehman, J.(2015). *Why greatness cannot be planned: The myth of the objective.* Springer.

[127] Stephan, P. E.(1996). The economics of science. *Journal of Economic literature, 34*(3), 1199–1235.

[128] Stokes, D. E.(2011). *Pasteur's quadrant: Basic science and technological innovation.* Brookings Institution Press.

[129] Störmer, H., Gossard, A., Wiegmann, W., & Baldwin, K.(1981). Dependence of electron mobility in modulation-doped GaAs-(AlGa) As heterojunction in-terfaces on electron density and Al concentration. *Applied Physics Letters, 39*(11), 912–914.

[130] Stormer, H. L.(1999). Nobel Lecture: The fractional quantum Hall effect. *Reviews of Modern Physics, 71*(4), 875.

[131] Summers, L. H.(2002, August 1). Harvard University statement of values. https://www.harvard.edu/president/speech/2002/harvard-university-statement-values.

［132］Thompson, D.(2017, November). Google X and the science of radical creativity. *The Atlantic.* https://www.theatlantic.com/magazine/archive/2017/11/x-google-moonshot-factory/540648/.

［133］Townes, C. H.(1965). 1964 Nobel lecture: Production of coherent radiation by atoms and molecules. *IEEE Spectrum, 2*(8), 30–43.

［134］Townes, C. H.(1999). *How the laser happened: Adventures of a scientist.* Oxford University Press.

［135］Tsao, J., Boyack, K., Coltrin, M., Turnley, J., & Gauster, W.(2008). Galileo's stream: A framework for understanding knowledge production. *Research Policy, 37*(2), 330–352.

［136］Tsao, J. Y., Han, J., Haitz, R. H., & Pattison, P. M.(2015). The blue LED Nobel Prize: Historical context, current scientific understanding, human benefit. *Annalen der Physik, 527*(5–6).

［137］Tsao, J. Y., Ting, C. L., & Johnson, C. M.(2019). Creative outcome as implausible utility. *Review of General Psychology, 23,* 279.

［138］Tsao, J. Y., & Waide, P.(2010). The world's appetite for light: Empirical data and trends spanning three centuries and six continents. *Leukos, 6*(4), 259–281. Tsui, D. C., Stormer, H. L., & Gossard, A. C.(1982).

Two-dimensional magneto-transport in the extreme quantum limit. *Physical Review Letters, 48*(22), 1559.

［139］Uzzi, B., Mukherjee, S., Stringer, M., & Jones, B.(2013). Atypical combinations and scientific impact. *Science, 342*(6157), 468–472.

［140］Weinberg, A. M.(1961). Impact of large-scale science on the United States. *Science, 134*(3473), 161–164.

［141］Weisbuch, C.(2018). Historical perspective on the physics of artificial lighting. *Comptes Rendus Physique, 19*(3), 89–112.

［142］Wikipedia contributors.(2019, March 1). A / B testing. Wikipedia. https://en. wikipedia.org/wiki/A/B_testing.

［143］Williams, R.(2008). How we found the missing memristor. *IEEE Spectrum,* 28–35.

索　引

（所注页码为英文原书页码）